米国通商政策リスクと
対米投資・貿易

大木博巳・滝井光夫・国際貿易投資研究所 編著

文眞堂

はしがき

　2018 年に入ってトランプ政権の貿易政策は，一挙に保護貿易主義をあらわにしはじめた。

　一連の保護貿易政策は，例年のペースを超えるアンチ・ダンピング税および相殺関税の賦課命令，太陽光発電パネルおよび家庭用大型洗濯機に対する輸入禁止的高関税の賦課（根拠法は 1974 年通商法 201 条），鉄鋼に 25％，アルミに 10％の追加関税賦課と適用除外国に対する対米輸出数量制限の実施（1962 年通商拡大法 232 条，いわゆる国防条項），さらに中国の米知的財産権侵害に対する制裁措置として 15〜25％の追加関税賦課（1974 年通商法 301 条）と続いている。

　アンチ・ダンピング税および相殺関税は，不公正貿易に対抗する手段として歴代政権が多用しているが，201 条は 2009 年の発動以来 9 年ぶり，232 条は 1982 年以来 36 年ぶり，さらに悪名高い一方主義と呼ばれた 301 条は 1995 年の WTO（世界貿易機関）発足以降では初めての援用である。このようにトランプ政権の通商政策のひとつである「厳格な通商法の運用」の方針は実行に移されたが，関係国は米通商法の援用を巡って米国を WTO に提訴し，米国に報復措置を実施するなど応酬が激化している。

　さらに，米国は FTA（自由貿易協定）の改定交渉でも要求を強めている。米韓 FTA 交渉では 3 か月の短期交渉で米国に有利な改定を果たしたが，NAFTA（北米自由貿易協定）は原産地規則，5 年毎の協定評価メカニズム（サンセット条項），紛争解決条項などを巡って交渉が難航し，米国が NAFTA から離脱する可能性も完全に払拭できない状況が続いている。

　さらに，2018 年 5 月には自動車・自動車部品の輸入について，ロス商務長官は鉄鋼・アルミと同じ 232 条に基づく調査を開始し，米議会では中国の対米投資を規制する法改正を始めるなど，米国の通商政策の行方は楽観を許さない状況が続いている。

米国第一主義，反グローバリズム，二国間交渉重視，米国通商法制の厳格な運用。こうしたトランプ大統領独自の思考に基づく通商政策は，共和党政権の伝統的な貿易政策とは根本から異なり，世界貿易システムを崩壊させる危険さえはらんでいる。

米国をめぐる貿易，投資環境は激変しているものの，わが国企業にとって米国は最大の輸出市場であり，投資先である。2017年の対米輸出は15兆1,135億円で総輸出の19.3％を占め（第2位の中国向け輸出は14兆8,897億円，19.0％），2017年末の対米直接投資残高は55兆3,526億円で対外直接投資残高の31.7％（第2位の英国は17兆1,943億円，9.8％，第3位オランダ14兆4,787，第4位中国13兆3,421億円）を占めている。

トランプ大統領が再選され，任期が二期8年となれば，残りの任期は2025年1月まで6年半となる。今後とも，トランプ大統領の政策動向を注視し，その行方を的確に把握していくことがますます重要になっている。

こうした問題意識から，一般財団法人国際貿易投資研究所は米国研究会（座長・滝井光夫）を立ち上げた。研究会では，気鋭の研究者にそれぞれの専門分野について報告を求め，活発な討論を行い，問題の分析と究明に努めた。本書は，現段階におけるその集大成である。

本書は全9章で構成され，トランプ政権の通商政策にかかわる論点をほぼすべてカバーするように努めた。各章の内容については各章冒頭の要約および本文をご覧いただくとして，以下に各章の主な論点を簡単に紹介しておこう。

第1章は，トランプ政権の通商政策の不確実性と保護主義政策強化のリスクが米企業に及ぼしている状況を米国ワシントンから報告する。第2章は，NAFTA再交渉の論点と交渉開始から最新時点までの交渉状況を加盟3ヵ国の視点に立って分析する。

第3章は，トランプ政権の保護貿易政策を個別に，根拠法および過去の提訴および大統領決定とも関連して分析する。第4章は，トランプ政権の通商政策を独立以降の米国通商政策史の中に位置付け，その特異性をあぶり出す。

第5章は，米国の過度の対中輸入依存が米中ともに貿易リスクを高め，米国の保護貿易主義が米中貿易戦争の現実味を招いている状況を分析する。第6章は，外国投資・国家安全保障法（FINSA）とその審査機関である対米投資委員

会（CFIUS）の審査状況を分析し，ハイテク企業の買収に対する規制強化の動向を報告する。

　第7章は，米国が批判する韓国の対米黒字拡大の要因，短期間の交渉で協定の修正が合意された米韓FTA再交渉の背景，さらに韓国企業の対米投資動向を検証する。第8章は，2013年以降米国市場に対する輸出，投資意欲を高めている日本企業の米国における動向を業種別，州別に分析し，トランプ政権の発足およびNAFTA再交渉の行方に関心を高めている状況を報告する。

　第9章は，2017年末に成立した大型減税法では，共和党提案の国境調整税は採用されず，米国のグローバル企業から米国本国に還流する配当益に対して課税を免除する海外配当益金不算入制度が導入された。これによって従来の全世界所得課税制度は撤廃され，米国の制度は他の先進国並みとなったが，この含意を法人税がほぼ半減された減税法およびWTO体制との関係で検討する。

　以上のように，本書では，トランプ大統領の通商政策と現時点で関連する諸問題を取り上げた。読者の方々が米国およびトランプ政権の通商政策の行方，課題などについて考える上で，本書が些かなりとも寄与するところがあれば誠に幸いである。

　最後に，米国研究会を組織するに当たり，公益財団法人JKAから補助金の交付を受け，多大なご支援をいただいたことに謝意を表すとともに，本書の刊行を快諾され，編集の労をとられた文眞堂編集部の前野弘太氏と梶野宏氏に，心から御礼を申し上げたい。

2018年7月

編著者

v

目　次

はしがき ……………………………………………………………………… i

第1章　米通商政策の不確実性リスクに直面する
　　　　　在米企業 …………………………………（渡辺亮司）… 1

はじめに ………………………………………………………………… 1
第1節　トランプ政権1年目：米政治は混沌するも経済は回復軌道へ …… 2
第2節　トランプ政権1年目の通商政策の総括 ……………………… 4
第3節　通商の不確実性リスクに対する在米企業の対策 …………… 14
おわりに ………………………………………………………………… 25

第2章　トランプ政権とNAFTAの再交渉 ……………（高橋俊樹）… 27

はじめに ………………………………………………………………… 27
第1節　NAFTA再交渉の狙いは国内投資への回帰と貿易赤字の削減 …… 28
第2節　NAFTA再交渉の開始と米国の基本姿勢 …………………… 31
第3節　NAFTA再交渉の推移とそのインパクト …………………… 34
第4節　NAFTAの重要性と日本企業の北米戦略 …………………… 45
おわりに ………………………………………………………………… 50

第3章　トランプ政権の貿易政策と貿易紛争 …………（滝井光夫）… 53

はじめに ………………………………………………………………… 53
第1節　貿易政策とその執行体制 ……………………………………… 54
第2節　増加する米企業の貿易救済要求 ……………………………… 58
第3節　トランプ政権の自主調査と対抗措置 ………………………… 67
おわりに ………………………………………………………………… 76

vi　目　次

第4章　通商政策史からみたトランプ政権 ……………(小山久美子)… 79

はじめに …………………………………………………………………… 79
第1節　大統領(行政府)の役割はいつ, どのようにして形成されたか …… 80
第2節　大統領(行政府)が担った役割の歴史的動向 ………………… 81
第3節　トランプ政権の通商政策の特徴 ……………………………… 87
おわりに …………………………………………………………………… 88

第5章　米国の対中貿易と対中追加関税措置の影響 ……(大木博巳)… 91

はじめに …………………………………………………………………… 91
第1節　米国の二国間主義と対中貿易 ………………………………… 92
第2節　米国の対中貿易構造, カナダ, メキシコとの比較 ………… 101
第3節　米国の対中追加関税措置とその影響 ………………………… 112
おわりに …………………………………………………………………… 123

第6章　米国の国家安全保障に関わる
　　　　対内投資規制 ……………………………………(増田耕太郎)… 127

はじめに …………………………………………………………………… 127
第1節　米国市場の魅力を再評価する動き …………………………… 172
第2節　日本企業の投資の動き ………………………………………… 175
第3節　在米日系製造業の動き ………………………………………… 183
まとめにかえて …………………………………………………………… 146

第7章　米韓FTA発効後の米韓貿易と
　　　　韓国企業の米国進出 ……………………………(百本和弘)… 149

はじめに …………………………………………………………………… 149
第1節　米韓FTA発効後の貿易動向と米韓FTA改定 ……………… 150
第2節　韓国企業の対米直接投資の推移と現状 ……………………… 163
おわりに …………………………………………………………………… 169

目　次　*vii*

第8章　在米日系企業の最新動向 ……………………………（秋山士郎）… 171

はじめに ………………………………………………………………… 171

第1節　米国市場の魅力を再評価する動き …………………………… 172

第2節　日本企業の投資の動き ………………………………………… 175

第3節　在米日系製造業の動き ………………………………………… 183

第4節　非製造業の動き ………………………………………………… 187

第5節　トランプ政権による事業活動への影響 …………………… 189

おわりに ………………………………………………………………… 191

第9章　米国の国境税調整問題と税制度改革 ……………（岩田伸人）… 193

はじめに ………………………………………………………………… 193

第1節　大型減税法案の可決 …………………………………………… 194

第2節　減税改革の背景 ………………………………………………… 196

第3節　GATT時代の国境税調整 ……………………………………… 197

第4節　共和党トランプ政権下における国境調整税 ……………… 199

第5節　全世界所得課税に代わるテリトリアル課税 ……………… 200

第6節　タックス・ヘイブン対策措置 ……………………………… 201

おわりに：今後の国際貿易およびWTO体制へ及ぼす影響 …………… 202

索引 ……………………………………………………………………… 205

第1章

米通商政策の不確実性リスクに直面する在米企業

米州住友商事ワシントン事務所シニアアナリスト

渡辺亮司

　トランプ政権下，回復基調を続ける米国経済だが，産業界で新たなビジネスリスクとして懸念が広まっているのが米通商政策の行方だ。同政権発足以降，通商コンセプトの軌道修正，通商の政治問題化の進展，世界貿易における米国のリーダーシップ欠如と孤立化などによって政策の不確実性が既に一部ビジネスにも影響が出始めている。2018年11月に中間選挙を控えている中，今後，政権内では2016年大統領選でも支持確保の効果を発揮した通商の強硬策の主張が強まることが懸念されている。トランプ政権は通商法の執行厳格化を通じ，中国を単独で脅すことで同国の国家資本主義政策を変えようと試み，米中貿易摩擦は表面化している。2017年秋以降，北米自由貿易協定（NAFTA）離脱，同協定に米政権が盛り込もうとしている「毒薬条項」，そして対中通商政策に反対し，多岐に渡る業界が過去に類を見ない規模で連携し，政権に対しロビー活動を展開。現政権下，在米企業はワシントンで情報収集を強化し，強硬な通商政策の発動リスクに備えている。今後も「ゼロサム思想」の通商政策を政権が堅持する限り，当面，不確実性は解消されない見通しだ。

はじめに

　トランプ政権1年目は米国経済にとって全般的にはポジティブであったと米産業界では評価されている。米国政治は混沌とし，大統領就任1年目の平均支持率は歴代最低の39％[1]を記録するも経済には波及せず，米国の経済指標は前政権からの回復基調を維持した。トランプ政権は北朝鮮問題，ロシアとの緊張関係，政情不安の続く中東，中国の台頭など様々な地政学リスクを抱える国際情勢を前政権から引き継いだものの，幸運にも2017年にいずれも経済悪化をもたらすほどの事態に発展しなかった。世界経済の回復も米国経済に恩恵をもたらした。一方，2017年の米国経済の足を引っ張ることが懸念されていたトランプ政権の通商政策の強硬策が導入されなかったことも米国経済の回復基調

を支えた。トランプ政権2年目も，国際的な地政学リスクなどが経済に波及しない限り，米国経済は規制緩和，財政支出拡大，そして税制改革による景気刺激策の後押しもあって回復基調を続けることが予想されている。だが，トランプ政権自らの経済政策で唯一懸念が広まっているのが通商政策の強硬策だ。2018年，中間選挙を軸に米国政治は動く中，支持率が低迷するトランプ大統領は経済実績をアピールする一方，有権者に2016年大統領選の公約実現を示すために通商政策で強硬策実行を本格化することも米産業界の間では懸念されている。

第1節　トランプ政権1年目：米政治は混沌するも経済は回復軌道へ

　米国政治はトランプ政権の中枢にまで捜査が及んでいるロシアゲート疑惑，成立に失敗したオバマケア改廃案，移民政策，政府閉鎖の危機，与党共和党の内部分裂など引き続き混沌としている。2017年，経済政策では税制改革法の成立，規制緩和などで成果を残したものの，2018年中間選挙はトランプ政権および共和党にとって雲行きが怪しい。中間選挙の前哨戦とも言われたバージニア州およびニュージャージー州の州知事選に加え，共和党が伝統的に強いアラバマ州選出上院議員補欠選やペンシルベニア州第18区選出下院議員補欠選などで共和党候補が民主党候補に相次いで敗れたからだ。現政権発足以降，「反トランプ」で団結する民主党支持者が勢いづいていることが投票結果に影響している。トランプ大統領は歴代大統領の中でも過去最低の支持率で推移していることからも，中間選挙での共和党の苦戦は必至との分析が現時点では支配的である。中間選挙は通常，大統領の信任投票と化し，中間選挙結果を予測する上で大統領の支持率は最も重要な指標とも指摘されているからだ。1966年以降の中間選挙では，大統領の支持率が60％を超えると大統領と同じ政党は平均約3議席増加，支持率が50〜60％の場合は平均約12議席減少，50％を下回ると平均約40議席減少と米政治専門家チャーリー・クック氏は分析している[2]。米ギャラップ社の最新世論調査（2018年6月4〜10日調査）では，大統領の支持率は42％と引き続き低迷している。

だが、政治が混迷を極めるものの、経済は好調だ。2017年12月の失業率は4.1％と2000年以来の水準まで低下。就任1年目で失業率は0.7％ポイント低下した（就任時4.8％）。歴代大統領の就任1年目と比べ、トランプ大統領よりも失業率低下を達成できたのはビル・クリントン大統領［1993年（0.8％ポイント）］とジミー・カーター大統領［1977年（1.1％ポイント）］の2人のみだ。フルタイムを探すパートタイム従業者や職を探す意欲を失った人も含む広義の失業率である不完全雇用率も年初の9.4％から8.1％まで低下した。ローレンス・サマーズ元米財務長官が「最も安い景気刺激策」と呼ぶ企業信頼感も上昇傾向だ。米国の中小企業の景況感を調査している全米自営業者連盟（NFIB）中小企業楽観度指数の2017年平均は1973年調査開始以来の最高値となる104.9ポイントを記録し前回記録の2004年平均104.6ポイントを上回った。税制改革法案の成立に向けた議会の取り組みに加え、規制緩和の推進なども企業の楽観的な見方を支えた。なお、トランプ大統領が2016年大統領選で雇用創出を訴えた製造業や石炭産業の雇用者数も2017年、回復基調を見せた（図1-1参照）。米民間調査会社カンファレンスボードの消費者信頼感指数も年初の111.6

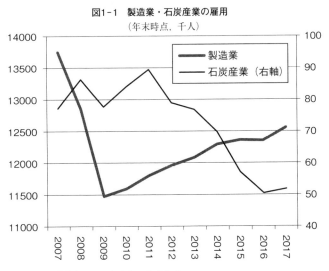

図1-1　製造業・石炭産業の雇用
（年末時点、千人）

出所：米労働省データをもとに筆者作成。

ポイントから 2017 年 12 月には 17 年ぶりの高値となる 122.1 ポイントまで上昇した。市場は米国政治の混迷を「ニューノーマル」として受け止め始めている可能性も指摘されている。

2018 年は中間選挙の影響で議会機能は更なる停滞が予想される。中間選挙で議席数を増やす可能性が高まっている民主党はより影響力を持つ可能性がある次期議会［第 116 議会（2019 年 1 月召集）］まで共和党に協力しないインセンティブが働き，中間選挙前に共和党が成果をアピールできるような法案に賛同することはない。2018 年 4 月のポール・ライアン下院議長の引退表明は今期議会［第 115 議会］の機能停滞を象徴する事象だ。そこで新たにビジネスリスクとして懸念が高まっているのが，2016 年大統領選の激戦州で有権者から支持を受けた強硬な通商政策の多くが実行に移されることだ。米国商工会議所は 2017 年末まで米産業界は税制改革法案の議会可決にロビー活動の時間と予算を割いてきた。だが，同法成立後の 2018 年，業界は通商政策に焦点をシフトし，特にトランプ政権による NAFTA 離脱を阻止するために活発に動き始めている。

第 2 節　トランプ政権 1 年目の通商政策の総括

1. 2017 年は米通商政策に地殻変動，高まるビジネスへの不確実性

2018 年 1 月，それまで通商面で強硬策を訴え激しく吠える犬のようであったトランプ政権は，長年利用されていなかった貿易救済措置の発動によってとうとう噛み付く事態に発展した。政権発足以降，次々と立ち上がった各種通商調査が期限を迎える中，最初にトランプ大統領が発動したのは 1974 年通商法 201 条（セーフガード）だった。2002 年のジョージ・W・ブッシュ政権以来となる同措置の発動を受け，米メディアでは「米中貿易戦争の勃発」などといった大見出しが飛び交った。同月開催された世界経済フォーラム「ダボス会議」でウィルバー・ロス商務長官は貿易戦争は日々見られると述べた上でトランプ政権で異なるのは「米国の軍隊は城壁で防衛していること」と語り，同政権が引き続

き米国の通商法を厳格に執行していく方針を強調した。就任 2 年目，トランプ政権の通商政策が徐々に実行に移され，政権の保護主義的側面がようやく浮き彫りになりつつある。

2017 年，在米企業にとっての最大リスクはトランプ政権の保護主義的な方針や政策が多々打ち出されたことによって，ビジネスの不確実性が高まったことであった。トランプ大統領の保護主義政策を公的な場で推進する行為はハーバート・フーバー政権（任期：1929〜33 年）以来になるとロバート・ゼーリック元米通商代表部（USTR）代表は指摘する[3]。米国憲法第1章第8条によると，議会は「諸外国との通商を規制する」権限を有する。議会共和党指導部は自由貿易推進派が占め，トランプ政権による過度な保護主義政策には抵抗を示すことである程度はけん制機能が働いている。2017 年，トランプ大統領がNAFTA離脱を踏みとどまったのも自由貿易推進派の議会や一部の閣僚などの助言が大きかったと言われている。だが，議会は長年，各種法案を可決して通商権限を行政府に委譲してきたことからトランプ大統領はNAFTA離脱通知発行や長年利用されてこなかった通商法の執行厳格化など強硬策を議会承認を経ずに実行に移す権限を保有し，ビジネスにとっての不確実性が高まっている。共和党の自由貿易推進派や産業界によるけん制，そして保護主義政策導入によって想定される米国経済への影響をどれだけ大統領が意識するかは政権発足から 1 年以上が経過した今でも未知数だ。トランプ政権の通商政策のその不確実性を米産業界は引き続き懸念を抱きながらビジネス活動を行わざるを得ない見通しだ。ビジネスにとっての不確実性の根源は（1）トランプ政権下での通商コンセプトの軌道修正，（2）通商の政治問題化の進展，（3）世界貿易における米国のリーダーシップ欠如と孤立化の3点に集約できる。

2. トランプ政権下での通商コンセプトの軌道修正

トランプ政権の通商政策は重商主義的な「ゼロサム思想」に基づいている。ウォール・ストリート・ジャーナル紙のグレッグ・イップ経済担当チーフコメンテーターは，トランプ大統領は通商政策について「ニューヨークの不動産業と同じ勝ち負けの世界だと考えている」と指摘している。つまり，これまで米国

は自国にとって不利な貿易協定を締結してきた結果，（貿易の勝敗の物差しである）貿易赤字が拡大し，米国は負けているとトランプ大統領は捉えている。歴代の政権も輸入よりも輸出を重視する通商政策を推進してきたが，トランプ政権で異なるのは貿易赤字，特に二国間の貿易赤字を最重視している点だ。

　トランプ政権の通商政策における貿易赤字に対するこだわりは政権幹部の発言の節々で感じられる。ある米商務省高官によると，商務省内で開催されている同省幹部の会合は毎回，ウィルバー・ロス商務長官に対し，（1）米国が100億ドル以上抱えるモノの貿易赤字大国16カ国（表1–1参照），（2）通商法の執行状況の2点について報告することから始まるという。米国の貿易赤字の約半分は中国が占めており，対中強硬策の根拠ともなっている。貿易赤字削減を重視する政権の姿勢はUSTR内でも共有されており，NAFTA再交渉にもあてはまる。交渉に携わるあるUSTR職員によるとトランプ大統領はロバート・ライトハイザーUSTR代表に対し，NAFTA再交渉の最優先事項として貿易赤字削減を指示しており，政権内ではその目標を達成できる合意こそが交渉の「勝利」と位置づけているという。

　今日，貿易赤字はマクロ経済の結果であり，通商政策では解決できないと

表1–1　米商務省が監視するモノの貿易赤字大国（16カ国）

（2016年に米国のモノの貿易赤字100億ドル以上の国）

順位	国　名	貿易赤字額（10億ドル）
1	中国	347
2	日本	69
3	ドイツ	65
4	メキシコ	64
5	アイルランド	36
6	ベトナム	32
7	イタリア	29
8	韓国	28
9	マレーシア	25
10	インド	24
11	タイ	19
12	フランス	16
13	スイス	14
14	台湾	13
15	インドネシア	13
16	カナダ	11

出所：米国勢調査局データをもとに筆者作成。

いった見解は大半のエコノミストの間で一致している。ダートマス大学のダグラス・アーウィン経済学教授はトランプ政権の通商交渉の問題点は，貿易の「ルール」ではなく「結果」を交渉することによって1980年代に米国が貿易赤字を懸念し対日貿易で行ったような管理貿易政策に走ることと指摘する。例えば本来，米国は他国の市場アクセスを交渉するべきであるのが，貿易収支を交渉していることを同教授は問題視している[4]。

　重商主義的な「ゼロサム思想」に基づくトランプ政権の通商交渉では，米国が少なくとも国内向けに勝利宣言できる内容を得られなければ交渉妥結に至らない。従い，NAFTA再交渉では交渉相手国の抵抗などにより交渉決裂のリスクが常につきまとい，ビジネスの不確実性が高まっている。

3. 通商の政治問題化の進展

　トランプ政権下，通商の政治問題化が進展した。既存の通商法の執行厳格化は，これまでも多くの政権が取り組んできており，オバマ前政権も例外ではなかった。だが，トランプ政権では発足以降，特にラストベルト地域の製造業や鉄鋼業などへの支援をアピールするため，関連業界からの貿易救済措置の提訴を歓迎し，米業界を保護する姿勢を従来以上に強めている点で歴代政権と異なる。これまで担当省庁が日常業務の一環として行ってきた貿易救済措置も，トランプ政権下ではより多くの国民の目に留まるよう政治の表舞台に登場するようになった。公式プレスリリースで商務長官自らが毎回，調査結果を大々的に称賛するといった行為は過去には見られなかったことだ。本来中立であるべき商務省のアンチ・ダンピング関税（AD），相殺関税（CVD）の審査は，歴代政権でも政治的な影響を受けてきた。だが，トランプ政権下では政治的な影響が顕著であり，業界が保護主義的なAD/CVD提訴をしやすい環境を同政権は醸成している。数値にもその影響は明確に表れている。2017年，商務省によるAD/CVD調査開始件数は計23件[5]に上り，2001年以来の最多を記録した。

　なお，2017年11月，商務省が中国製アルミニウム製品に対するAD/CVDについて業界の提訴に基づかず同省の判断で調査を開始する「自主調査」を立ち上げた。商務省による「自主調査」は，ADは32年振り，CVDは26年振りの実

施だ。今後，他の品目でもAD/CVDについての「自主調査」が行われる可能性を通商専門家は指摘する。「自主調査」は世界貿易機関（WTO）違反ではないが，商務省の結論ありきの調査実施で，貿易救済措置プロセスの政治問題化と一般的に捉えられている。

　トランプ政権はAD/CVD以外にも，長年利用されてこなかった通商法に基づく調査を多数開始した（表1-2参照）。対象の多くは中国を標的としている。2018年に入ってから1月30日のトランプ大統領による「一般教書演説」を前に支持基盤の白人労働者階級にアピールすることを狙い，政権は中国製太陽光パネルに対するセーフガードをはじめ複数の保護主義的な対策を発表した。セーフガードに続いて3月，トランプ政権が発動を決定したのが鉄鋼とアルミニウムに対する1962年通商拡大法232条だ。WTO発足以降では，米国が232条に基づく輸入制限措置を発動するのは初めてだ。米政府は同措置を通じて中国の過剰生産問題によって悪影響を受けてきた米国の鉄鋼・アルミ業界を保護することを狙っている。さらには2017年8月，USTRは1974年通商法301条に基づき中国の技術移転策や知的財産権侵害などの調査を開始したが，2018年3月，USTRは中国からの輸入に対する追加関税，WTO提訴，中国企業による対米投資に対する規制強化といった3点の対策を発表した。その後，同年4月3日，USTRは301条に基づき約1,300品目の中国からの輸入品に対し追加関税を適用する具体案を明らかにし，翌4日，中国はほぼ同額の約500億ドルの対抗措置を発表した。そして翌5日，トランプ大統領は中国の対抗措置に反発し1,000億ドル規模の追加関税案についてUSTRに検討するよう指示し，米中貿易戦争懸念の高まりで米株式市場は暴落した。

　2018年11月開催の米中間選挙に向け，2018年3月以降，各州で予備選が開始しており，選挙後まで議会で重要法案を可決することは極めて困難な状況下，トランプ大統領は2016年大統領選でも効果を発揮した保護主義的な通商政策に軸足を移していく可能性が高い。通商政策の多くが議会承認を得ずに政権の権限のみで実施できるからだ。自国産業を保護する対策に寛容な大統領の姿勢を受け，2018年は長年利用されてこなかった通商法に基づくものも含む貿易救済措置の申し立てが増え，ビジネスの不確実性を高める可能性も通商専門家の間では指摘されている。

表1-2　政権の権限で発動があり得る保護主義的な通商上の執行措置の強化

	各種通商政策	発動の法的根拠	主な対策	主な対象国	対象品目・分野	2017年の動き	2018年の動き・見通し
	1930年関税法 反ダンピング関税(AD)・相殺関税(CVD)	ダンピングや政府補助金を受けた品目の輸入が輸入国の国内産業に被害	関税率引き上げ	中国が多いが案件ごとにカナダ、日本、ベトナムなど様々な国が対象	主に製造業の品目が対象	2017年、商務省は23件のAD/CVD調査を開始。調査案件数は、2001年以来最多。商務省自らが調査開始を判断した自主調査もあり（中国製アルミ合金版）。	国内産業の保護に寛容なトランプ政権下、引き続き、AD/CVD等を発動する企業は増え、調査・貿易救済措置は増加の見込み。
	1930年関税法 迂回防止措置	企業がAD/CVD対象品目を課税されるために迂回輸出する行為を防止	関税率引き上げ	中国が多い	アルミニウム押出製品、鉄鋼製品、ダイヤモンド鋸刃など多数の品目	2017年7月、中国製のアルミ押出製品に対し迂回輸出と最終決定。2017年12月、製鉄鋼製品に対し中国からの迂回輸出とし仮決定。ダイヤモンド鋸刃は2017年12月調査開始決定。	国内産業の保護に寛容なトランプ政権下、引き続き、迂回防止措置の申し立ては増え、調査・貿易救済措置は増加の見込み。
貿易	1974年通商法 201条(セーフガード)	対象品目の輸入急増が、国内産業に重大な損害またはその恐れが存在(AD/CVDなどより被害要件のハードルは高い)	関税率引き上げ、輸入数量制限など	中国、韓国	太陽光パネル、洗濯機	2件の調査開始。ITCが何れも米産業に被害ありと認定。	2018年1月、ITCの貿易救済措置の提案に基づき、トランプ大統領がが対米対策を決定。201条に基づくセーフガードは2002年以来の発動。
貿易	1974年通商法 301条	貿易協定違反、貿易障壁、不公正な貿易慣行	交渉後、不公正な貿易慣行が是正されない場合は関税率引き上げなど報復措置を導入	中国	技術移転、イノベーション、知的財産権(IP)侵害	2017年8月、USTRは中国の左記の分野で不公正な貿易慣行をとっているか調査を開始。	2018年3月、USTRはトランプ大統領に左記の301条調査報告に基づき対策を発表。関税のほか、WTO提訴、投資規制強化などの他の米業界からも、301条の申し立てが続く可能性あり。
貿易	1962年通商拡大法 232条	輸入による米国の国家安全保障への悪影響	関税率引き上げ、輸入数量制限など	世界	アルミニウム、鉄鋼製品	商務省で調査報告書をとりまとめ。	2018年1月、商務長官から大統領に対し調査結果・対策報告書（関税や輸入数量制限）を報告。大統領は3～5月に対策を決定し、随時発動。
貿易	2015年貿易円滑化・貿易促進権限法(TPEA) 504条	対象企業の国内販売が小さい場合、販売価格や生産コストを考慮するのではなく、政府の関与、エネルギー資源の影響などを考慮することが可能。	関税率引き上げ	中国、韓国	油井管(OCTG)	2017年4月、韓国製OCTGのレビューで504条に基づきレビューで504条に基づき引き上げを決定。504条は法施行以降、初めての利用。	2018年5月、商務省が調査開始。前回しの可能性はあるものの、2019年5月までに大統領は対策を決定。同年6月までに発動予定。
投資	CFIUS(対米外国投資委員会)の投資規制	企業による対米投資が米国の国家安全保障に影響するリスクが存在	対米投資を拒否	主に中国を想定	国家安全保障に関わる対米投資	外国投資リスク審査近代化法(FIRRMA)を上下両院で提出。	同法は上下両院で超党派の支持を待ているこどから、2018年に同法は成立する見通し。

出典：各種資料をもとに筆者作成。

表1-3　トランプ政権発足後に発行された通商に関わる大統領令・覚書の現状と見通し

	各種調査・指示	主な内容	発行日	オリジナル締切日	現状・見通し
大統領令	貿易赤字	商務省およびUSTRが関連省庁と協議した上で、2016年の米国のモノの貿易赤字が100億ドルを超えた16カ国について、国ごとに貿易赤字の要因を分析し、報告書をまとめる。	2017年3月31日	2017年6月29日	商務省がホワイトハウスに2017年6月報告済みだが、報告書は一般には公開されていない。だが、商務省高官の話によると、貿易赤字大国・16カ国は省内で重点的にモニターされているとのこと。
	AD/CVD徴収・執行厳格化および貿易関税法違反に関する対策	国土安全保障省は関連省庁と協議した上で、AD/CVD徴収・執行厳格化および貿易関税法違反に関する対策についてそれぞれ報告書をまとめる。	2017年3月31日	2017年6月29日	報道によると、国土安全保障省は2017年7月時点で内容を未だ確認中であり、大統領には未報告。最新状況は不明。
	バイ・アメリカン、ハイヤー・アメリカン	すべての省庁の長が、自らの省庁におけるバイ・アメリカン法の監視、執行などについて大統領に対し報告書にまとめる。	2017年4月18日	2017年11月24日	報道によると、報告書はホワイトハウスで確認中だが、一般には公開されていない。
	貿易協定の違反・乱用	米国が締結しているすべての既存の貿易投資に関わる協定について、その効果を検証し、報告書をまとめる。	2017年4月29日	2017年10月25日	報道によると、報告書は期限内にホワイトハウスに提出済みだが、一般には公開されていない。
	重要鉱物資源の確保・安定供給に関する連邦政府の戦略	米国経済および安全保障にとって重要な外国産鉱物資源について内務省がリストアップし、外国依存度を減らすなど対策を商務省が他省庁と連携して調査して報告書にまとめる。	2017年12月20日	2018年2月18日	米国経済および安全保障にとって重要なクリティカル・コモディティについてリストアップを2月18日までに関係省庁に配布。対策に関する報告書は同省より大統領リスト配布から180日以内に商務省に提出。
大統領覚書	米国のTPP離脱	トランプ大統領は就任直後、選挙公約通りTPP離脱を発表し、TPP署名国に通知。米国は各国と2国間FTA交渉に入ることを表明。	2017年1月23日	即日適用	2017年11月、米国を除くTPP署名国で構成されるTPP11 (CPTPP) は2018年3月に署名。2018～2019年発効の可能性あり。トランプ大統領はTPP復帰の可能性も示唆したが、TPP署名国と2国間FTA締結を望んでいることを表明。
	米国のパイプライン建設	商務省は、新規・改修用のパイプラインは米国産の素材・機器・機材を利用するための計画を策定。	2017年1月24日	2017年7月23日	報道によると商務省は期限内にホワイトハウスに計画書を提出済みだが、一般には公開されていない。現在、ホワイトハウスで内容を確認中。仮に政策が実行された場合は他国によるWTO提訴で米国は敗訴の見通し。

注：232条（アルミニウムおよび鉄鋼製品）と301条に関する大統領令・覚書については表1-2に記載のため、表1-3では省略。

出所：大統領令、大統領覚書、インサイドUSトレード誌などをもとに筆者作成。

現政権下，ビジネスにとっての不確実性をさらに高めているのが，通商に関わる大統領令や覚書だ。トランプ大統領が指示した調査の多くが既に期限を迎えているが，これら調査結果をもとに政権の権限で実行可能な貿易・投資政策の発動が懸念されている（表1-3参照）。2018年3月，自由貿易推進派のゲーリー・コーン国家経済会議（NEC）委員長が政権の232条に基づく強硬策に反対して辞任し，政権の通商政策では保護主義派・対中強硬派で知られるピーター・ナバロ通商製造政策局長の影響力が拡大している。コーン氏の後任として政権の経済顧問トップに就任したラリー・クドローNEC委員長は，自由貿易推進派であるものの，標的を絞った232条対策を支持し，中国の不公正貿易慣行については批判的だ。このような政権内の勢力図の変更，中間選挙を巡る政治，そしてトランプ政権の中枢にまで迫るロシアゲートをはじめとしたスキャンダルなどによって，2018年，トランプ政権は支持基盤を中心に多くの国民が支持する中国に対する米貿易救済措置を拡大していくことが大いに予想される。

4. 世界貿易における米国のリーダーシップ欠如と孤立化

トランプ政権は発足以降，多国間FTAではなく二国間FTA締結を目指す方針を貫いてきた。従来の米政権は超党派でNAFTA，環太平洋パートナーシップ協定（TPP），中米自由貿易協定（CAFTA），環大西洋貿易投資パートナーシップ（TTIP），WTOなど多国間の通商交渉を行ってきた。歴代政権はこれらのFTA交渉の主導権を握り，自国産業に有利なルール作りに心掛けてきた。だが，トランプ大統領は2016年大統領選でTPP，NAFTA，WTOなどの批判を繰り返し，政権発足直後にはTPP離脱を表明した。NAFTA，WTOなどは協定発効から20年以上経過し，今日の時代に即した協定に更新が必要である。だが，トランプ政権が前述の「ゼロサム思想」を堅持する中，国内外の抵抗で従来のように米国はFTA交渉をリードできていない。

トランプ政権はTPP離脱後，TPP参加国とは個別に二国間FTA締結の考えを表明している。しかし，2018年3月，TPP11は署名に至った一方，米国はTPP参加国と二国間FTA交渉を1件も新たに開始することができていない。米国にとって最も重要な貿易相手国のカナダ，メキシコとのNAFTA再交渉で

さえ米国が「毒薬条項」[6]提示などで一方的な交渉を進める様子を各国は見守っていると通商専門家は分析する。従い今後，米国から新たに自国との二国間FTA交渉の要請があったとしても各国は警戒し，容易に応じないことが予想されている。本来，米国はTPP発効後に新たに得られていたであろう環太平洋地域の市場を獲得できず，機会損失が生じ，世界貿易で米国は孤立化が進むリスクが高まっている。米国内では農畜産業などが対日輸出などでTPP11参加国に対し競争力を失うことを懸念し始めている。2018年3月，全米小麦生産者協会（NAWG）と米国小麦協会（USW）は，カナダ産やオーストラリア産の小麦の関税が下がることによる両国の対日輸出拡大で米国企業が輸出市場を失うことを懸念する声明を発表した。TPP11は米国抜きで発効する可能性が高まっている現状，米産業界には焦りの色が見え始めている。

5. 通商法の執行厳格化に本腰：米中貿易摩擦の表面化

2017年末，税制改革法が成立したことで，2018年，トランプ政権は通商に焦点をあてるようになった。税制改革法案審議の過程では議会共和党との関係悪化を懸念し，トランプ大統領は側近の助言によって保護主義政策を控えてきたとも言われている。

トランプ政権は政権の権限で発動が可能な通商法の執行厳格化（表1-2参照）に焦点をあてている。対中通商政策では，2017年は北朝鮮問題で中国の協力を得るため，安全保障面も考慮していたことをトランプ大統領は述べていた[7]。だが，対中貿易赤字が過去最大規模に至る中，2018年は中間選挙を控えて米中貿易摩擦は表面化している。オバマ政権ではTPPという多数の国からなる米主導で作ったルールに基づく自由貿易圏の巨大市場を構築し中国を囲い込むことによって中長期的に中国の国家資本主義政策を変えようとする戦略を推進した。TPP離脱と同時にトランプ政権はその戦略を捨てている。一方，中国で各種貿易・投資問題に直面している米国企業の実態は変わらないため，トランプ政権は通商法の執行厳格化を通じ中国を単独で脅すことで中国の国家資本主義政策を変えようと試みる。だが，中長期的なリスクは，米国の単独行動によって本来，解決を求められている中国の国家資本主義の問題からトランプ政権の

保護主義政策に世界の焦点がシフトしてしまうことだ。それによって，中国による重商主義的な製造業振興策「中国製造 2025（メイド・イン・チャイナ 2025）」などの国家資本主義政策推進を世界が見過ごし，戦後，米国が主導し推進してきた自由貿易を主軸とした世界貿易体制が蝕まれることになりかねない。2018年6月7〜8日，カナダで開催された主要7カ国（G7）首脳会議では，中国の国家資本主義の問題よりも米国が同盟国に対しても発動した 232 条に基く鉄鋼とアルミニウムの輸入制限措置，そして調査を開始した 232 条に基く自動車の輸入制限措置といった米国の保護主義政策に注目が集まった。TPP が合意に至った 2015 年 10 月，オバマ大統領は「中国のような国に世界経済の規則を書かせてはならない」と訴えた。だが，米国の TPP 離脱によって，アジア太平洋地域では「貿易の重力モデル」に基づき自然と中国との貿易量が拡大する近隣諸国に対し，中国の貿易ルールが影響を及ぼすことが予想される。米中貿易摩擦が拡大する一方，アジア太平洋地域での米国の更なるプレゼンス低下が懸念される所以だ。

6. 日本勢含め中国勢以外も通商面で安全とは言えない

　トランプ政権の通商政策の主な標的は前述の通り米国の貿易赤字の約半分を占め，国家資本主義政策で貿易摩擦が生じている中国である。だが，保護主義政策に寛容な同政権下，日本企業をはじめ中国以外の国籍の企業も米国企業の標的となるリスクは存在する。2017 年，ワシントンの一部の通商専門家の間では，トランプ大統領と安倍首相の親密な関係から通商面で日本が標的になることはないとの分析もあった。だが，現在は日本も注視すべきといった見方が支配的だ。前述のゼーリック元 USTR 代表も首脳の訪問だけで，トランプ大統領の標的から日本は免れたと思ったら間違いだと指摘している。日本はトランプ政権が重視する米国のモノの貿易赤字で上位にランクインしている[8]。232 条に基づく輸入制限措置では，大統領布告発行時点では日本も対象に含まれ，2018 年 4 月の日米首脳会談後も引き続き除外交渉を継続することとなった。2018 年以降，米国経済の成長加速などによって貿易赤字が拡大し，トランプ政権の保護主義スタンスが強化されるリスクもある。さらには署名に至った

TPP11をはじめ世界各国でFTA締結の動きがある反面，新たに二国間FTAをひとつも締結できずにいる米国が保護主義政策を強めるリスクもある。2018年4月の日米首脳会談では，TPP担当の茂木敏充経済再生担当相とライトハイザーUSTR代表が通商問題について協議する新たな枠組み「自由で公正かつ相互的な貿易取引のための協議（FFR）」に合意した。米国のTPP復帰を望む日本と日米FTAや対日貿易赤字削減を望む米国との間で考えに大きな溝がある中，首脳会談では問題を先送りした。今後，トランプ政権はNAFTA再交渉を妥結後，次の交渉相手国に日本を考えており，対日圧力を強めることを懸念する通商専門家もいる。

この他，リスクが極めて高いのが特定の品目についての貿易救済措置で日本企業も標的に含まれることだ。2017年，チタンスポンジのAD/CVD案件では米国企業の貿易救済措置の提訴によって日本企業が標的となった。保護主義政策に寛容なトランプ政権下，個別品目で日本企業に悪影響をもたらす提訴は今後も続くことが予想される。以前から利用されてきたAD/CVDなどの貿易救済措置については超党派で支持されており，議会も政権による同措置の執行厳格化に基本的には賛成だ。さらにはオバマ政権下，成立した「2015年貿易優遇延長法（TPEA）」（2015年6月発効）や「2015年貿易円滑化および貿易執行法（TFTEA）」（2016年2月発効）によって，既に商務省，国際貿易委員会（ITC），国土安全保障省税関・国境取締局（CBP）の執行機能強化が図られている。同法によって，AD/CVD判断や業界への被害認定などにおいて政府当局の権限が拡大している中，2017年4月，韓国製OCTG（油井管）の行政レビューで商務省がTPEA504条（「特殊な市場状況」条項）に基づき関税引き上げを決定するといったケースもある。従い国内産業にとっては提訴するインセンティブも高まっており，2018年も米国企業によるこれら新法を根拠とした提訴が続く可能性が高い。

第3節　通商の不確実性リスクに対する在米企業の対策

北米で事業展開する日本企業を含む在米企業が直面する通商政策の最大の課

題は前述の通り不確実性の高まりだ。その不確実性が既にビジネスリスクとして表面化し始めている事象およびその対策は大きく３つに分類できる。１つ目がNAFTAなどのFTA再交渉に関わる動き。２つ目が政権による貿易救済措置に関わる動き。そして３つ目がトランプ大統領がソーシャルメディアなどを通じ特定企業を批判する動きだ。FTA再交渉についてはワシントンの業界団体が活発に動いている。企業１社で米政権に圧力をかけることはインパクトに欠ける。特に「毒薬条項」や離脱に反対する姿勢は企業を問わず共通する要望であることからも日本企業も含め各社は業界団体を通じて政権に訴えかけている。一方，貿易救済措置については232条のように長年利用されてこなかった通商法に対しては業界団体で圧力をかけているケースもあるが，AD/CVDの個別案件については企業ごとに対応しているケースが多い。そして企業批判対策についてはトランプ政権下，新たに準備をしているところもある。いずれも共通するのは事前の情報収集に各社が取り組んでいることだ。以下，トランプ政権以降，新たに取り組みが見られる業界のリスク対策をそれぞれ紹介する。

1. FTA再交渉・離脱リスク──業界で連携し対応

　日本企業も含め在米企業が最も懸念を強めているのがトランプ政権のNAFTA再交渉の行方だ。TPPと異なり，既に四半世紀前の1994年１月に発効したNAFTAによって製造業を中心に北米ビジネスは一体化しているため，NAFTA離脱あるいは弱体化がもたらすビジネスへの影響は大きい。米国議会で改定後のNAFTAである「NAFTA2.0」の可決が懸念されている中，ライトハイザー USTR代表は議会が可決せねばならない状況を創造する戦略を検討しているとワシントンの通商専門家は指摘している。ライトハイザー代表は，政権が「NAFTA2.0」に合意した後，議会との交渉術として大統領がNAFTA離脱通知を行い，議会が政権が妥結した「NAFTA2.0」あるいは「米国のNAFTA離脱」のいずれからしか選択できないようにする戦略も検討しているという。2017年12月，ワシントンで開催された米通商政策に関わる会合で米業界団体幹部は「型破りの政権には，型破りの手法で対抗せねばならない」

と述べ，NAFTA継続に向けて新たな手法で対策を打つ必要性を訴えた。米国商工会議所の推計では今日，NAFTAに依存する米国雇用は1,400万人（対カナダ貿易：800万人，対メキシコ貿易：600万人）にも上る。また，米商務省によると2017年の米国からの輸出はカナダ向けが1位，メキシコ向けが2位の規模を誇り，両国合わせた輸出額は米国の全輸出額の3分の1を超える。北米地域では密接なサプライチェーンが形成され域内経済が一体化している今日，仮にトランプ政権が米国のNAFTA離脱を通知した場合，米国経済および雇用への影響は計り知れない。戦々恐々とする業界は昨今，離脱を防ぐために新たな手法で抵抗を始めている。

過去に類を見ない規模の業界連携：総力戦で抵抗する米産業界

2017年10月，ワシントン市内でNAFTA継続・近代化を米産業界が連携して訴える「NAFTA連合」が立ち上がった。決起集会には総勢100人を超えるワシントンのロビイストを中心とした業界関係者が集った。同連合メンバーには米国商工会議所，ビジネス・ラウンドテーブル，全米外国貿易評議会（NFTC），全米製造業者協会（NAM），サービス産業連盟（CSI），米国農業会連合（AFBF）など米産業界を代表する業界団体が勢ぞろいし過去に類を見ない規模の業界連携が見られる（表1-4参照）。多岐に渡る業界をカバーする「NAFTA連合」以外にも自動車業界，食料・農業，小売・アパレル業界など個別の業界において続々と業界団体や企業が連携し，政府に対するNAFTA継続・近代化の働きかけを開始している。例えば2017年10月，自動車業界では「Driving American Jobs（米雇用増を推進）」と称する連合を立ち上げ，NAFTA推進の活動を展開している。自動車メーカーでは米ビッグスリーだけでなく国籍を問わず外資系自動車メーカーも同連合に参加している。また，完成車メーカーの横の連携だけでなく，自動車部品メーカー，ディーラーなど縦の連携も見られ，自動車業界の様々な企業・団体が参画している。

業界関係者によると，ここまで幅広く自動車業界が一体となってロビー活動を行うのは米国史上初という。なお，議会が設置している大統領通商政策・交渉諮問委員会（ACTPN），農業政策諮問委員会（APAC）など諮問委員会の話もトランプ政権は十分に聞いていないと言われている。従来の手法がトランプ

表1-4 新たに発足したNAFTA離脱反対・啓蒙活動を展開する各種業界団体の連合

業界	活動名・グループ名称	参加団体	主張・活動内容	ソーシャルメディア	発足時期
全産業	NAFTA連合	米国商工会議所、ビジネス・ラウンドテーブル、全米外国貿易評議会(NFTC)、全米製造業者協会(NAM)、サービス産業連盟(CSD)、米国農業会連合(AFBF)など幅広い業界が参加。	主張：NAFTA離脱反対。「Do No Harm（損害を与えない）」の方針に基づく改定。NAFTAは米経済・国民生活に恩恵をもたらした。活動：従来の議会・政権へのロビー活動に加え、新たな手法を導入。草の根活動。ソーシャルメディア活動。大手企業幹部からトランプ政権中枢へのアプローチ、州知事経由での政権中枢へのアプローチなど。	#NAFTAWorks	2017年10月
	米国のために貿易	米国商工会議所、ビジネス・ラウンドテーブル、全米製造業者協会(NAM)、米国農業会連合(AFBF)が参加。	主張：国民の日常生活にNAFTA、KORUSなど通商協定は恩恵をもたらしている。活動：FTAの近代化。国民へのFTAのメリットに関して啓蒙。	@Trade4America	2018年1月
自動車	米雇用を推進する連合	米自動車政策評議会(AAPC)、世界自動車メーカー協会(Association of Global Automakers)、自動車製造者連盟(AAM)、自動車部品工業会(MEMA)、米国国際自動車ディーラー協会(AIADA)などが参加。	主張：自動車業界の原産地規則強化、その他保護主義的政策導入に反対。活動：ウェブサイト「Driving American jobs（米雇用増を推進）」を通じてNAFTAの自動車産業に携わる労働者への恩恵が見える顔かたちでアピール。	@DrivingUSAJobs	2017年10月
食料・農業	自由貿易を支持する農業従事者	マックス・ボーカス元上院議員(民主党)、ディック・ルーガー元上院議員(共和党)が率いる農畜産業の自由貿易を推進する二党派団体。全米農業会連合(FB)、全米豚肉生産者協議会(NPPC)など支持。	主張：NAFTA離脱反対。NAFTA離脱は米農畜産品に対し増税となり、輸出市場を失うリスクあり。活動：草の根でNAFTAをはじめ貿易の恩恵について訴求し、NAFTA維持活動へ農業従事者の動員を狙う。	@FarmersForTrade / #Farmers4NAFTA	2017年9月
小売・アパレル業界	米国グローバルバリューチェーン連合	米ファッション産業協会(USFIA)、米アパレル・履物協会(AAFA)、全米小売業協会(NRF)、大手ブランド各社が参加。	主張：繊維業界の原産地規則強化に反対。活動：正式な組織は設立されていないものの原産地規則強化を防ぐため、非公式に各業界団体が協力して活動。	@USGVC / #GlobalValueChain	2017年10月
全産業・北米全体	北米経済同盟(NAEA)	米国商工会議所、メキシコ企業家調整議会、カナダ商工会議所が参加。	主張：NAFTA再交渉を通じ、北米地域一としての競争力を高め、NAFTAの恩恵について「Do No Harm（損害を与えない）」の方向性を守るよう政府および交渉者をサポート。	@USChamber、@CCE_Mexico、@CdnChamberofCom	2017年6月

出所：各種資料、ヒアリングをもとに筆者作成。

政権では通用しないことも，業界団体が連携し規模で議会そして政権に対し圧力をかけるといった新たな動きに繋がっている。

2. 型破りの取り組みを始めた米産業界，NAFTA連合

　従来の手法でロビー活動を行っていても，トランプ政権の通商政策に影響を及ぼすことはできないとの問題意識が各業界団体で一致している。そのため，「NAFTA連合」では幅広い業界の連携で政権に対抗する以外に，訴えるメッセージやメディアなど斬新な手法を検討するとともに，トランプ政権に合わせ新たな標的にアプローチを開始している。以下，「NAFTA連合」などの取り組みについて，歴代政権では見られなかった目新しい動きを中心に紹介する。

新たな標的：トランプ支持者をはじめ「ベルトウェイの外」[9]の一般市民
　「NAFTA連合」はトランプ大統領のNAFTA離脱通知を防ぐため，従来の議会・政権に対するロビー活動を展開している。だがそれ以外に，一般国民に対するNAFTA啓蒙活動を新たに開始している。

　共和党で異例の保護主義政策を訴え2016年大統領選を制したトランプ大統領の当選に貢献したラストベルト地域で製造業に従事する労働者に対し，「NAFTA連合」は通商に対する意識改革を狙って，直接アプローチを開始している。従来は広報活動が希薄であった「ベルトウェイの外」に対し，NAFTAの恩恵をアピールする試みを積極的に展開し始めている。例えば，米国商工会議所は「#FacesofTrade」キャンペーンを通じ，ソーシャルメディアを中心にオンライン上で中小企業オーナーの声を顔が見えるようにして紹介している。さらには，各州の地元商工会議所と連携しNAFTAをアピールするイベントを開始した。労働者自らの雇用が貿易とどのように関わっているかといった雇用のバリューチェーンを伝える取り組みなども検討されている。

　一方，労働者以外にも一般国民に対してNAFTAの恩恵を訴える動きも新たに見られるようになった。農畜産分野では政権に対するロビー活動はこれまでも行われてきた。しかし，同業界は一般消費者に対してこれまで，あまりNAFTAの恩恵についての啓蒙活動を行ってこなかった。新たな取り組みとし

て注目されているのが，多くの米国民の朝食には欠かせないベーコンだ。全米豚肉生産者協議会（NPPC）が運営するベーコン好きが集うウェブサイト「Baconeering.com」やソーシャルメディア「Baconeers」では，米国の国民食といえるベーコンの値上げリスクなどNAFTA離脱が与えかねない影響について情報発信を開始している。今日，多数の米国人にとってベーコンは身近な存在であることからも反響を呼んだ。また，「NAFTA連合」に参加する他の団体もNAFTAの恩恵についてインフォグラフィックなどを作成してウェブサイト上で国民に分かりやすい説明をする試みを始めている。このように通常，貿易政策とは無縁の一般国民もNAFTA離脱の脅威について身近に感じることができるよう，新たなアプローチが始まっている。つまり，米産業界はトランプ政権の支持基盤を含む一般国民「ベルトウェイの外」にとってもNAFTAがどれだけ日常生活に不可欠であるか気づいてもらうことを狙っているようだ。ラストベルト地域では，製造業を中心に主に機械化などの技術革新が雇用に影響した。同地域で，経済苦境のスケープゴートにされてきたNAFTAをはじめ自由貿易について国民意識を変え，NAFTAを崩壊あるいは弱体化しかねないトランプ政権に草の根レベルで抵抗勢力を築こうとする業界の試みが始まっている。

（1）様々な方面からホワイトハウスにアプローチ

　トランプ政権下，従来の議会・政権に対するロビー活動も手法が異なるようだ。産業界は通商政策を所管するUSTRや商務省ではなく，影響力を握っているホワイトハウスへのアプローチを強化している。その際，マイク・ペンス副大統領，議会共和党議員，州知事などいずれも業界の味方となる自由貿易推進派，かつトランプ大統領に近い人物を通すといった動きが見られるようになっている。なお，歴代政権は企業利益などを重視していたというが，トランプ政権では企業利益の話では政権は動かないという。政権幹部の話から，政権が真剣に耳を傾けるのは「雇用拡大」であることから，それを前面に出したメッセージ発信を産業界は新たに心掛けている。直近では離脱リスクが浮上していることで，NAFTAがもたらした恩恵以外に離脱時の雇用喪失リスクについても「NAFTA連合」は警鐘を鳴らしている。

20 第1章　米通商政策の不確実性リスクに直面する在米企業

ホワイトハウス：自由貿易推進派のペンス副大統領を仲介役に

　NAFTA離脱リスクが高まる中，「NAFTA連合」傘下の大手企業の経営陣が
ホワイトハウスに直接アプローチする動きが見られる。また，通商政策を所管
するUSTRや商務省だけでなく，「NAFTA連合」はペンス副大統領に新たにロ
ビー活動を開始している。この背景にはライトハイザーUSTR代表やロス商
務長官は業界の要望を十分に聞く耳を持っていないのではないかといった懸念
が広まってきていることがあるようだ。2017年11月，米ビッグスリーの幹部
が副大統領と面談するためにホワイトハウスを訪問した。カナダ・メキシコ向
けに農業や自動車の輸出が多い州選出の上院議員のグループも2017年12月そ
して翌年1月にも副大統領を訪問している。ペンス副大統領の地元インディア
ナ州には多数の自動車メーカーの製造拠点があり，経歴からも明らかに自由貿
易推進派である。業界，そしてその意向を受けた議会はトランプ政権の通商政
策においてペンス副大統領が政権側と業界側の仲介役として機能することに期
待を寄せている。勿論，米産業界は大統領本人に対しても積極的にアピールし
ている。「Farmers for Free Trade（自由貿易を推進する農家）」は2018年3～
4月にかけ，トランプ大統領のいるワシントンと休暇を過ごす大統領の高級別
荘「マールアラーゴ」のあるフロリダ州パームビーチで貿易の重要性を訴える
テレビコマーシャルを放送している。大統領の主な情報収集源がテレビである
との認識に基づき，このようなユニークな手法を採用している。

州知事：ホワイトハウスに近い州知事に期待

　トランプ政権下，その影響力に期待がかかっているのが共和党の州知事だ。
連邦議会議員と違い，大統領に直接パイプを持っている共和党州知事が多数い
る。また，前インディアナ州知事であったペンス副大統領の元同僚でもある共和
党の州知事が副大統領に対し地元経済や雇用への影響について訴える動きが活
発化している。州知事が政権に積極的にアプローチするようになった背景には，
「NAFTA連合」をはじめ業界が州知事に圧力をかける戦略が功を奏したようだ。

連邦議会：けん制機能として業界から期待される議会

　米国憲法第1章第8条によると，議会は「諸外国との通商を規制する」権限を

有する。従い，最終的にはNAFTA崩壊に対し，抵抗勢力として期待されるのが議会である。「NAFTA連合」は2017年秋，「ロビー活動日」を設け上下両院でそれぞれ議員事務所を訪問し，NAFTAの重要性を議員に理解してもらうキャンペーンを実施した。NAFTA再交渉の第6回交渉会合前の2018年1月にも上院で「ロビー活動日」を再び設けた。従来と大きく異なるのは，より幅広い業界が連携しロビー活動を展開していることだ。この他，2018年1月以降，各州に拠点を持つ地元企業経営者・工場長などが産業を問わずワシントンに集結し，州選出の議員にNAFTA支持を訴えるロビー活動の打ち合わせを州ごとに順番に実施する新たな試みも始めた。2017年，議会は税制改革法案可決に注力していた。しかし，2018年，農業輸出の多い州をはじめカナダ・メキシコ向け輸出が多い選挙区出身の議員は，政権に対しより活発的にNAFTA離脱反対の働きかけを行うようになっている。

(2) 新たな情報発信手法：ソーシャルメディアの活用

「NAFTA連合」では従来の議会・政権を直接訪問するロビー活動などの地上戦に加え，新たに大幅強化を図っているのが空中戦のソーシャルメディアでの情報発信だ。トランプ大統領がツイッターなどソーシャルメディアで情報発信し政策を効果的に広報することに成功していることから，政権に対抗する狙いもあるであろう。

「NAFTA連合」のソーシャルメディア・ワーキンググループでは「#NAFTAWorks」というハッシュタグでNAFTAの恩恵についてPRしている。「NAFTA連合」に加わっている様々な業界団体や企業がこのハッシュタグで繋がって情報発信を行い，米産業界でNAFTA離脱反対ムーブメントの波を起こしつつある。さらに，今ではメキシコ政府の交渉チームもその波に乗り始め，米産業界とメキシコ政府が連携しトランプ政権の保護主義政策に対抗する奇妙な構図ができつつある。メキシコのNAFTA交渉チームを率いるケネス・スミス・ラモス首席交渉官をはじめメキシコ政府もNAFTAに関わる情報発信では頻繁に「#NAFTAWorks」を記載し，再交渉で米国政府の孤立化を狙う戦略が垣間見える。

3. 注視すべき通商法の執行厳格化

(1) 通商法の執行厳格化リスク―個別企業で情報収集・即対応

　NAFTA離脱や交渉内容には業界団体が連携して動いているが，トランプ政権下，同政権の貿易救済措置の動きについては特に個別企業が注視する必要がある。トランプ政権下，AD/CVDといった貿易救済措置の提訴は前述の通り増加傾向であり，232条以外にもその他の貿易救済措置で日本企業も標的となっている。日頃から業界内そしてワシントンで情報収集することが欠かせない。

業界内での情報収集

　業界内では貿易救済措置の提訴前に，関係者の間で情報が流れることがある。自社品目に関わる提訴の場合，商務省・ITCに提訴する前から早期に準備することが可能である。鉄鋼業界をはじめ常に貿易救済措置の標的となってきた産業は日頃の営業ネットワークでアンテナを張り，このような情報を入手した場合は自社のワシントン事務所などと連携して情報の精度を確認し，輸入数量や仕入先などを調整することが重要となる。

ワシントンでの情報収集

　ワシントンでは業界団体，コンサルティング会社，シンクタンク，法律事務所あるいは議会や政府などとの日頃の付き合いから通商政策の方向性などの情報を得ることができる。その分析を社内関係者に配布することによって対象品目を輸入している営業部門などは早期に対策を打つことも可能となるケースもある。特に貿易救済措置の発動時期や対策内容の見通しなどは，営業部門が将来の輸入計画を立てる上で重要だ。そのためにもワシントンでの情報網を通じた調査が重要となる。2017年，ビジネスへの不確実性が高まる中，ワシントンでは情報収集を強化する動きが多々見られた。在米外資系企業向けに情報提供およびロビー活動を行う国際投資機構（OFII）は2017年，32社が新たに加盟し，会員数は15％増を記録。単年度では過去最大の伸びという。同年，特に会員が関心が高かったテーマはNAFTAや税制改革であったという。また日本

企業も NEC，みずほ銀行がワシントン事務所を新設し，既に事務所を構える日本企業の一部でも人員拡充などの動きが見られる。

通商法の執行厳格化に対する迅速な対策

　仮に自社が輸入する製品に対し米国企業が貿易救済措置で申し立てを行った場合，企業は即時に対応することが不可欠だ。昨今の貿易救済措置の調査は使用するデータ量が増え，内容がより複雑になってきており，従来と比べて企業の対応も時間を要するようになってきている。だが，トランプ政権下，商務省の審査プロセスでは迅速化の圧力があり，法律上認められている調査期間の延長は行われないケースが増えることも懸念されている。また商務省の「自主調査」案件については申し立て後の商務省による審査期間が省略されることで，さらに輸入企業が対応する期間が短縮される。自社が貿易救済措置の標的となるような緊急時の対応として，在米企業は通商法の業務に慣れている法律事務所と常日頃から関係を構築しておくことが重要だ。

　また2017年，トランプ政権の保護主義的なスタンスに便乗して一部米国企業が根拠がないにも関わらず貿易救済措置を求め提訴するケースも見られた。提訴された側の企業は政府の調査過程で情報要請に対して協力姿勢を示さない場合，同企業にとっては不利な情報に基づいて計算された高関税が適用されるリスクが高まっている。ITCは特に客観的な判断を下すことが期待されるとはいえ，提訴された際には商務省とITCに対し必ず情報提供で協力することが重要だ。一方，提訴した企業も情報提供していることから，情報戦となる。どれだけ説得力のあるデータ・資料を提出したかが商務省とITCの決定内容に影響する。なお，仮に関税が適用されるリスクがある場合，対象となり得る輸入先の調達を一時停止するとともに代替ルートの調達を探し，顧客へ商品を継続して提供する対策を事前に準備しておくことでいざという時に迅速な対応が可能となる。

（2）特定企業批判のリスク―個別企業の事前準備

　在米日系企業の間では米国民のブランド認知度が高い大手自動車メーカーなどはこれまで積極的に政府渉外活動を行ってきた。最近では政治活動委員会

（PAC）などを通じた政治献金も活用し米国議会との関係強化を図っている。だが，他の多くの日本企業はこれまでワシントン事務所は情報収集が主な活動で政府渉外活動まで行ってこなかったのが実態だ。トランプ氏は政権発足直前の2017年1月，トヨタ自動車のメキシコ工場建設についてツイッター上で批判した。それまで名指しでフォードなどの米自動車メーカーを批判していた矛先を，初めて外資系自動車メーカーにまで拡大した。トランプ氏の当選以降，日本企業も含め自動車メーカー以外に米国で事業を展開する各社は自社の米国経済や雇用への貢献について情報をまとめ，発信する動きなどが新たに見られる。ワシントンのロビイストは，例えば自社が保有する工場やその他施設について各州・選挙区での雇用人数や投資額，地元への納税額に加え，地元で2次的に雇用を生んでいるサプライヤー情報などをまとめた「州マップ」などといった資料を事前に準備し，政府関係者などに会う機会があれば配布している。その活動がトランプ政権下で異なる点は，同政権が「米国第一主義」で最も重視する米国での雇用創出といった公約実現に貢献していることを強調するようになったことだとワシントンの政府渉外専門家は指摘する。トランプ政権では政治任用の政権の幹部には政府経験者が特に政権発足当時は少なかったことから，ワシントンの政府渉外会社（政府渉外を手がける専門会社，法律事務所，PR会社など）も人脈がなく，トランプ選対本部の元スタッフが立ち上げた会社などを通じてアプローチせねばならなかった。だが，徐々に従来からワシントンで知られている共和党の人材も政権入りしていることから，政府渉外専門会社もアプローチがしやすくなりつつあるという。資料を議会で配布する際は上院議員の場合は選出の州，下院議員の場合は選出の選挙区まで詳細に掘り下げた情報まで準備することが望まれている。ワシントンのベテラン・ロビイストによると，自らの再選にとって重要な地元選挙区の工場長など地元の雇用を担っている責任者と議員が面談する機会を設けることが最も効果的なロビー活動という。これは工場で何らかの式典など行事を行う機会に議員を招待すること，あるいは工場長など地元責任者をワシントンまで呼び，面談することなども考えられる。政権や議会の認知度を高める試みを行う在米企業が増えている中，このような政府渉外活動は2018年も活発化することが予想される。一部の企業が自社の米国への貢献を示す資料を作成すると同時に行っていること

は政府内の「関係者マップ」の作成だ。自社が直接アプローチできる，あるいは政府渉外会社などを経由して間接的にアプローチできる政府職員や議員を把握する。「関係者マップ」では誰が実際に影響力を保有しているかなども示すことで利用価値が高まる。これまで政府渉外活動を行ってこなかった日本企業のワシントン事務所も，米国での事業活動における政府との関係強化を通じたリスク対策の重要性を意識し始めている。

おわりに

　「ブルーカラー億万長者」とも揶揄されるトランプ大統領は，2016年大統領選で通商政策の改定などの公約や保護主義に好感を抱くラストベルト地域の労働者の支持を獲得し，僅差で勝利した。2018年中間選挙に向け，支持基盤にアピールする上でトランプ大統領は通商政策で強硬策導入の可能性は否定できない。今後，日本企業をはじめ在米企業は通商法の執行厳格化の動きなどで，ワシントンでの情報収集の重要性はますます高まるであろう。また，NAFTA再交渉ではトランプ政権が「ゼロサム思想」を堅持する限り交渉の行き詰まり，あるいは妥結後の国内批准が困難な状況に陥り，同協定を活用する日本企業を含む在米企業にとってビジネスの不確実性は増大する可能性が高い。既に在米企業からのロビー活動も通商面で活発化の兆しが見え，それを受けた議会，州知事なども政権の過度な保護主義政策のけん制に積極的になることが予想される。米国抜きの自由貿易圏が発足することによって，市場を失わないために米国にも自由貿易を推進するインセンティブが働く現象をピーターソン国際経済研究所（PIIE）名誉所長のフレッド・バーグステン元財務次官は「競争的自由化（Competitive liberalization）」と呼んでいる。トランプ大統領は，政権発足直後にTPP離脱を発表し，対中政策では主に米国の一方的措置といった他の手段で対抗せざるを得なくなった。今日，トランプ政権は関税引き上げなどの脅威を交渉材料とし，相手国に輸出自主規制（VER）など政府による介入を促している。例えば韓国とは，恒久的に追加関税の除外措置を適用する条件として，2015〜17年の鉄鋼輸出量平均の7割を輸出枠とすることで米政権は合意した。ブラジルやアルゼンチンも同様にVERに合意した。つまり，戦後，1990

年代半ばまで日米貿易摩擦の解決策として米国が日本に実施圧力をかけていた「管理貿易」を，米国は再び試みている。オバマ前政権は他の資本主義諸国と連携しTPPで中国に圧力をかけることで国家資本主義経済の問題解決を狙っていた。一方，中国に対し関税で圧力をかけるトランプ政権の手法は，世界のサプライチェーンが複雑化している今日，既に国内業界からも反発がありその限界も見え始めている。2018年4月，日米首脳会談後の記者会見でトランプ大統領は「TPPには戻りたくない。だが，米国にとって断れない良いオファーがあればTPPに戻る」と語った。ホワイトハウス高官によると，TPP復帰の可能性については，政権内で真剣に検討しているという。トランプ政権は，今後，TPP11の進展といった競争的自由化の外圧や産業界と議会など国内からの圧力に応じて軌道修正するか，あるいは大統領を当選に導いた労働者の支持基盤固めで保護主義の原点に戻るか，米通商政策は未知の領域に足を踏み入れている。

注
1）米ギャラップによるトランプ大統領1年目の世論調査結果平均値。
2）ナショナルジャーナル誌，2017年11月9日付。
3）フィナンシャルタイムズ紙，2017年8月22日付。
4）ウォール・ストリート・ジャーナル紙，2017年12月15日付。
5）国ごとに異なるAD/CVD調査開始案件として算出する商務省の計算手法では2017年は79件。
6）「毒薬条項」とは交渉相手国や自国産業などが決して受け入れることがない提案。例えば原産地規則の強化，投資家対国家の紛争解決（ISDS）の弱体化や撤廃，政府調達の改定など。NAFTA再交渉では米国が「毒薬条項」を堅持すれば交渉が暗礁に乗り上げることが予想されている。
7）ニューヨークタイムズ紙，2017年12月28日付。
8）米国のモノの国別貿易赤字額で日本は2016年は中国に次ぐ2位，2017年は中国，メキシコに次ぐ3位。
9）「ベルトウェイの外」とは首都ワシントン市の主流派・知識層でない一般国民。

第2章

トランプ政権とNAFTAの再交渉

(一財) 国際貿易投資研究所 研究主幹

高橋俊樹

　NAFTAの再交渉は2017年の8月から開始され，2018年の3月までに公式には7回の会合を行った。第7回までの再交渉では，紛争解決制度（第19章）の廃止，5年ごとに3カ国が継続で合意しない限り協定は失効するとした「サンセット条項」の導入，自動車の原産地規則における現行の62.5％から85％への引き上げと50％の米国製部材（コンテンツ）の使用，などの提案と話し合いが行われた。

　また，2018年1月下旬に開かれた第6回交渉で，カナダから知的財産権を考慮した自動車の原産地規則の新提案が行われた。その後，2月末から3月初めにかけての7回目の会合を経て，カナダやメキシコの高官は，2018年7月のメキシコ大統領選や11月の米中間選挙の前までに大筋で合意する可能性を示唆するようになった。

　しかし，米国は4月中旬，85％の付加価値比率の要求を75％に引き下げ，同時に50％の米国コンテンツを取り下げる代わりに自動車を生産する労働者の賃金を時間当たり16ドルにするよう要求した。本章を執筆している2018年5月7日の時点で，大筋で合意する可能性が高まっているが，依然として原産地規則の話し合いで溝は埋まっていない。

　こうした中で，一連のNAFTAの原産地規則の再交渉から言えることは，日本企業が北米で販売する自動車においては，米国製部品だけでなく自動運転や電気自動車の技術に用いられる米国のデジタル・IT技術やソフトウエアの調達を促す圧力が着実に強まったことである。日本企業は，こうした新たなNAFTA再交渉の動きとそのインプリケーションをしっかりと見極める必要がある。

はじめに

　本章においては，まずトランプ大統領の経済通商政策の基本的な枠組みや背景を概観し，それがなぜ保護主義につながるかを明らかにしている。そして，

なぜ米国はNAFTAの再交渉を求めたのかを解説する。当初の予想では，NAFTA再交渉においては，米国はメキシコには厳しく要求するが，カナダには柔軟でソフトな対応をすると考えられていた。しかし，実際には，米国はカナダに紛争解決処理や原産地規則などで厳しい要求を突き付けており，予想以上にタフな交渉になっている。本章ではその交渉の中身を分野別に取り上げ，何が問題となっているかを説明している。そして，日本企業がNAFTA再交渉での新たな動きにどう対応しなければならないのかを検討し提案している。

第1節　NAFTA再交渉の狙いは国内投資への回帰と貿易赤字の削減

1. TPPからの離脱とNAFTAの見直しを宣言

　トランプ氏は大統領選において，労働者の雇用を確保するため，フォードやGMのメキシコへの投資をブロックし輸入を抑制することを選挙公約に掲げた。こうした圧力により，フォードとGMは大統領選挙結果を踏まえて，トランプ氏に米国の経済成長と雇用の確保で協力することを表明した。米国自動車業界は未知数であるトランプ氏の経済通商政策に対して，とりあえずは協力の姿勢を見せることで，柔軟に対応したのであった。

　トランプ大統領は就任直後にTPPからの離脱を宣言した。これにより，米国が参加したオリジナルのTPPに関しては，新聞ではKillとかDead in the waterという表現が使われた。しかも，トランプ大統領は，NAFTAの再交渉を求めた。それは，NAFTAによって，多くの米国の労働者の職がメキシコなどへの投資，あるいはそれによる米国の工場閉鎖や輸入増によって奪われているためであった。

　これを受けて，カナダとメキシコの就任直後のトランプ大統領に対する対応は，オリジナルのTPPの批准を求めることではなく，NAFTAの再交渉に応じ，何とか北米間のFTAのメリットを維持したいというものであった。両国とも，トランプ大統領の就任直後はTPPの批准を声高に要求しない方が得策と考えた。カナダのこのときのスタンスは，TPPよりもNAFTAの再交渉を優先

し，そしてTPP参加国とは二国間FTAを結ぶという選択もありうるというものであった。

2. メキシコへの投資を阻止

トランプ氏は就任前の2017年1月5日に自身のツイッターにて，約10億ドル規模のトヨタのメキシコ工場新設について撤回を求め，その代わりに米国に工場を建てるように求めた。直前には，フォードが16億ドル規模のメキシコのアセンブリー・プラントの新設を撤回し，ミシガン州で電気自動車（EV）を作ると発表したばかりであった。また，米国の空調機器メーカーのキャリア社は，インディアナ州の工場をメキシコに移転する計画を断念し，その1,400人の雇用維持をトランプ氏とペンス副大統領（前インディアナ州知事）との間で合意した。また，フィアット・クライスラー（FCA）は1月8日，米国に10億ドルを投資し，2,000人を雇用すると発表した。

こうした動きに対して1月9日，GMのバーラCEO（最高経営責任者）は，メキシコでの小型自動車の生産は数年前から進めている長期計画に基づくものであるため，変更の予定はないとインタビューに答えた。GMはメキシコでの生産により同じ車種を生産している米国の従業員の一時解雇を計画しており，トランプ氏は米国で生産しなければ高い関税をかけると警告していた。そして，トヨタは同日，今後5年間で米国に100億ドルを投資する計画を発表した。

トランプ氏のこうした企業への要求は今後も続く可能性がある。トランプ氏は大統領選挙のキャンペーン中に，メキシコに対しては，NAFTAによる米国の対メキシコ投資により，米国の雇用機会を失っただけでなく，不法な移民によっても米国民の職や社会不安が脅かされているとして，輸入に35％の関税を賦課することを示唆していた。

こうした圧力に対して，フォードやキャリア社およびフィアット・クライスラーだけでなく，トヨタにおいても，トランプ氏に米国の経済成長と雇用の確保で協力する姿勢を示したわけだ。すなわち，このような動きがトヨタのような外国企業にまで及んでおり，対メキシコ投資などのNAFTA問題は日本企業の北米戦略に大きな影響を与えることになる。日本企業の対メキシコ投資は自

動車産業を中心に活発化してきたが，トランプ政権やカナダ・メキシコ両国の
NAFTAへの対応とその合意内容には十分な目配りが必要である。

3. NAFTAの効果と影響

　米加自由貿易協定（CUFTA）が1989年に発効し，その後にメキシコを加え
たNAFTAが1994年に発効した。NAFTAの北米間の貿易と投資に与えた影
響は大きい。米国とカナダ・メキシコとの往復貿易は93年から2015年の間に
4倍に増加した。ただし，米国の両国との貿易赤字も大幅に拡大している（2016
年には868億ドルの赤字）。

　NAFTAの雇用や経済成長に与えた影響にはいろいろな試算結果がある。
Economic Policy Instituteによれば，NAFTAは米国製造業の85万人の雇用を
奪ったとしている。一方では，米国商工会議所は500万人の雇用を生んだとし
ている。Congressional Research Service（議会調査局）は，米国の経済成長に
は少しのプラスの効果を与えただけであるが，製造業にはサプライチェーンに
よる競争力の拡大をもたらしたと評価している。

　NAFTAのサプライチェーンの重要性を物語る象徴的な出来事として，2001
年の同時多発テロ事件の事例を挙げることができる。9/11のテロ攻撃が発生
したとき，米国はカナダ・メキシコ国境を封鎖したため，メキシコからの部品
に依存していたミシガンの自動車工場はシャットダウンせざるを得なかった。
タイの大洪水や東日本大震災で生じた自動車部品などの供給ストップが，
NAFTAでも起きていたのであった。

　これは，NAFTAのサプライチェーンが北米で強固に築かれているためで，
もしも米国がNAFTAを離脱すれば，カナダやメキシコだけでなく米国自身が
大きな損失を被ることを意味している。

第2節　NAFTA再交渉の開始と米国の基本姿勢

1. NAFTAの再交渉の開始は8月16日

　トランプ政権の主要閣僚であるウィルバー・ロス商務長官は，政権発足から1カ月後の2017年2月27日に上院で承認された。ロス商務長官は承認を前にして，「まず対処しなければならないのはNAFTA」と述べ，メキシコ，カナダとの再交渉に取り組むことを表明していた。

　通商政策を指揮するロス商務長官の承認が遅れたことも異例であるが，やはり米国の通商政策を担うロバート・ライトハイザー米国通商代表部（USTR）代表の承認は遅れに遅れた。ロス商務長官から遅れること2カ月半の5月11日，ようやくライトハイザーUSTR代表の承認が上院で可決された。ライトハイザー代表はレーガン政権時代に鉄鋼の自主規制で日本と激しくやりあった経歴がある。

　ライトハイザー代表が就任するや否や，5月18日にはNAFTAの再交渉に関して議会に通告を行った。NAFTAの議会通知の前に，3月の末にはその草案が議員らに送付されている。議会通告から90日後にはNAFTA再交渉を始めることができるので，北米3カ国は2017年8月16日，第1回目のNAFTA再交渉を開始した。また，NAFTA交渉の開始の30日前（7月17日）に，米国通商代表部（USTR）のウェブサイトに，その交渉目的が掲載された。

2. 現実的なNAFTA議会通告草案

　NAFTA再交渉を開始するにあたって，その基本的な考えを示す米国議会通告やその草案は，原産地規則（関税引き下げを可能にする基準）や政府調達（米国連邦・地方政府による公共調達等），さらには労働・環境や投資・サービス貿易など幅広い分野を網羅している。

　その中で，知的財産権においては，そのルールを変更し海賊版や偽造品を押

32 第2章 トランプ政権とNAFTAの再交渉

収・破壊する当局の権限の強化を図っている。電子商取引では，商品やサービスのデジタル貿易や国境を越えたデータの取引を妨げる措置の撤廃，金融サービスを含めたデータセンター拠点の強制的な現地化要求の禁止，などに取り組むことを表明した。TPPでは，データセンターの現地化要求はほとんどの部門が免除されたが金融部門だけが例外的に組み込まれた。そこで，米国はNAFTA再交渉では金融サービスのデータセンター拠点も現地化を免れるように求めた。

　企業が国家を訴えることができるISDS条項は，USTRのNAFTA草案の時点では維持する方針であった。また，政府調達においては，米国では国内法やトランプ政権の意向に沿ったルールの義務付けを目指した。これは，当然のことながらバイ・アメリカンを強化する動きと重なることになる。

　NAFTA再交渉の草案においては，物の貿易に関しては公平な条件で課税すると明記しており，トランプ大統領が選挙で説いた国境税（メキシコへの35％の関税賦課等）や，共和党が主張する国境調整税（輸出には法人税の課税を免除し輸入には課税する）の実施の可能性を残した。さらに，セーフガード措置（緊急輸入制限）の導入，アンチ・ダンピング措置や相殺関税（補助金などを受けている輸入品に対して，補助金額の範囲で課す関税）措置に関する紛争解決手続き（第19章）の撤廃を求めた。

3. NAFTA再交渉の通告・草案では付加価値比率を明示せず

　米国のNAFTA再交渉の通告・草案は，多くの関心を集めている原産地規則については，迂回貿易（FTAの締約国経由で輸出することにより，関税削減の適用を受けようとする取引等）を回避するなど，米国の生産と雇用を守るものとしたが，その具体的な北米原産の割合である付加価値比率などの数値目標を盛り込まなかった。

　NAFTAの原産地規則の再交渉では，原産地規則の付加価値比率の最低水準を変更するかどうかを話し合うことになるが，その要求を満たさない製品は非北米産としてNAFTAの関税削減の対象から外れることになる。この付加価値比率を一定の水準に設定することにより，域内国で何の付加価値も加えな

かった域外製品の締約国経由の迂回貿易を防ぐことができる。NAFTA再交渉の議会通告および草案で付加価値比率を明示しなかったのは，NAFTA再交渉を前にして手の内をさらけ出すことはできないためで，ある意味では当然のことであった。

　現行のNAFTAにおいては，通常の一般的な製品では，最も厳しい計算方法で北米産の部材の割合が50％を超える現地調達比率を達成すれば，関税を削減することができる。しかしながら，自動車，軽トラック，エンジンおよびトランスミッションの現地調達比率は62.5％，その他の車両および自動車部品の場合は60％である。つまり，60％以上の北米産部品・資材（コンテンツ）を達成しなければ，自動車や自動車部品の関税を削減することはできない。したがって，NAFTA域内への自動車輸出を無税で行うには，中国やインドネシアから輸入する自動車部品などの割合をなるべく抑え，北米産の部材を多く採用することが求められる。

　米国のNAFTA再交渉を始めるときの一つの戦術として，この自動車の62.5％という現地調達比率を引き上げるという選択肢があった。例えば62.5％を大きく超える水準まで現地調達比率が高まれば，北米域外からの部品の輸入は極力控えなければならない。しかし，あまり現地調達率を上げすぎると米国・カナダ・メキシコで生産する自動車メーカーの多くがその基準を達成できなくなる場合が生じる。

　北米で自動車メーカーが製造する車種において，NAFTA域内部品調達率が70％や80％を超えるものがある一方で，米国メーカーが製造する幾つかの車種の中に60〜70％の水準にとどまる場合がある。したがって，もしも62.5％を大幅に超える現地調達率を設定する場合は，トランプ大統領のかなりの政治的な判断が求められることになる。ちなみに米国で生産されている代表的な日本車の北米域内部品調達率は75％に達しているようである。

　この他に，トランプ政権がNAFTA再交渉を開始するにあたっての案件として，大幅な貿易赤字を生む要因を特定しようとする動きがあった。貿易赤字要因の調査開始を盛り込んだ大統領令は，2017年3月31日付でトランプ大統領により署名されており，その報告書の期限は6月末であった。こうした情勢の中で，貿易赤字の原因の一つと考えられる為替操作がNAFTAの再交渉に組み

込まれる可能性があった（実際には，その後のNAFTA再交渉では米国から提案されていない）。

　為替操作国として認定される米財務省の定義には，①対米貿易赤字が200億ドル以上であること，②経常収支の黒字がGDPの3％以上であること，③為替操作のために国債や株などの資産運用がGDPの2％以上に達していること，を挙げることができる。メキシコは，この3つの条件のすべてを満たしていないため為替操作国と認定されることはなかった。

第3節　NAFTA再交渉の推移とそのインパクト

1．予想以上にタフなNAFTA再交渉

　北米自由貿易協定（NAFTA）再交渉の第1回目は，米国のワシントンで2017年8月16日〜20日まで開催された。米国のライトハイザーUSTR代表は，共同記者会見において，「米国は流出する製造業の雇用や巨額な貿易赤字を無視できない」と述べるとともに，「トランプ大統領は単なる幾つかの条項の手直しや章の改正には興味はない」と語るなど，強硬な姿勢を鮮明にした。

　一方，カナダのフリーランド外相は米国の主張に対して，「貿易の黒字か赤字かが，通商関係が機能しているかどうかの主要な尺度とは考えていない」との見解を示した。また，メキシコのグアハルド経済相は，原産地規則や為替条項などの米国第一主義に基づく要求に対して，「3カ国すべてにとってウイン・ウイン・ウインとなる関係を目指す」と述べて米国を牽制した。

　NAFTAの第1回目の再交渉を報じる現地紙を見てみると，「タフ（tough）」という言葉を使うケースが多いことに気づかされる。カナダの報道によれば，カナダ政府の米国人アドバイザーは，「通信やオンライン販売，政府調達，為替操作，紛争解決に関する章（第19章）の撤廃，米国銀行の参入拡大，などの分野でタフな戦いが予想されるため，再交渉が8カ月以内で終了することを期待してはいけない」とし，カナダには「激しく戦うことを」求めたようだ。

　つまり，2018年におけるメキシコの大統領選挙や米国の中間選挙が本格化す

る前に，米国とメキシコはNAFTA再交渉の妥結を目指すことになったものの，現実には乗り越えなければならない高い壁があったということだ。

2. 米国産コンテンツを導入できるか

　米国がNAFTA再交渉において強く求めたものは，原産地規則（北米原産であるかどうかの基準）の強化である。NAFTAの原産地規則を満たせば北米域内での関税が撤廃されるため，自動車などの域内貿易が拡大する。このNAFTAの自由化のメリットを享受するため，米国企業はメキシコやカナダへの投資を積極的に進め，関税なしでの米国への輸入を促進してきた。

　トランプ大統領は，原産地規則の一つである現地調達比率を引き上げることにより，米国からメキシコやカナダへの投資に歯止めをかけ，両国からの輸入を抑制しようとしている。現在の自動車における62.5％の現地調達比率をどこまで引き上げるかは，米国自動車業界でも判断に迷うところであり，現に過大な引き上げには反対した。その理由は，北米での現地調達比率はむしろ米国の自動車メーカーよりも日本やドイツのメーカーの方が高いケースがあるからだ。

　しかしながら，トランプ政権は米自動車メーカーの思惑以上に高い原産地規則のハードルを要求した。すなわち，米国は新たな原産地規則として，域内の付加価値基準を62.5％から85％に引き上げ，同時に，米国コンテンツの割合を50％とする新ルールの導入を求めた。この提案には，何としても米自動車産業のメキシコへの投資とメキシコからの輸入の抑制を実現しなければならないというトランプ大統領の思惑が反映されている。

　さらに，米国は鉄鋼製品などの自動車部品のすべてをトレーシング・リストへ掲載することを要求。そして，関税特恵レベル（TPLs：Tariff Preference Levels）の撤廃を提案した。TPLsは原産地規則を満たせなくても，一つ以上のNAFTA諸国で実質的な加工を受ける特定の量の糸，織物，アパレルなど繊維製品に対して無税輸入を認める特恵制度である（繊維メーカーは賛成，アパレルメーカーは反対）。

　この米国産コンテンツのような国別原産地規則に対して，メキシコは強く反

対した。なぜならば，メキシコで生産される自動車の中で，米国産コンテンツの基準を満たすことができない車種は，米国への輸出時に関税削減のメリットを受けることができなくなるからである。カナダも同様であり，特に自動車や鉄鋼，アルミニウムの業界は国別のコンテンツに反対しており，北米全体でのコンテンツ比率の採用を強く要求した。

また，トレーシング・リストに関しては，それに掲載された品目は，非締約国から輸入されたものである場合には，この品目が輸入された時点まで遡って，同製品の調達価額を最終製品の「非原産材料価額」に加算しなければならない。したがって，自動車部品のすべてをトレーニング・リストに含めることになれば，場合によっては現地調達比率が低下し関税を支払わなければならなくなり，NAFTAのメリットを享受できなくなることが予想される。

3. カナダは紛争解決手続きを諦められるか

1980年代半ばに当時のカナダのマルルーニー首相が米国との間で米加自由貿易協定（CUFTA）を交渉したとき，カナダ側の大きな関心事は，針葉樹を含むカナダ製品に対して繰り返し発動されていた米国のアンチ・ダンピング（AD）や相殺関税（CVD：補助金などを受けている輸入品に課す関税）措置にいかに対抗するかであった。

ところが米加FTAでは，米国のADやCVD措置からカナダを守るメカニズムを導入することができなかった。しかし，NAFTA交渉の最後の夜におけるマルルーニー首相の電話が実り，ついにカナダはNAFTAの紛争解決メカニズムの中に米国からの貿易制裁への対抗措置を盛り込むことに成功した。すなわち，NAFTAの第19章には，メキシコの支持もあり，輸出者が国内法規を使用する代わりに最終的なアンチ・ダンピングと相殺関税裁定を審査するよう二国間パネル（小委員会）に求めることを可能にする規定が盛り込まれた。

その後，カナダによってたびたび要請されたこのパネルは，米国側は扱いにくい措置であったようだ。これを受けて，トランプ政権はこのNAFTA第19章の廃止を求めている。カナダ側はせっかく手に入れたこの章を簡単には手放すわけにはいかず，基本的にはNAFTA再交渉では維持を主張せざるを得な

い。ただし，妥協の余地が全くないわけではなく，国内裁判所の役割を追加
し，現職や退職した裁判官をパネリストとして活用できるように，紛争解決の
メカニズムを再検討するよう求めた。

4. ISDS条項の改正を提案

　また，NAFTAは投資家と投資相手国との間の紛争の解決（ISDS）のための
手続を規定した最初のFTAであった。この企業が国家を訴えることができる
ISDS条項については，米国産業界は国家による収用や不公正な行為による投
資家のリスクを軽減するために，現行の規定の維持を求めているし，カナダの
産業界も基本的には同様である。

　そうした中で，USTRはNAFTAの投資章（第11章）におけるISDS条項の
改訂を検討し，北米3カ国がそれぞれISDS条項を利用するかどうかを選択で
きるようにするルールを提案した。この提案は，当初は2017年9月23日〜27
日に開かれたカナダでのNAFTA再交渉の第3ラウンドにおいて行われる予定
であったが，実際には，10月11日〜17日にワシントンで開かれた第4回目の
再交渉で披露されたようである。

　米国とカナダではISDS条項に反対する産業界も賛成する産業界もあり，
USTRの提案を巡って，相互の駆け引きが行われた。ISDS条項を各国が選択で
きるとする米国の提案に対して，カナダ政府は参加する国に対しては制度を強
化するが，米国が望めば離れることを可能にする改正案を提示した。また，現
行のISDS条項の裁判システムを，EUカナダFTA（CETA）で導入される「投
資裁判所制度（Investment Court System：ICS）」に変更することを求めたよ
うだ。

5. Amazonを有利に導くか

　NAFTA再交渉でのデジタル貿易の分野では，商品やサービスのオンライ
ン・サービスや国境を越えたデータの取引を妨げる措置の撤廃，金融サービス
を含めたデータセンター拠点の強制的な現地化要求の禁止，などが話し合われ

ている。例えば，インターネット上で売買する電子書籍やソフトウエア，音楽，映画，ビデオ，などには域内の関税をゼロにする方針である。また，TPPでは，データセンターの現地化要求はほとんどの部門が免除されたが，金融部門だけが例外的に残ることになった。

そこで，米国はNAFTA再交渉では金融サービスのデータセンター拠点も現地化を免れるように求めた。これに関連して，カナダの連邦政府は国内でのデータ管理戦略を推進しているし，ブリティッシュ・コロンビア州やノバスコシア州は健康データに関しては州政府の管理下に置くことで立法化している。米国側はこのカナダのデータ管理に対する規制の緩和を求めた。

また，物品やサービスを販売するオンライン・サービスでは，米国の無関税での輸入枠は800ドルとなっているが，これがメキシコでは50ドル，カナダではたったの16ドルである。米国はカナダとメキシコに対して，無税枠を800ドルにまで引き上げることを求めている。カナダ側はこれに応じる姿勢を見せており，カナダの消費者にとっては朗報と言える。これまでは書籍1冊程度の輸入で無税枠を使い切ったわけであるが，これが800ドルとまではいかなくても，数百ドルまで引き上げられるならば，米国からカナダへのオンライン・サービスのかなりの拡大につながり，中小企業のコスト削減にも寄与するものと思われる。

このオンライン・サービスの規制緩和における米国の真意は，言うまでもなく他の北米への輸出拡大である。これまでは，米国の輸入の無税枠が800ドルであったため，オンライン・サービスでの米国の輸入超過の要因となっていた。米国の思惑が実現すれば，Amazonにとっては収益拡大の材料となることは明らかである。

6. 2018年3月時点で7回の交渉を実施

NAFTA再交渉の第1回目は2017年8月16日〜20日までワシントン，第2回目の再交渉は9月1日〜5日までメキシコシティ，第3回目は9月23日〜27日までカナダのオタワ，第4回目は10月11日〜17日まで再びワシントンで開催された。第5回目は11月17日〜21日にメキシコシティで開催，第6回会合

は2018年1月23〜29日にカナダのモントリオールで開かれた。第7回会合は2月25日〜3月5日までメキシコシティで開催された。4月8日にワシントンでスタートする予定であった第8回会合は，7月のメキシコ大統領選挙や11月の中間選挙前までの合意を目指す米国側の意向もあり，開催されなかった。

　第1回〜第3回までに，中小企業の活用促進，競争政策，デジタル貿易，規制慣行，税関・貿易円滑化，国有企業に対する規律，衛生植物検疫措置（SPS），の分野で交渉が進展した。

　第3回会合では，米国はアンチ・ダンピング（AD）と補助金相殺関税（CVD）の発動に関する紛争解決制度（第19章），セーフガード措置の発動に関するNAFTA加盟国の適用除外規定（NAFTA802条），繊維製品の原産地規則の例外である「非原産繊維製品特恵関税割当（TPLs）」の撤廃を提案。同時に，米国は政府調達でカナダ・メキシコの合計規模と同等の市場アクセスを認める方針を明らかにした。

　第4回目では，米国は5年ごとに3カ国が継続で合意しない限り協定は失効するとした「サンセット条項」の導入を求めた。メキシコはこれに対し，5年ごとに内容を見直すとした対案を正式に提示した。また，米国は関心が高い原産地規則の提案を行い，投資家が国家を訴えることができるISDS条項で選択制の導入，政府調達市場で開放基準の変更を提案した。

　「サンセット条項」はロス商務長官のアイデアによるもので，同条項が導入された場合，NAFTAは5年毎に更新されなければ自動的に廃止になる。既にNAFTA協定では，加盟3カ国はいずれかのパートナーに6カ月前に事前通知をすれば，NAFTAを離脱することが可能である。しかし，ロス商務長官は，サンセット条項が優れている点として，システマテックに再検証を求めるメカニズムを挙げている。

　第5回会合では，原産地規則の分野で米国が前回に提案した「自動車の付加価値基準を現行の62.5％から85％に引き上げ，50％の米国製部材（コンテンツ）を使用すること」に対して，メキシコとカナダはこれを受け入れない姿勢を示した。両国はまた，紛争解決の枠組み廃止にも反対した。

　米国コンテンツの50％使用は，米国のカナダ・メキシコからの輸入車で，東南アジアのコンテンツが米国コンテンツを上回っていることから，導入が求め

40　第2章　トランプ政権とNAFTAの再交渉

られたようである。また，米国は鉄鋼製品などのすべての自動車部品にトレーシングルール（当該部品の輸入時点まで遡って「非原産材料価額」に含める）を適用することを要求した。これが合意されれば，日本から鋼材を輸入してメキシコで自動車を生産する場合，付加価値基準を満たすことが困難になることが予想される。

　前述のように，米国はカナダとメキシコからの政府調達の規模を，両国が米国に開放する規模と同程度にすることを要求しているが，これには米国の政府や産業界からも反対の声が上がっている。

　知的財産権の分野においては，インターネットを活用したサービスの規制緩和（関税の免除，データセンターの強制的な現地化），著作物の保護期間の延長（50年⇒70年），医薬品の開発データ保護期間の延長（米国のバイオ医薬品は12年）などが検討された。

　ISDS条項は，そもそもNAFTAで導入されたものだが，再交渉では，北米3カ国がそれぞれISDS条項を利用するかどうかを選択可能にする規定が米国から提案されている。米国側の提案に対して，カナダ政府は賛成する意向を示している。

　労働においては，米加の労働組合は，USTR（米国通商代表部）が2017年7月17日に公表したウイッシュ・リストは不十分とし，労働条項に違反した国に関税引き上げなどの対抗措置が取れることを要求した。このように，NAFTAの再交渉は，原産地規則を始めとして，政府調達，紛争解決制度（第19章），知財，ISDS条項などに至るまで，一筋縄ではいかない懸案事項を抱えている。

7. カナダがNAFTA再交渉で新たな原産地規則を提案

(1) 進展した第6回会合

　第6回目のNAFTA再交渉がカナダのモントリオールで開催された。この会合の後，カナダの一部の関係者からは今後のNAFTAの合意について，やや楽観的な見通しが出始めるようになった。

　第6回目の会合では，カナダは原産地規則における新たな付加価値基準（現地調達比率）について提案を行った。それは，自動車の付加価値比率の計算に

おいてエンジニアリング・設計，研究開発，ソフト開発などのコストを組み込むというものである。この狙いは米国の自動車における85％の域内付加価値比率や50％の米国コンテンツの要求に対する対抗策であることは言うまでもない。

そして，カナダはNAFTA第11章の投資家が国家を訴えることができるISDS条項において，この条項を各国が選択できるとする米国案を受けて，参加する国に対しては制度を強化するが，米国が望めば離れることを可能にする提案を行った。さらに，カナダは先住民族の権利の章を提出しているし，カナダと米国とのエネルギー比例条項（カナダのエネルギー輸出に対する国内の制限が，米国への輸出の割合を減らすことはできないことを規定）をメキシコにも当てはめることを求めた模様だ。

NAFTAの原産地規則は再交渉が始まる前から最も関心を集めた分野であった。中でも，自動車における付加価値基準の水準に対する関心が高い。なぜならば，現行のNAFTAにおける自動車以外の製品の付加価値基準は50％であるが，自動車では62.5％と高く，域外からの自動車の部品や原材料に対して他の製品よりも高いハードルが設けられている。

ASEAN域内の自由貿易協定（ATIGA）で決められている自動車の付加価値基準は40％であり，TPP11においては実質で45％である。20年以上も前に発効したNAFTAではこれらのFTAよりもかなり高い水準に設定されたにもかかわらず，今回のNAFTA再交渉では，米国は域内の付加価値基準を85％にまで引き上げることを提案した。さらに，米国コンテンツ（米国産の部品・原材料）の割合が50％を満たすことを要求した。

何ゆえ米国がこれほどまでに高い付加価値基準を求めるかというと，62.5％という現行の原産地規則における割合は，必ずしも自動車のコストに占める北米産の原材料の割合が正確に62.5％に達していることを示すものではないからである。

例えば，エンジン部品の63％をカナダ，メキシコ，米国らの北米から調達し，残りの37％を中国から調達したとすると，このエンジンは100％北米産となる。つまり，中国からの部品はエンジンに組込まれたことから，北米域内で付加価値をつけられたと見なされ，北米産と認定される。このため，実際の北

42　第2章　トランプ政権とNAFTAの再交渉

米産の割合は62.5％よりも低い水準であり，場合によっては50％であったり，40％であったりする。

　こうした現行の原産地規則の盲点をブロックするため，米国は再交渉で鉄鋼製品などの自動車部品をトレーシング・リストに加えるように要求した。もしも，中国から調達した部品がトレーシング・リストに掲載されれば，非北米産とみなされる。このルールが導入されれば，計算による付加価値比率と実際の北米産材料の割合を限りなく近づけることができる。

　米国の自動車の付加価値基準に対する提案に対して，カナダとメキシコは域内付加価値比率である85％についてはもう少し低い割合であれば受け入れる余地があると考えている。一方，50％の米国コンテンツに対しては，カナダもメキシコも受け入れがたいとしている。あまりにNAFTAにおける域内付加価値比率や米国コンテンツを高めると，北米産の自動車のコストが高まり，国際競争力の観点からは日本車やドイツ車，あるいは中国車とのグローバルな競争には勝てなくなる。そこで，カナダは第6回NAFTA会合で新たな原産地規則の提案を行わざるを得なくなったと思われる。

　カナダの提案は，近年の自動車の生産における鉄鋼や金属を主体とする原材料の全生産コストに占める割合が低下していることを考慮したものである。これに関する調査研究は，ミシガン州の官民の出資による自動車調査センターで展開されている。同論文では，近年の自動車生産コストに占める軟鋼と高強度合金の割合は，2010年では80％，2015年で60％であったが，2020年には30％に大きく減少するという試算結果を明らかにしている。

　カナダの原産地規則に関する新たな提案は，付加価値基準の計算にエンジニアリングや設計，研究開発，ソフト開発などの知的財産に絡むコストを盛り込むというものである。こうした研究開発の中心は米国であり，米国コンテンツの50％の導入を図るトランプ政権の思惑と一致する。米国のNAFTA交渉担当はカナダの提案に興味を示しており，今後は何らかのリアクションがあると思われる。

　カナダの提案は最近の自動車のデジタル技術やソフトウエア開発の進展，自動運転技術の向上，新燃料効率基準，計量コンポジット材料の導入，などの動きを取り入れたものである。米国自動車部品工業会（MEMA, Motor and

Equipment Manufacturers Association）もカナダの提案と同様な考えを示している。さらに，MEMAは域外産自動車部品が北米域内で加工された場合，付加価値が組み込まれたとする現行のルール（関税分類変更基準）の維持を求めている。

（2）50％の米国コンテンツから自動車生産労働者の時給を16ドルへ

　米国は第7回の会合を終え，着地点を探る2018年4月下旬の時点において，それまでの85％の付加価値基準の要求に代わり最大で4年をかけて75％まで引き下げる代替案を提示した模様だ。さらに，米国は50％の米国コンテンツ要求を取り下げ，その代わりに自動車生産に従事する労働者の時給を16ドルにする案を持ち出したとされる。この他に，エンジンなどの一部の高価値部品も75％の付加価値比率の対象としていると伝えられる。16ドルの時給の要求は，いうまでもなく，メキシコの自動車生産コストの上昇を狙ったものに他ならない。

　NAFTAの第6回会合は2018年1月にカナダのモントリオールで開かれ，懸案事項の交渉に進展が見られた。その後，3月末のNAFTA協議期限までの合意はできなかったものの，メキシコの7月の大統領選挙前までの大筋合意を目指して，精力的な話し合いが続けられている。7回のNAFTA会合を経て，米国は譲歩の姿勢を見せているが，それは，メキシコや米国の選挙前までに決着をつけたいという思いからきていることは間違いない。

　さらに，米国政府が，メキシコの大統領選挙の結果次第では，今後のNAFTA交渉に支障がきたしかねないと考えていることも背景にある。伝えられるところによれば，メキシコの大統領選の左翼トップランナーの元メキシコシティ市長であるオブラドール候補者は，選挙後までNAFTAの再交渉は待たなければならないとし，次期政権がリードすることを示唆しているようである。大統領選を有利に進めている同候補が大統領になれば，NAFTA交渉が遅れる可能性もあり，そこを見込んだ米国や他の2カ国がどれだけ原産地規則等で歩み寄れるかが今後のNAFTAの合意時期を占う鍵になると考えられる。

　本章の執筆時点の5月7日において，依然としてNAFTA再交渉はまだ大筋合意に達していない。7月までに合意しても，メキシコ議会の批准に残された

44　第2章　トランプ政権とNAFTAの再交渉

時間は少ない。メキシコ新大統領の就任は12月であり，その前の上院の入れ替えなどを考慮すると，メキシコ議会の批准は8月中にも実現したいところである。

　米国でも，11月の中間選挙で下院の民主党議席が過半数を超えることになれば，その後のNAFTA改正法案の議会通過に大きな障害になると思われる。しかも，下院共和党議員の多くは2018年末までに退任するため，同法案を年内に成立させるには，できれば5月中旬までにNAFTA再交渉を合意したいところだ。

　もしも，原産地規則の話し合いで進展があれば，その思惑通りに合意する可能性が高い。そのためには，新たな75％の付加価値比率の提案を含めて，50％の米国コンテンツを取り下げる代わりに自動車を生産する労働者の時給を16ドルとする米国の要求と，できるだけ賃金を含めた自動車生産コストを抑えたいメキシコとの間で，どう折り合いをつけるかがポイントになる。相互に歩み寄ることができなければ，再交渉は中間選挙後まで延長される公算が大となる。

(3) NAFTA交渉の日本企業へのインプリケーション

　原産地規則の動きへの日本企業の対応としては，その着地点をしっかり見据えることは言うまでもないが，そのインプリケーションを見極めることが大切だ。つまり，この原産地規則の問題は，当初は62.5％からそれほど高くない水準に引き上げられるだろうと楽観的に考えられていたが，トランプ政権は一挙に85％という高いハードルを提案し，さらに50％の米国コンテンツの要求を持ち出した。後に85％の付加価値比率や50％の米国コンテンツの要求は変更・撤回されたものの，こうした動きは日本企業の米国での生産，あるいは米国製自動車部品やソフトウエア・コンテンツの調達を促す圧力が一層増したことを意味する。

　NAFTA再交渉において，原産地規則の水準や内容がどこに落ち着くかは依然として不透明であるが，北米で販売する自動車においては，米国の部品だけでなく自動運転や電気自動車の技術などに用いられるデジタル・IT技術やソフトウエアを活用する流れが強まったことは事実だ。それは，メキシコでの生産を増強しても止められない流れだ。

一方では，NAFTA域外からの輸出や域内生産における域外産自動車部品の調達に関する戦略を，自動車モデルによっては考え直す機会でもある。米国の乗用車の関税は2.5％であるので，域外産の部品を使った競争力のあるモデルを，たとえ原産地規則を満たさなくても積極的に投入することもありうる。ただし，ピックアップ・トラックについては関税が25％もあるので，難しいと思われる。

モデルによってはなぜそのような関税を度外視した積極策が考えられるかというと，米国における自動車産業を取り巻く経済環境は大きく変わっているからである。すなわち，トランプ大統領の大きな経済運営における成果である税制改革法案の成立により，法人税は35％から21％に低下する。これにより，日本の自動車メーカーは大きく収益を拡大することが可能になる。カナダの自動車メーカーも同様の影響を受けるが，その法人税減税の恩恵はNAFTAの関税削減の効果よりも大きいと言われている。つまり，トランプ大統領は，NAFTAの再交渉で日本の自動車メーカーに原産地規則で高いハードルを与えようとしているが，一方では，税制改革面では大きな恩恵を与えているのである。

以上のことから，もしも米国がTPPに復帰すれば，米国への輸出でTPPの原産地規則を適用できることから，日本企業の北米域外産の自動車部品の調達の自由度は大きく向上することになる。この意味においても，日本の通商戦略として，米国のTPP復帰を促すことは重要である。ただし，米国は，TPP復帰の条件として，自動車の原産地規則の改正を求めると見込まれる。

第4節　NAFTAの重要性と日本企業の北米戦略

1. 日本のNAFTA3カ国での資産はアジアの3割増し

米国のNAFTAへの貿易依存度は，深まる結びつきを反映して，極めて高い水準にある。2016年の輸出の34％はNAFTA向けであり，その内訳を見ると，カナダが18％，メキシコが16％であった（図2-1参照）。EU向けの割合は

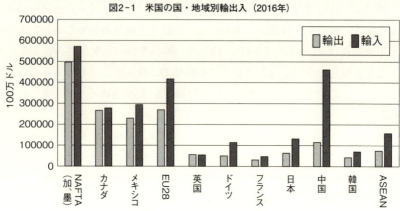

図2-1 米国の国・地域別輸出入（2016年）

出所：JETRO J-Fileより作成。

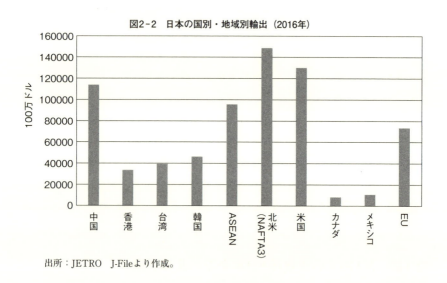

図2-2 日本の国別・地域別輸出（2016年）

出所：JETRO J-Fileより作成。

18％，日本向けは4％であったので，いかに米国の輸出に占めるNAFTA向けの比重が大きいかがうかがえる。

同様に，日本のNAFTA向け輸出の全体に占める割合を見てみると，2016年では23％と大きく，中国向けの18％やASEAN向けの15％を上回っている（図2-2参照）。米国向けの輸出割合だけでも全体の2割を超えており，日本の対

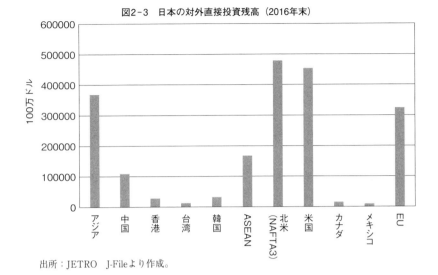

図2-3 日本の対外直接投資残高（2016年末）

出所：JETRO　J-Fileより作成。

米輸出依存度の大きさを物語っている。日本の対米輸出の主役は自動車である。乗用車だけでも対米輸出の3割を占め，これにバス・トラック・二輪車および自動車部品を加えると4割弱のシェアに達する。また，日本の自動車の海外生産は，2016年で1,900万台に達しており，そのうち北米での生産は640万台で全海外生産の34％を占めた。

一方，日本の4輪車の輸出台数は463万台で，そのうちNAFTA向けは202万台となり，4輪車輸出全体の44％を占めた。日本の4輪車の国内生産台数は920万台であるので，国内で生産された台数の中から海を渡って北米に向かう分の割合は22％に達する。

また，日本企業が海外でこれまで行ってきた投資の累積額（対外直接投資残高）を見てみると，2016年末で北米向けの直接投資残高は全体の35％（米国だけで33％）を占め，EUの24％，中国の8％，ASEANの12％をかなり上回っており，アジア全体よりも3割増しの水準に達している（図2-3参照）。

日本の対米投資は，自動車とともに，一般・電気機械機具，化学・医薬，食料品も多いし，卸売・小売，金融・保険，通信などの全般に及んでいる。こうした多くの産業が全米の各地に点在して進出している。日本企業が集積している

カリフォルニアやテキサス，ニューヨーク，イリノイ，ミシガン，ジョージアなどの州だけでなく，ワシントン，インディアナ，オハイオ，ケンタッキー，テネシー，マサチューセッツ，ノースカロライナ，アラバマ，フロリダなどの州にも広く分布している。

　日本企業の対米進出は80年代後半から加速化していったが，産業全般と各州に広がる進出を果たしていることが特徴となっている。今から20年以上も前の90年代初め，テネシーやノースカロライナ州の日系企業を訪問する機会があった。両州における訪問先の日系企業はインダストリアル・パークに入居しており，熱心に全米を見据えた市場開拓の意欲を語る様子が印象的であった。

　日本はNAFTAには加盟していないものの，現地日系企業は北米に根付きながら現地生産による現地販売を行っている。NAFTA再交渉の行方は，日本から北米向けの輸出には間接的な影響にとどまるものの，現地進出企業にとってみれば大きな問題になる。2016年度においては，日本企業の国内と海外を合計した売上高の26％は米州地域向けとなっている（アジア大洋州向けは17％，2017年版ジェトロ世界貿易投資報告）。

　これに，日本の付加価値貿易という観点を考慮すると，日本から中国に輸出された中間財が中国で組み立てられ，最終的には米国に向かうため，貿易データに表れない日本製品の実際の米国向け輸出は拡大する。OECDの付加価値貿易の計測結果によると，2009年の日本の対米貿易収支は220億ドルの黒字であったが，付加価値貿易では360億ドルに増加する。したがって，今後の米国経済は堅調に推移すると見込まれることから，日本にとってのNAFTAの重要性はますます高まるものと思われる。

2. 中間選挙や大統領選挙を見据えたNAFTA対応

　まず，日本企業のNAFTAの再交渉における対応としては，原産地規則や知的財産権，政府調達，環境・労働，ISDS条項などの交渉の内容や合意結果を緻密に情報収集し，各社別に対応を策定することが求められる。できれば，交渉の内容や合意事項に応じた幾つかの対応策を描くことが望ましい。

自動車や卸売・小売り関連企業においては，特に原産地規則やインターネット販売，あるいはトラック輸送や国境での通関手続きなどの動きを的確に情報収集することが期待される。全体的には，インフラ・エネルギー，知的財産権，デジタル貿易やセーフガード，アンチ・ダンピング・相殺関税などの紛争解決処理の動向も重要である。

その交渉の合意内容によっては，日本企業は，①NAFTAを利用した北米域内の貿易取引から自国や第3国を経由した対米輸出に転換，②自動車部品の調達で，生産モデルによっては域外産を積極的に活用，③対メキシコ・カナダ投資などから対米投資へ転換を実施，④自動車関連の分野では，メキシコでの生産余剰分を米国からEU・中南米市場等への輸出にシフトし，生産・販売におけるグローバル戦略の再構築を図る，ことが求められる。

しかしながら，再交渉の結果によっては，電子商取引や通信機器，医薬・医療機器，あるいはAI，インフラ・エネルギーの分野を始めとして，特に米国で生産し海外に輸出を積極的に展開しようとする企業には，新たな北米でのビジネスチャンスが生まれる可能性がある。この場合においては，日本企業は積極的に北米ビジネスを展開することが求められる。

NAFTAの再交渉において，2018年におけるメキシコの大統領選挙前，米国の中間選挙前までの妥結の可能性はある。メキシコも米国も交渉が長引いて，選挙に悪影響を与えることは避けたいのが本音である。しかし，北米3国間のNAFTA再交渉は依然としてタフなものとなっており，そう簡単には合意しないと見込まれる。こうしたメキシコの大統領選挙や米中間選挙前に合意できるか，あるいは次の米国の大統領選挙前まで延びるかどうかは，NAFTAの影響や対策を考える上で非常に重要である。

例えば，ジェトロセンサー2017年5月号によれば，①米機械部品のレックスフォードはメキシコ移転計画を撤回していないし，②キャタピラーはイリノイ工場をメキシコのモンテレーに移転，③鉄鋼大手のニューコアはJFEスチールと合弁でメキシコに自動車用鋼板の工場を建設予定であるし，④トランプ大統領の要請で一旦はメキシコへの工場移転を断念した空調大手のキャリア社は，別の工場に関しては計画通りメキシコに移転する，とのことである。

こうした動きを参考に，日本企業もメキシコの活用や米国への移転計画，あ

50　第2章　トランプ政権とNAFTAの再交渉

るいは対米輸出の多様化や対米投資の拡大などの戦略の策定にあたっては，NAFTA合意のタイミングや中間選挙の結果を用意周到かつ入念に分析した上で結論を出すことが肝要である。同時に，合意後の議会批准の動きをウオッチすることも不可欠である。日本企業にはそうした関連情報を徹底的に収集分析し，NAFTAの影響に関する短期や中長期的な戦略が求められる。

おわりに

　日本企業においては，NAFTAの再交渉の動きに対して，前もって準備し一挙手一投足を追うのではなく，交渉の結果が明白に表れてから，あるいは周りの日系企業の動きを見ながら対応するという姿勢が一般的である。しかしながら，原産地規則などの実際のNAFTAのルール変更の影響は予想以上に大きい。それに，もしも米国が今回や将来の交渉においてNAFTAを離脱し，NAFTAの関税削減などのメリットを得られない場合のインパクトには非常に大きなものがある。実際に，NAFTAの関税削減効果は意外に大きいことが，国際貿易投資研究所（ITI）の試算結果から得られている。NAFTAは生き物のように激しい進化の途上にあることを認識し，そのルールの変更への対応を怠らないことが望まれる。

参考文献

"The North American Free Trade Agreement（NAFTA）" M. Angeles Villarreal, Ian F. Fergusson, Congressional Research Service, February 22, 2017

"Summary of Objectives for the NAFTA Renegotiation" Office of USTR, Monday, July 17, 2017

高橋俊樹「2018年春までにNAFTA再交渉は合意できるか」世界経済評論IMPACT（http://www.world-economic-review.jp/impact/），No.979，2018年1月1日

─────「NAFTA再交渉の第1ラウンドをどう読むか」国際貿易投資研究所（ITI）・フラッシュ345，2017年9月1日

─────「広がりを見せる海外へのアウトソーシング〜親子間貿易で違いが見られる日米のグローバル調達モデル〜」『季刊　国際貿易と投資』（国際貿易投資研究所（ITI），No.109，2017年秋号）

─────「NAFTA再交渉の開始と日本企業の北米戦略〜メキシコへの投資継続と米国での生産・雇用増の両面を見据える〜」国際貿易投資研究所（ITI）・コラムNo.40，2017年6月20日

─────「NAFTAの再交渉で何が話し合われるか〜TPP交渉の呪縛から逃れられないNAFTA〜」，国際貿易投資研究所（ITI）・コラムNo.39，2017年4月6日

─────「米加FTAやNAFTAの自由化とインパクト」国際貿易投資研究所（ITI）・フラッシュ332，2017年4月6日

──── 「NAFTAの再交渉への動きとその見通し〜再交渉開始は早ければ6月後半か7月初めか〜」, 国際貿易投資研究所 (ITI)・コラム No.38, 2017年3月17日

──── 「強まる米国の国際競争力：知的財産・金融・専門サービスで海外からの利益を生む」『世界経済評論』（国際貿易投資研究所 (ITI) 発行・文眞堂発売, 2017, Vol.61, No.2)

──── 「トランプ大統領は減税やインフラ投資拡大で経済成長を高められるか〜トランプ新政権の規制・エネルギー・貿易政策改革に死角はあるか〜（その1〜その5）」国際貿易投資研究所 (ITI)・フラッシュ 320〜324, 2017年3月1日〜10日

──── 「国境調整税に見られる共和党の変化を見逃すな」世界経済評論IMPACT, No.790, 2017年1月30日

──── 「トランプ新政権でNAFTAはどうなるか〜北米戦略の方向性を探る〜」国際貿易投資研究所 (ITI)・コラム No.36, 2017年1月11日

──── 「トランプ政権の経済通商政策と日本の対応〜TPPの批准やRCEP交渉の現状と今後の行方〜」国際貿易投資研究所 (ITI)・コラム No.35, 2016年11月17日

滝井光夫・高橋俊樹「対談：トランプ新政権をめぐる米国経済の展望（その1）（その2）」国際貿易投資研究所 (ITI)・フラッシュ 305〜306, 2016年11月25日

第3章

トランプ政権の貿易政策と貿易紛争

(一財) 国際貿易投資研究所 客員研究員

滝井光夫

　トランプ政権 1 年目に貿易政策で実行できたのは僅かにTPP撤退とNAFTA再交渉だけであった。しかし，2 年目に入ると，1 年目に大統領覚書で命じた鉄鋼とアルミに対する国防条項調査および中国の米知財権侵害調査の結果が大統領に提出され，大統領は両ケースで保護主義的措置を決定した。また，大統領は輸入の急増で損害が発生した太陽光パネルと家庭用大型洗濯機に対する提訴でも積極的な救済措置を下した。これらのケースは，これまでほとんど使われることのなかった 1962 年通商拡大法 232 条（国防条項），悪名高き一方主義である 1974 年通商法 301 条，および 9 年ぶりに使われた同 201 条に基づく決定である。また，不公正貿易に対して例年頻繁に使用されるアンチ・ダンピング法および相殺関税法による提訴件数も増加し，それにともなって商務長官による課税命令の件数が増えている。

　こうしてトランプ政権の貿易政策の柱の一つである「米国通商法の厳格な運用」は着実に実行され，対米輸出に制限を課せられた輸出国は米国の決定を批判し，対抗措置を講じ，WTOに提訴している。こうした応酬はとりわけ米中間で激しく，中国の米知財権侵害問題で米国が制裁案を公表すると，中国がこれに対抗して報復措置案を公表する状態となっている。米国が制裁を実行するのは 2018 年 6 月初め以降とみられるが，米国が制裁を実行すれば，中国がこれに報復するといった制裁と報復の連鎖に至る可能性もはらんでいる。

　一方，国際派といわれる幹部が次々にトランプ政権から去り，ライトハイザー USTR代表，ロス商務長官およびナバロ通商製造政策局長の 3 人の保守強硬派が貿易政策の推進役となっていることにも留意する必要がある。

はじめに

　トランプ政権の 1 年目は，オバマケア（医療保険制度）撤廃のための法案審議（結局撤廃に失敗した）と 30 年ぶりといわれる大規模な税制改革の審議（2017年の年末に成立）に追われ，貿易問題にはほとんど手を付けることができな

54　第3章　トランプ政権の貿易政策と貿易紛争

かった。しかし，2年目に入った 2018 年は年初から次々に保護貿易措置を決定し，保護貿易主義者の大統領という性格を改めて鮮明にしている。その背景には，2018 年 11 月 6 日に迫った中間選挙の前に，2016 年に行った大統領選挙の公約をできるだけ多く実現しておきたいという思惑も働いている。

第1節　貿易政策とその執行体制

1. 貿易政策の 4 本柱

　トランプ政権の貿易政策は次の 4 本の柱から成っている。(1) 製造業を荒廃させ，雇用を喪失し，貿易赤字を増大させる貿易協定は締結しない。(2) 雇用拡大および地域経済の再活性化を図るため，これまでの貿易交渉を見直し，タフで公正な貿易交渉を行う。(3) 米国の通商法制を厳格に運用し，海外市場を開放する。(4) これらの目標を達成するため，最強の貿易交渉チームを結成する。
　このうち (1) と (2) に関連して，環太平洋パートナーシップ協定（Trans-Pacific Partnership Agreement: TPP）からの撤退が大統領就任直後の 2017 年 1 月 23 日付大統領覚書（Presidential Memorandum）によって実行された。同時にこの覚書で，「今後の貿易交渉は個別の国と二国間で行うことがトランプ政権の意図である」とし，米国通商代表部（USTR）代表に対して「米国の産業を推進し，労働者を保護し，賃金を引き上げるための二国間貿易交渉の開始を指示する」と明言した。しかし，これまでのところ二国間の貿易交渉は中国とだけで，米国が希望する日本との交渉はまだ始まっていない。
　貿易協定の見直しについては，大統領就任第 1 日目に取り組むとした北米自由貿易協定（North American Free Trade Agreement: NAFTA）は，離脱か継続かで閣内の意見が割れ，2017 年 8 月になってようやく再交渉が開始された。しかし，トランプ大統領は頻繁に NAFTA 破棄をほのめかし，USTR は原産地規則の引き上げやサンセット条項の導入などを強硬に求め，交渉は当初予定した 2017 年中の決着が実現できず，2018 年に入っても継続されている。
　一方，米韓 FTA（自由貿易協定）は協定実施前の 2011 年から 16 年までの 6

年間に，米国の対韓輸入は 132 億ドル増加したが，対韓輸出は 12 億ドル減少し，対韓貿易赤字は 132 億ドルから 276 億ドルに倍増した。このため，米国は米韓 FTA も NAFTA と同様に見直し時期になったと主張した[1]。米韓交渉は 2018 年 1 月 5 日に始まり 3 月末で決着したが，短期間で交渉が終わったのは，後述のように鉄鋼輸入に対する国防条項の発動から韓国を除外し，それと引き換えに米国が自動車貿易などで韓国から大幅な譲歩を得たからであった。なお，いまのところ NAFTA および米韓 FTA 以外では，貿易協定を見直す動きはみられない。

（3）の米国通商法制の厳格な運用については，オバマ政権発足時も同様の方針が出されたが，運用する通商法制の範囲をアンチ・ダンピング法や相殺関税法に限らず，1974 年通商法 201 条（セーフガード），同 301 条（一方主義），1962 年通商拡大法 232 条（国防条項），などに範囲を広げていることが注目される。これらの条文は，201 条提訴は 9 年ぶり，301 条は近年ではほとんど提訴が行われていない，232 条はその本来の目的で発動されたのは 1982 年のリビア産原油の輸入禁止など 2 件しかないといったように，使用頻度が非常に少ないものである。これについては次節以降で詳述する。

また，「通商政策に対する国家主権の防御」という新しい方針も加えられた[2]。これは，世界貿易機関（World Trade Organization: WTO）の紛争解決手続きによる決定が米国の通商法制を自動的に変更するものではないことを改めて確認したものである。米国は WTO がルール違反と裁定したにもかかわらず，連邦政府が徴収したアンチ・ダンピング税額を国内生産者等に配分するバード修正条項，不当なダンピング認定手法であるゼロイング方式などを継続している。トランプ政権が従来の政権以上に WTO と対立する姿勢を貫けば，WTO 体制に重大な影響が出てこよう。なお，WTO の紛争解決に係わる上級委員会には 7 名の委員がいるが，現在 3 名が欠員となっている。トランプ政権は新委員の選出を阻止しているが，その理由は明確ではない[3]。

2. 貿易政策を推進する 3 人

トランプ大統領が言う「最強の貿易交渉チーム」は，2018 年 4 月時点ではロ

バート・ライトハイザー米国通商代表部（USTR）代表，ウィルバー・ロス商務長官およびピーター・ナバロ通商製造政策局長（前カリフォルニア大学アーバイン校経済学部教授・博士）の３人で構成されている。貿易交渉チームと呼ばれているが，担当するのは交渉だけでなく，貿易政策の立案でも中心的な役割を果たしている。これら３人は，閣僚の交代が続く中にあっても，他の人物に代替されることなく，トランプ大統領を支えていくものとみられる。３人の背景などは次のとおりである。

ライトハイザー USTR 代表（1947 年 10 月 11 日生まれで現在 70 歳）は，貿易交渉チームのなかでは大統領から最も信頼され，貿易政策では大統領の知恵袋となっている。ペンシルバニア州に近いエリー湖畔のオハイオ州アシュタビューラで生まれ育ち，距離的に近いヤングスタウンやピッツバーグなどで鉄鋼工場が閉鎖されるのを見て，グローバル化に疑念を持つようになったという。1983 年から 85 年 6 月までレーガン政権の次席 USTR 代表として鉄鋼，自動車，農産物など多くの貿易交渉にかかわり，日本，韓国，メキシコおよび英国に対米鉄鋼輸出自主規制を実施させた。

退任後は，中国など外国企業の代理人を永年務めていたことから，上院承認が大幅に遅れ，承認されたのは大統領の指名（2017 年 1 月 3 日）から 4 カ月後の 5 月 11 日であった。2017 年 11 月のトランプ大統領のアジア歴訪では，事前の大統領レクで，中国の WTO 加盟以降の米国の対中政策を詳細に説明し，従来の政策では対中貿易赤字の削減は不可能だと主張し，大統領の強い支持を得た。アジア歴訪中は大統領の側を片時も離れなかったという [4]。

ロス商務長官（1937 年 11 月 28 日生まれでトランプ政権内で最高齢）は，1980 年代にトランプ不動産のカジノ事業の失敗を救い，それ以来大統領との関係は深い。商務省は所掌範囲が極めて広く，貿易政策を担当するのは主に国際貿易局（International Trade Administration: ITA）だけで，これまで商務長官が通商政策の策定に関与することはほとんどなかった。しかし，トランプ大統領と盟友関係にあるロス長官が就任すると，通商政策の立案・執行機関として商務省の地位は急上昇した。

当初，トランプ大統領はロス長官を貿易問題の最高責任者に据える方針であったが，2017 年 4 月以降の対中交渉で十分な成果を挙げられなかったことか

ら，ロス長官に対する信頼が揺るぎ，トランプ大統領は，ロス長官よりもライトハイザー USTR 代表を重視するようになったという[5]。なお，ロス長官は関西の幸福銀行の買収，再生などを行った投資家でニューヨークの日米協会会長も務めたが，通商関係の知見は少ない。

　最後に，ナバロ通商製造政策局長（1949 年 7 月 15 日生まれ）は，政権 1 年目はホワイトハウスの権力関係に翻弄されたが，2018 年 2 月，トランプ大統領の側近として再浮上した。トランプ大統領との関係は大統領選挙から始まったといわれる。ポール・クルーグマン教授のコラム[6]によると，大統領選挙戦中にトランプ候補から自分の考え方に近い保護貿易論者を探すよう命じられた娘婿のクシュナーが，Amazon のサイトから "Death by China"（2011 年 5 月刊，未邦訳）と題した本を見付け，著者のナバロに直接電話して関係が始まったという。

　ナバロ局長はトランプ大統領が政権発足前に新設した国家貿易会議（National Trade Council: NTC）の議長に就任し，その後 2017 年 4 月 29 日付の大統領令によって新設された通商製造政策局（Office of Trade and Manufacturing Policy: OTMP）の局長に就いた。その後同年 9 月，ケリー大統領首席補佐官はホワイトハウスの経済チームを再編して，ナバロ局長をゲーリー・コーン国家経済会議（NEC）議長の配下に移し，ハイレベルの戦略会議メンバーから外した。この過程で NTC は OTMP に吸収されたものとみられる。

　2018 年 2 月 12 日，トランプ大統領はナバロ局長を大統領執務室に呼んで，今年は貿易政策を前進させる年だと意気込みを語った後，ケリー首席補佐官の部屋に直接出向いてナバロ局長を NEC から独立させ，コーン議長と同格の大統領顧問に昇進させた。2018 年を貿易政策の推進と製造業強化の年と位置づけるトランプ大統領にとって，閑職に追いやられながらも国防産業の強化や武器輸出政策で実績を挙げ，持論に近い貿易政策を展開するナバロ局長はまさに必要な人材であった[7]。

　なお，TPP 離脱，NAFTA 撤退，米韓 FTA 廃止などのシナリオはナバロ局長が書いたものといわれ，トランプ大統領に大きな影響を与えたが，TPP 離脱以外はコーン議長などの国際派に阻まれた。いまや国際派のコーン議長の辞任（3 月 6 日），レックス・ティラーソン国務長官の解任（同 13 日）およびハバート・マクマスター国家安全保障担当大統領補佐官の辞任（同 22 日）によって，貿易

58 第3章 トランプ政権の貿易政策と貿易紛争

政策面でトランプ大統領に対する抵抗勢力は一掃され，ライトハイザー，ロス，ナバロという3人組の影響力は今後も確実に高まっていくものとみられる。

第2節　増加する米企業の貿易救済要求

1. 9年ぶりの201条提訴

　米国政府が輸入の急増による企業の損害を救済することは，GATT・WTOのルールに準拠する限り問題はない。問題は，トランプ政権の米国第一主義や米国人の雇用と米国産品の使用を優先する保護貿易主義が世界の貿易ルールと調和を保てるか否かである。

　政権1年目に業界が行った提訴およびトランプ政権が職権で行った自主的調査の結果が，政権2年目に入って次々に大統領に提出された。2018年4月までで，これら調査結果に対してトランプ大統領が決定した一連の措置をみると，トランプ大統領は戦後の歴代大統領の誰よりも保護主義に傾斜した政策を推し進めている。

　まず注目されたのが緊急輸入制限措置（セーフガード）を定めた1974年通商法201条である。201条はGATTの自由化義務から一時的に逃避（escape）するために採られる措置であるため，米国ではエスケープ・クローズとも呼ばれる。輸入の急増が「実質的な原因（substantial cause）」となって，国内産業に「重大な損害（serious injury）」を与えまたはその恐れがあるとITC（国際貿易委員会）が判定した場合には，4年間（最長8年間）を限度に輸入制限措置と採ることができる。この救済措置はGATT 19条に基づき，特定の輸入相手国に限定的に適用するのではなく，すべての輸入相手国に適用される。

　ITCは調査の結果，米企業が輸入の急増によって当該業界が損害を被っていると判断すれば，大統領に採るべき救済措置を勧告する。ITCの調査開始から大統領に対する勧告までの期間は180日，大統領の決定は勧告受理から60日以内と規定されている（議会は大統領の決定をオーバーライドできる）。なお，上記の「実質的な原因」とは「重要かつ他のいかなる要因よりも小さくない原因」

表 3-1　1974年通商法 201 条提訴件数と大統領のセーフガード発動件数

期間 (年)	ITC調査				大統領発動		
	全提訴件数	クロ決定	シロ決定	シロ・クロ同数	セーフガード発動件数	全提訴件数に占める%	ITCクロ決定に占める%
1975 – 79	42	22	16	4	6	14.3	27.3
1980 – 84	13	6	7	0	4	30.8	66.7
1985 – 89	6	1	5	0	0	0.0	0.0
1990 – 94	2	0	1	1	0	0.0	0.0
1995 – 99	7	4	1	2	3	42.9	75.0
2000 – 04	3	1	2	0	3	100.0	300.0
2005 – 09	3	2	1	0	1	33.3	50.0
2010 – 14	0	0	0	0	0	0.0	0.0
2015 – 19	2	2	0	0	2	100.0	100.0
合　計	78	38	33	7	19	24.4	50.0

注：クロは提訴内容を認める決定。シロの場合は大統領への勧告は行わない。ITC委員の見解がシ
　ロ・クロ同数に分かれた場合は両方の意見を大統領に提出する。2016年の提訴後撤回された1件
　は提訴件数に含まない（本文参照）。2015 – 19は2018年4月まで。
出所：2001年までは滝井光夫「レーガン政権の通商政策――歴史的転換をその遺産」桜美林大学国際
　学部『国際学レヴュー』第18号（2006年），2002年以降はThe Year in Trade, ITC（各年），不公正
　貿易報告書，経産省（各年）。

と定義されており，201 条の損害およびその恐れの判定は，ダンピングや補助
金付き輸出など不公正貿易の場合よりも厳しく定義されている。

　表 3-1 にみるように，201 条による提訴は 1970 年代後半には 42 件もあった
が，2000 ～ 04 年には僅か 3 件にとどまり，その後の 2006 ～ 08 年，2010 ～ 16 年
は全く提訴が行われていない（ただし，2016 年 4 月，米鉄鋼労組（USW）が未
加工の一次アルミを 201 条で提訴したが，提訴して数日後に撤回した。ITC の
"The Year in Trade 2017" 参照）。

　提訴案件のうち，大統領による救済措置の決定まで進んだ最も近年のケース
（後述する 2018 年の 2 件の事例を除く）は，2009 年 4 月，中国製の乗用車・軽ト
ラックのタイヤについて ITC が調査を開始し，大統領が同年 9 月，3 年間にわ
たり最大 35％の関税を賦課したケースである。このケースでは中国が WTO に
提訴し，パネル協議を経て上級委員会で米国の主張が最終的に認められた。な
お，これより 7 年前の 2002 年 3 月，ブッシュ大統領が ITC の勧告を受けて，鉄
鋼製品 14 品目に対して高関税賦課を柱とする救済措置を発動したが，日本な
ど 8 カ国・地域が行った WTO 提訴に敗れ，米国が 2003 年 12 月救済措置を撤

60 第3章 トランプ政権の貿易政策と貿易紛争

表3-2 2017年の201条調査2件の概要

品 目	太陽光パネル	大型家庭用洗濯機
提訴者	Suniva, Inc. および SolarWorld	Whirlpool Corp.
提訴日	2017年5月17日	2017年6月5日
ITC調査開始	2017年6月1日	2017年6月13日
ITC救済策票決	2017年10月31日	―
大統領への勧告	2017年11月13日	2017年12月4日
大統領の決定期限	2018年1月12日	2018年2月2日
ITCの勧告内容	委員長は本体に4年間の関税割当（現行関税+1年目10％，4年目8.5％），部品に高関税を求めたが，救済措置不要との意見もあった。	本体と部品に3年間の関税割当。本体は120万台超の輸入に1年目現行関税プラス50％，2年目45％，3年目40％の関税，部品は3年間別方式の関税割当。
輸入額（2016年）	70億6,049万ドル	―
輸入相手国（2016年，金額ベース，上位順）	マレーシア，韓国，中国，台湾，フィリピン，タイ，シンガポール，ベトナム	中国，メキシコ，韓国，タイ，ベトナム

出所：ITCおよびFederal Register。

回したケースもある。この場合は，輸入鉄鋼の増加に関する事実認定と輸入増と損害の因果関係などの立証が不十分であることが敗因となった。

　201条提訴が減少しているのは，ITCが大統領に救済措置を勧告しても，大統領は政治的判断からITCの勧告を受け入れないケースが増加し，米業界は201条に期待しなくなったからである。表3-1のとおり，1975年から2016年の間に大統領は16件のセーフガードを発動したが，これは2016年までの提訴総件数76件の21.1％，ITCのクロ決定総件数36件の44.4％に過ぎない。

　しかし，トランプ大統領が就任した2017年には，2009年以来9年ぶりに201条提訴が行われた。提訴されたのは太陽光パネルと家庭用大型洗濯機の2件である。ITCは一連の過程を経て大統領に救済措置を勧告し（表3-2），トランプ大統領はUSTRが運営する通商政策スタッフ委員会（TPSC）との協議を経て，2018年1月23日2件に対する救済措置を同時に決定した（表3-3，表3-4）。

　家庭用大型洗濯機に対する大統領の救済措置は，ITC委員4人（この時点では6人のうち2人が欠員）の勧告と適用除外国をカナダに限定したほかはほぼ同じだが，太陽光パネルの大統領決定はITCの勧告と大きく異なっている。

　大統領決定では国内産業保護に重点が置かれ，セル（ウエハーを加工した部品）の割当枠は2.5ギガワットに大幅に拡大し，割当枠内の輸入は無税としたが，モジュール（完成品）および割当枠超のセルには30〜15％の高関税を賦課

第2節　増加する米企業の貿易救済要求　　*61*

表3-3　太陽光パネル：ITC委員の勧告と大統領決定

（1）シュミットライン委員長の勧告

		1年目	2年目	3年目	4年目
セル	割当枠	0.5gw	0.6gw	0.7gw	0.8gw
	割当枠超	30%	29%	28%	27%
	割当枠内	10.0%	9.5%	9.0%	8.5%
モジュール	割当枠なし	35%	34%	33%	32%

適用除外国：オーストラリア，シンガポール等

（2）ヨハンソン副委員長とウイリアムソン委員の勧告

		1年目	2年目	3年目	4年目
セル	割当枠	1.0gw	1.2gw	1.4gw	1.6gw
	割当枠超	30%	25%	20%	15%
	割当枠内	0%	0%	0%	0%
モジュール	割当枠なし	30%	25%	20%	15%

適用除外国：カナダ，オーストラリア，シンガポール等
その他の措置：労働者・企業に貿易調整支援の迅速な実施，特定品目の適用除外，適切な資金供給による調整支援

（3）ブロードベント委員の勧告

1年目8.9gw，2年目以降4年目まで各1.4gw増の輸入数量制限。輸入ライセンス競売（最低価格：ワット当たり1セント）で得た資金で国内生産者支援，同時に貿易調整支援を含む適切な産業調整を実施

適用除外国：豪州，シンガポール等。適用対象国のメキシコは1年目720メガワット，2年目以降各115メガワット増を総割当枠内で配分。
出所：ITC Publication 4739, Nov. 2017, Investigation No.TA-201-75

（4）大統領の決定

	1年目	2年目	3年目	4年目
割当枠（セルのみ）	2.5gw	2.5gw	2.5gw	2.5gw
割当枠超のセルおよびすべてのモジュール	30%	25%	20%	15%
割当枠内のセル	0%	0%	0%	0%

適用除外国：なし（カナダ，メキシコ，韓国等も除外せず）。
注：gw：ギガワット，関税割当の開始は2018年2月7日。
出所：USTR

した。しかも，自由貿易協定の相手国を除外せず，すべての国に高関税が適用されることになった。また，米国の一般特恵制度対象国ではタイ，フィリピンは3％以上の市場シェアを占めているため，対象外としていない。さらに，3人のITC委員が労働者の職業訓練など産業調整支援策を実施するよう求めたが，大統領はこれをすべて拒否した。労働者の技能水準を引き上げる職業訓練支援などを重視しないトランプ政権の方針は，ここでも貫かれている。

　太陽エネルギー産業協会（SEIA）および再生可能エネルギーを重視する超党

62　第3章　トランプ政権の貿易政策と貿易紛争

表3-4　家庭用大型洗濯機：ITC委員の勧告と大統領決定

(1) ITC委員の勧告

		1年目	2年目	3年目
完成品	割当枠	120万台	120万台	120万台
	割当枠超	50%	45%	40%
	割当枠内 (A)	20%	18%	15%
	割当枠内 (B)	0%	0%	%
部品	割当枠	5万ユニット	7万ユニット	9万ユニット
	割当枠超	50%	45%	40%
	割当枠以内	0%	0%	0%

適用除外国：カナダ, メキシコ, 豪州, 韓国, シンガポール等
注：割当枠内の (A) はシュミットライン委員長とウイリアムソン委員の
　　意見，(B) はヨハンソン副委員長とブロードベント委員の意見。
出所：ITC Publication 4745, Dec. 2017, Investigation No. TA-201-76

(2) 大統領の決定

		1年目	2年目	3年目
完成品	割当枠	120万台	120万台	120万台
	割当枠超	50%	45%	40%
	割当枠内	20%	18%	16%
部品	割当枠	5万ユニット	7万ユニット	9万ユニット
	割当枠超	50%	45%	40%
	割当枠内	0%	0%	0%

適用除外国：カナダのみ
注：関税割当の開始は2018年2月7日。
出所：USTR

派議員は輸入救済措置に反対し，輸入救済措置が採られればパネル価格は上昇し，米国の太陽光発電が大幅に減少すると主張している。家庭用大型洗濯機については，サムスン電機が既にサウスカロライナ州で生産を開始しており，LG電子はテネシー州で2018年中に生産を開始することになっているが，トランプ大統領は今回の輸入救済措置によって，外国の生産拠点の米国移転が促進されることになると述べている。

　201条提訴で2件ともにトランプ大統領が保護主義的措置を採ったことは，201条に対する国内業界の期待を高め，201条提訴の件数は今後増大するとみられる[8]。

　なお，2018年4月初旬，韓国，日本および中国は太陽光パネルと家用大型洗濯機に対する米国の201条発動に対して対抗措置を採ることをWTOに通告した。201条によるセーフガードは不公正貿易とは異なり，輸出国に非がある

わけではなく，輸入国である米国の事情によって発動されるため，米国は輸入制限と同程度の代償を輸出国に与えることが求められている（セーフガード協定8条1項）。ただし，セーフガードが輸入の絶対的増加に対するものであり，セーフガード協定を遵守して実施された場合は，輸出国はセーフガード発動後3年間は代償措置を実施できない（同8条3項）ため，韓国，日本，中国が代償措置を実施するのは3年後の2021年2月7日以降となる[9]。

2. 再び増加するアンチ・ダンピング・相殺関税提訴

　201条と違って，不公正貿易であるダンピング輸出および補助金付き輸出に対する対抗措置は，商務長官がアンチ・ダンピング（AD）法および相殺関税（CVD）法に基づいて決定し，大統領が直接決定に関与することはない。しかし，トランプ大統領の盟友といわれるロス商務長官がトランプ大統領の意向を無視し，政権の掲げる「通商法の厳格な運用」という看板に反する決定を下すことはないと思われる。

　カナダの針葉樹材に対するADおよびCVD調査に関する2017年11月2日付のプレスリリースで，「商務省は（トランプ大統領が就任した）2017年1月20日から同年11月1日までに77件のADおよびCVD調査を行ったが，これは2016年同期（48件）比61％増である」と業界にAD，CVD提訴を促し，調査実績を誇るような書き方をしている。なお，提訴件数はその後，12月11日までに79件，2018年1月9日までに82件と大幅な増加傾向を辿っている。

　米国におけるAD税とCVDの課税決定の手順は，根拠法である1979年通商協定法によると，次のとおりである。

　まず，AD税およびCVDを課税するには二つの条件が必要である。第1は，輸出国のダンピング輸出，または補助金付き輸出が米国内産業に「実質的な損害（material injury）」またはその恐れを与え，当該産業が「実質的な妨害（material retardation）」を受けているとのITCの決定，第2は米国において当該品目が公正価格以下（LTFV, less than fair value）で販売されている，または輸出国が補助金を当該産業に与えているとの商務省の決定，である。

　商務省がADおよびCVD提訴を受理すると，ITCによる上記第1の損害調査

64 第3章 トランプ政権の貿易政策と貿易紛争

と商務省による上記第2の事実調査が並行して進められ，仮決定を経て，提訴が受理された日からADの場合は280日目（複雑なケースでは最長390日目），CVDの場合は205日目（複雑なケースでは最長300日目）に最終決定が下される。AD税ないしCVDの課税命令は最終決定の日から7日以内に商務長官によって行われる[10]。

米国はADおよびCVD調査開始件数が世界最大である。経済産業省の「2017年版不公正貿易報告書」によると，WTOが発足した1995年から2015年までの総件数は713件（AD569件，CVD144件）で，第2位インド652件（651件，1件），第3位EU553件（480件，73件）を大幅に上回っている。日本は僅か11件（10件，1件）に過ぎない。

米国は調査件数が多いだけでなく，AD税およびCVDの課税が一定期間で終了せずに，継続している件数が非常に多い。ITCの資料によると，1977年10月21日から2018年1月4日までの約40年間に，ADおよびCVDの課税が現在も継続中の件数は426件（AD326件，CVD100件）に達している（国別では中国156件，インド34件，韓国32件，台湾25件，日本20件の順）。しかも，年間の課税命令件数はオバマ政権下の2016年に51件（AD税31件，CVD20件）と

表3-5 年次別にみたAD税，CVD課税命令件数

（1977年10月21日 – 2018年1月4日）

年	総件数	AD	CVD
2009	15	10	5
2010	26	16	10
2011	4	2	2
2012	9	7	2
2013	11	7	4
2014	25	19	6
2015	25	15	10
2016	51	31	20
2017	46	36	10
2018	5	1	4
合計	217（426）	144（326）	73（100）

注：2018年は1月3～4日の2日間。合計のカッコ内は1977年10月21日から2018年1月4日までの総数。
出所：AD and CVD Orders in Place as of January 4, 2018（ITC）から件数を算出。

表3-6 輸入相手国別にみたAD税，CVD課税命令件数

（1977年10月21日 – 2018年1月4日）

輸入相手国	総件数	AD	CVD
中国	156	111	45
インド	34	20	14
韓国	32	24	8
台湾	25	24	1
日本	20	20	0
トルコ	16	9	7
ブラジル	16	12	4
インドネシア	14	9	5
メキシコ	14	13	1
ベトナム	12	9	3
合計	426	326	100

注：合計にはその他の国も含む。
出所：表3-5と同じ。

1977年以降では最大に達し，トランプ大統領が就任した2017年も前年並みの46件（36件，10件）となった（表3-5，3-6）。

2016～17年をみる限り，政権の党派は課税命令件数とは関係していないようにみえるが，2018年に入ると，3月12日までに課税命令は12件となった。12件の内訳は，カナダの針葉樹材2件（AD，CVD各1件），バイオディーゼル2件（ともにCVD，アルゼンチンとインドネシア），広葉樹合板2件（ADとCVD各1件，中国），冷延鋼管2件（CVD，中国とインド）などだが，この傾向が続けば，トランプ政権2年目の課税命令件数1年目を約3割上回るものとみられる。AD税やCVDの課税が決定されると米国の当該品目の輸入は急減する。新規の課税命令件数とAD税およびCVDの課税継続件数の増加は，ADおよびCVDが輸入制限的効果を高め，米国企業が提訴件数を増やす誘因となっている。

3. カナダに対するAD・CVD提訴とカナダのWTO提訴

トランプ政権下では，前政権下と同様に中国を対象にした調査と課税決定が圧倒的に多いが，カナダを対象にしたADおよびCVDの同時提訴が増えていることも注目される。2018年はすでに針葉樹材とボンバルディア社製旅客機の2件が決着し，新聞用紙の1件が最終決定を待っている（表3-7）。

これら3件のうち針葉樹材は，1980年代から米加間で続いた貿易紛争で，2006年に締結した協定によって市場の安定が図られたが，協定が2015年10月12日失効すると再び対立が激化し，2016年11月米国の団体COALITIONがカナダ側を訴えた。ロス商務長官は2018年1月3日，企業によっては最高18.19％のCVDおよび同じく8.89％のADの課税を決定した。カナダはこの決定を非難し，2017年11月商務省の最終決定後，NAFTAおよびWTOに提訴する方針を発表した。

次に，ボーイング社がボンバルディア社をAD法とCVD法違反で訴えたのは，ボンバルディア社がデルタ航空からCシリーズ75機を1機当たり2,000万ドル（ボーイング社の推定）で受注し，受注価格が定価の3,300万ドル（同）を大幅に下回っているとボーイング社が訴えたことに始まる。ボーイング社はCシリーズ（客席数100～150）と同型機の生産を行っていないため損害を受け

66 第3章 トランプ政権の貿易政策と貿易紛争

表3-7 最近の対カナダAD・CVD案件

	針葉樹材	100-150席旅客機	新聞用紙
提訴者	COALITION	Boeing Company	North Pacific Paper
提訴日	2016. 11. 25	2017. 4. 27	2017. 8. 9
ITC仮決定	2017. 2. 28 クロ	2017. 6. 12 クロ	2017. 9. 25 クロ
商務省仮決定	2017. 4. 24 CVD 3.02-24.12% 2017. 6. 26 AD 4.59-7.72%	2017. 9. 26 CVD 219.63% 2017.10.13 AD 79.82%	2018. 1. 9 CVD 4.42-9.93% AD＊
商務省最終決定	2017. 11. 2 CVD 3.34-18.19% AD 3.20-8.89%	2017. 12. 20 CVD 212.39% AD 79.82%	
ITC最終決定	2017. 12. 7 クロ	2018. 1. 26 予定	
商務省課税命令	2018. 1. 3	2018. 2. 2 予定	2018. 5 末予定

注：COALITIONは製材国際貿易調査交渉監視委員会，100-150席旅客機はボンバルディア
社製Cシリーズ機，新聞用紙はuncoated groundwood paper，Northern Pacific Paperは米
国ワシントン州にある企業。AC＊：決定を2018年1月16日から3月7日に延期。
出所：ITC，商務省ITA各種報告。

ていない（ボンバルディア社），ボーイング社も米政府から補助金を受けている
（カナダの駐米大使），ボンバルディア社の工場が北アイルランドにもあるた
め，米国の決定は英国にも重大な影響を及ぼす（メイ英首相）といった主張は
12月18日に行われたITCの公聴会でも展開されたが，商務省は同月20日，最
終的にCVD 212.39％，AD 79.82％という高率の課税を決定した。しかし，
2018年1月26日，ITCは「カナダのボンバルディア社は米ボーイング社に損害
も損害のおそれも与えていない」との衝撃的な決定を下し，商務省のADおよ
びCVD課税命令は撤回された[11]。

　なお，ITCの最終決定前に，対抗措置としてカナダ政府は2017年12月12日，
予定していたボーイング社の戦闘機18機（52億ドル）の購入を取りやめ，オー
ストラリアから同型の中古機を購入することに変更した。また，ボンバルディ
ア社はフランスのエアバス社とアラバマ州モバイルで組み立て生産を開始す
る，ボーイング社はブラジルの小型機メーカー・エンブラエルと事業統合する
といった報道も伝えられた。

　米国の一連の貿易救済措置および不公正貿易に対する対抗措置に対して，カ
ナダ政府は2017年12月20日，WTOに「米国が課すADおよびCVDの多くは
WTOが認める水準を超えており，米政府の決定過程や関税徴収手続きはWTO

ルールに違反する」と申し立て，2018年1月10日，32ページの訴状（WT/DS535/1）を公表した。

カナダ政府の申し立てに対して，米国のライトハイザー USTR 代表は1月10日声明を発表し，カナダの申し立ては，米国の貿易救済措置に対する広範で愚かな攻撃であり，カナダの主張は根拠がなく，カナダに対する米国の信認を損ねるだけだと批判した。また，同代表は，米国がカナダの要求を容れて貿易救済措置を実行しなければ，中国などからの米国の輸入が増加し，カナダの対米輸出は鉄鋼，アルミ製品が90億ドル，木材，紙製品が25億ドル減少する，カナダの訴えはカナダにとって悪いものだと非難した。結局，期限の60日以内に両国間で合意は得られず，針葉樹材については小委員会（パネル）が4月9日WTOに設けられた。

第3節　トランプ政権の自主調査と対抗措置

1. 大統領命令による政府の自主調査

トランプ大統領は大統領就任直後から選挙戦における公約を実行するため，多くの大統領令と大統領覚書を関係省庁に発出し，指示している。このためトランプ大統領が出した大統領令の本数は，レーガン大統領以降では最大となった（大統領に就任した2017年の1月20日から翌年の4月12日までの期間に出した大統領令の本数はトランプ大統領65本，オバマ大統領48本，ブッシュ大統領64本，クリントン大統領15本）[12]。

このうち2018年1月22日までに発出された貿易に関連する命令は11件ある（表3-8）。11件のうちTPP撤退（2017年1月23日付）と通商製造政策局の創設（同4月29日付）を除く9件は，各省の長官に期限内の実態調査と報告書の提出を命じている。

9件のうち3件は，通商法に基づく政府の職権による自主調査と政策勧告の提出を商務長官とUSTR代表に命じている。3件とは，（1）2017年4月20日付の鉄鋼輸入と国家安全保障との関係，（2）4月27日付のアルミ輸入と国家安全

68 第3章 トランプ政権の貿易政策と貿易紛争

表3-8 トランプ大統領が発出した貿易関連の大統領令と大統領覚書

(就任以降2018年1月22日まで)

日付	テーマ	内容	指令先
1月23日	TPP撤退*	2016年2月締結のTPPからの即時撤退	通商代表
1月24日	パイプライン建設と国産資材*	国内パイプラインの建設, 改修, 修繕に国産鉄鋼を最大限使用する計画の策定 (180日以内に計画書提出)	商務長官
3月31日	相手国別の貿易赤字包括報告	不公正貿易等による貿易赤字要因と影響 (90日以内に報告)	商務長官
3月31日	未納AD税等の確実な徴収	AD税, CVDの確実な徴収方法の開発 (財務省等と協力し90日以内に報告)	国土安全保障長官
4月18日	優先的米国品購入と米国人雇用	バイアメリカン法の適用状況の詳細な調査, 執行, FTAとの関係 (150日以内に実態, 影響分析報告書提出)	全省庁長官
4月20日	鉄鋼輸入と国家安全保障*	1962年通商拡大法232条 (国防条項) による調査と輸入政策勧告 (報告期限の規定なし)	商務長官
4月27日	アルミ輸入と国家安全保障*	同上	同上
4月29日	貿易投資協定の履行状況調査と協定の再交渉	米国経済への貿易, 投資協定の貢献, 違反状況調査と救済策の提言 (180日以内に報告)	商務長官, 通商代表
4月29日	通商製造政策局の創設	大統領府内に米労働者と国内製造業に資する政策提言機関を創設	国家貿易会議
8月14日	中国の米知財権侵害審議調査*	1974年通商法301条による中国の技術移転, 米知財権侵害状況を調査 (報告期限の規定なし)	通商代表
12月20日	重要鉱産物の確保戦略	重要鉱産物の対外依存度の削減, そのための技術開発, 投資貿易開発戦略の構築等 (内務省は国防省等と協力して180日以内に鉱産物の特定, 商務省は戦略報告書の提出)	内務長官, 商務長官

注：*は大統領覚書, 無印は大統領令, 日付はすべて2017年。
出所：ホワイトハウス・ホームページ。

保障の関係, (3)8月14日付の中国の米知財権侵害に係わる調査である。このうち (1) と (2) は1962年通商拡大法232条 (国防条項), (3) は1974年通商法301条にそれぞれ基づくものである。なお, 非常に重要な意味を持つこれら3件の命令は大統領令ではなく, すべて大統領覚書で出されている[13]。

これら3件は, 政府が職権によって自ら問題を掘り起こし, 対処するもので, 通商法を厳格に運用しようというトランプ大統領の強い姿勢を示すものである。以下, 案件別に見ていこう。

2. 鉄鋼, アルミに対する国防条項の発動

トランプ大統領が通商法に基づいて調査と対処策の検討を求めた3件のう

ち，国防条項による鉄鋼とアルミの輸入規制が最も注目された。輸入規制の手段として国防条項を使うという考え方は，過去40年近く途絶えていたからである。

1980年以降では，国防条項による調査は14件行われたといわれる[14]。また，国防条項が米国の安全保障を確保するという本来の目的で適用されたのは，1979年のイラン原油の輸入禁止と1982年のリビア産原油の輸入禁止の2件のみともいわれる[15]。上記14件のうち日本に関係するのが，米工作機械工業会が1983年3月，米政府に要請した調査である。調査結果を踏まえて，当時のボールドリッジ商務長官は1984年2月，レーガン大統領に18品目の輸入制限を勧告した。しかし，国家安全保障会議（NSC）が国防・経済計画ガイドラインを出したことを理由に，レーガン大統領は同年4月，上記2月の大統領に対する商務長官の勧告を見直すよう指示し，結局，レーガン大統領は工作機械の輸入が米国の国家安全保障の脅威となっているか否かの判断を回避し，1986年5月，日本，西独，台湾，スイスと対米輸出自主規制交渉を開始する方針を決定した。その後，米国は日本と同年11月に5年間の対米輸出自主規制実施で合意した[16]。

国防条項は1988年包括通商競争力法によって改正され，国防条項の発動は次のように改められた。まず，商務長官は業界等から調査要請受けた日から270日以内（1962年法では1年以内）に大統領に報告書を提出する。大統領は当該輸入が国家安全保障に脅威であると判断した場合は，報告書を受理した日から90日以内に商務長官の報告に同意するか否かを決定する。大統領が報告に同意する場合は，採るべき措置を決定し，決定後15日以内に実施する。

国防条項に基づく上記270日の報告書提出期限は，鉄鋼が2018年1月14日，アルミが同1月21日である。当初ロス商務長官は，2017年6月には鉄鋼とアルミの調査を終了すると述べていたが，9月になって報告書の発表を税制改革法成立後に延期すると発表した[17]。この結果，鉄鋼に関する国防条項調査の最終報告書は2018年1月11日にトランプ大統領に提出された（報告書の公表は2月16日）[18]。期限の1月14日より3日早いが，これは1月14日が日曜日，15日月曜日がキング牧師の記念日（祝日）となったためである。アルミについても報告書は提出期限前の1月17日[19]に大統領に提出された[20]（報告書の公表

70　第3章　トランプ政権の貿易政策と貿易紛争

表3-9　米国の鉄鋼製品輸入（数量ベース）

順位	国	2011年		2017年	
		1000トン	シェア%	1000トン	シェア%
世界		25,995	100.0	35,927	100.0
1	カナダ	5,539	21.3	5,800	16.1
2	ブラジル	2,821	10.9	4,679	13.0
3	韓国	2,573	9.9	3,654	10.2
4	メキシコ	2,625	10.1	3,249	9.0
5	ロシア	1,270	4.9	3,124	8.7
6	トルコ	665	2.6	2,249	6.3
7	日本	1,824	7.0	1,781	5.0
8	ドイツ	978	3.8	1,371	3.8
9	台湾	588	2.3	1,252	3.5
10	インド	736	2.8	854	2.4
11	中国	1,132	4.4	784	2.2
12	ベトナム	120	0.5	728	2.0
13	オランダ	518	2.0	590	1.6
14	イタリア	277	1.1	515	1.4
15	タイ	72	0.3	417	1.2
15ヵ国・地域計		21,738	83.6	31,047	86.4

注：鉄鋼製品は全品目を含む。2017年は1-10月を年計化。順位は2017年基準。
なお，対中国輸入量が2011年から2017年に大幅に減少した背景には，WTO発
足以降2017年12月31日までに米国が16件のAD税および12件のCVDを賦
課したことが影響している。AD, CVDの件数は国別では中国が最大である。
出所：The Effects of Imports of Steel on the National Security, January 11, 2018.

は鉄鋼と同じ2月16日）。

　大統領が採るべき措置を決定するのは，上述の日程からみれば大統領が報告
書を受理してから早くても105（90＋15）日以内，つまり鉄鋼は4月26日以前，
アルミは5月2日以前となる。しかし，トランプ大統領はこの日程を大幅に前
倒しして，3月8日，鉄鋼に25％およびアルミに10％の追加関税の賦課[21]を3
月23日（米東部時間午前0時）から開始し，カナダとメキシコを一時的に課税
から免除すると発表した。

　大統領の発表は各国から激しい非難を浴び[22]，関係国との交渉の結果，当面
はカナダ，メキシコ，オーストラリア，アルゼンチン，韓国，ブラジル，EUの7
カ国・地域を課税対象から除外して，3月23日から実施に移され，適用除外国
は5月1日までに最終的に確定されることになった。なお，除外を要望してい
た日本は除外されなかった。その理由は明確に述べられていないが，トランプ
大統領は米国の対日貿易赤字の大きさをほのめかしている。

表3-10 米国のアルミ輸入（数量ベース）

順位	国	2013年		2016年	
		1000トン	シェア%	1000トン	シェア%
世 界		4,409	100.0	5,939	100.0
1	カナダ	2,677	60.7	2,760	46.5
2	ロシア	219	5.0	755	12.7
3	UAE	251	5.7	556	9.4
4	中国	304	6.9	531	8.9
5	バーレーン	64	1.5	190	3.2
6	アルゼンチン	104	2.4	188	3.2
7	カタール	95	2.2	116	2.0
8	ドイツ	96	2.2	86	1.4
9	南ア	72	1.6	73	1.2
10	ベネズエラ	50	1.1	70	1.2
11	インド	21	0.5	54	0.9
12	サウジアラビア	0.5	0.0	54	0.9
13	メキシコ	55	1.2	53	0.9
14	ブラジル	51	1.2	49	0.8
15	インドネシア	63	1.4	45	0.8
15ヵ国計		4,123	93.5	5,580	94.0

注：アルミはHTS7601, 7604～7609, 7616.99.51.60, 7616.99.51.70, 順位は2016年
　基準。
出所：The Effects of Imports of Aluminum on the National Security, January
　17, 2018.

　こうして鉄鋼およびアルミに対する国防条項は実施に移されたが，いくつか
の問題点が挙げたい。第1は，規定された日程を2カ月も前倒しされ，発動を
急いだ点である。国防条項に基づく措置は，当該品目の輸入によって国内産業
に損害が発生していることを証明する必要はなく，輸入によって国家の安全が
脅威にさらされる，あるいはその恐れがあることだけで，発動できる。そのた
めに，1962年通商拡大法は国防条項の発動プロセスを明確に規定し，十分な期
間を設けて，慎重な運用を求めているわけだが，トランプ大統領はこの点を重
視しなかった。大統領が国防条項の発動を急いだ背景には，2018年11月6日
の中間選挙が迫るなかで，2016年の選挙公約を少しでも早く実行して劣勢を挽
回したいというトランプ大統領の思惑がうかがえる。アラバマ，ペンシルバニ
アの両州で行われた連邦上院補欠選挙で共和党候補が民主党候補に敗北してき
た情勢も大きく影響している。
　第2に，国防条項を発動したのは，米国の国家安全保障の確保という高度の
政治的な影響力を行使して輸入規制を実施することにあるが，トランプ大統領

72　　第3章　トランプ政権の貿易政策と貿易紛争

はその影響力を他の目的のために行使した。カナダとメキシコ，さらに韓国を
追加関税から除外したのは，NAFTAおよび米韓FTA交渉を有利に進めるこ
とにあり，また3月8日の追加関税賦課の決定から23日の課税開始まで2週間
の猶予を置いたのは規定のとおりだが，この期間を課税免除のための交渉に当
てたのもトランプ大統領好みの露骨なディールであった。

　米韓両国はFTA再交渉で，韓国製ピックアップトラックに対する米国の関
税撤廃を2021年から2041年に20年間延期し，米国の安全・環境基準のまま韓
国で販売できる米国車の台数を1社当たり年間5万台に倍増し，さらに韓国の
薬価制度も改正することで，3月26日合意した[23]。合意は韓国製鉄鋼に対す
る25％の国防条項関税の免除と引き換えになされたものと理解される。

　第3に，国防条項発動の趣旨もはっきりしない。3月8日付でホワイトハウ
スが発表したファクト・シートの表題には，「トランプ大統領は不公正貿易か
ら米国の国家安全保障を守り」，「米国の国家安全保障を脅かす不公正貿易慣行
に対処しつつある」と書かれている。表題のとおり不公正貿易慣行に対抗する
のが本来の目的であれば，アンチ・ダンピング法，相殺関税法，1974年通商法
301条など不公正貿易を正す手段を使うべきで，国防条項を使う必要はないは
ずである。

　第4に，国防条項の発動は鉄鋼とアルミの設備稼働率を80％に引き上げるこ
とにあると前出の商務省報告書は書いている（2017年の鉄鋼の設備稼働率は
72.3％，アルミは39％）。鉄鋼の主要対米輸出国である7カ国・地域を除外し，
追加関税だけで輸入量を引き下げるのは難しい。米韓FTA再交渉では，韓国
は鉄鋼の対米輸出を3割減らす米国の輸入割当制を受け入れた[24]と伝えられ
るが，この数量規制はGATT 11条違反である。レーガン政権下で輸出自主規
制（VER）交渉に当たったライトハイザーUSTR代表は，VER交渉に意欲を見
せていると伝えられるが，VERもウルグアイ・ラウンドで禁止となった。

　なお，232条調査とは別に，商務省は2017年11月28日，自主的に中国からの
アルミシートの輸入についてADおよびCVD調査を開始している。ITCは
2018年1月12日までにADおよびCVDの損害に関する仮決定，商務省がCVD
については2月1日までに，ADについては4月17日までにそれぞれ事実関係
に関する仮決定を行う予定であり，その後の日程は表3-11のとおりである

第3節　トランプ政権の自主調査と対抗措置　　*73*

表3-11　中国製アルミシートに関する商務省の自主調査日程

	AD調査	CVD調査
商務省調査開始	2017年11月28日	2017年11月28日
ITC仮決定	2018年1月12日	2018年1月12日
商務省仮決定	2018年4月17日	2018年2月1日
商務省最終決定	2018年7月2日	2018年4月17日
ITC最終決定	2018年8月15日	2018年6月1日
課税命令	2018年8月22日	2018年6月8日

注：日程は変更の可能性がある。
出所：Fact Sheet, November 28, 2017, Dept. of Commerce.

3. 301条とその歴史的経緯

　トランプ大統領が中国による米知財権の侵害問題に関する大統領覚書に署名したのは2017年8月14日だが，4日後の18日にはライトハイザーUSTR代表は1974年通商法301条に基づき調査を開始した。

　301条は，米国に対する外国政府の行動，政策あるいは慣行が不当（unjustifiable），不合理（unreasonable）または差別的（discriminatory）であり，米国の通商に負担を負わせ，または制限するとUSTRが判断した場合，当該国との交渉で問題を解決できなければ，USTRは報復措置を発動しなければならない。USTRが一方的に当該国に発動する報復措置には貿易協定の譲許停止，関税等の輸入規制，サービスに対する制限，不当等の行動を排除するための協定の締結などがある。報復措置は問題となった当該産業分野以外をも対象にでき（たすき掛け），外国政府の行為によって米国が損害をうけていることを立証する必要もない。301条が「一方主義」といわれる理由は，こうしたことによる。

　301条の一方主義とその恣意性はWTO協定に違反するとしてEUが1998年に提訴し，日本など8カ国がEU側に加わった。その後1999年に紛争解決機関（DSB）の小委員会（パネル）で審理され，その報告書が発表された。報告書は，米国が提出した，将来にわたり301条をWTO協定と整合的に運用するとの声明を遵守する限り，301条は協定違反ではないとし，上訴もされず紛争解決機関で採択された。なお，一方的性格をさらに強めたスーパー301条が1988年包括通商競争力法で新設されたが，1994年ウルグアイ・ラウンド協定法で1995年限りの時限立法とされ，2002年に廃止された。

74   第3章　トランプ政権の貿易政策と貿易紛争

　米国は日米貿易摩擦でも 301 条を積極的に発動した。301 条の対象は，80 年代は皮革および皮革製はきもの（輸入割当制），たばこ（専売公社の小売，広告政策），鉄鋼，半導体などと広範に及び，90 年代に入っても自動車部品，写真フィルム，農産物などと続いた。なかでも 1986 年に締結された日米半導体協定を日本は遵守していないとして，米国は 1987 年 4 月，パソコン，カラーテレビ，電動工具の 3 品目に 100％の報復関税賦課を決定し，即日実施した（これがたすき掛けの典型例）。

　301 条は 1985 年 9 月，レーガン大統領が新通商政策 25) の中でその積極的な発動によって外国政府の不公正貿易慣行を是正すると発表してから，発動が急増したが，ライトハイザー USTR 代表は当時 USTR で次席代表を務めていた。ライトハイザー代表は 2018 年 3 月 22 日の上院財政委員会の公聴会で，米国が非互恵的で非経済的な競争を強いられている分野には今後 301 条調査をより積極的に進める，中国との貿易問題は 301 条をより積極的に使えば解決できると主張している 26)。過去 10 年間，USTR はほとんど 301 条を発動してこなかっただけに 27)，この方針転換は注目すべきものである。

4. 中国の米知財権侵害問題と米中間の応酬

　USTR は中国の米知財権侵害問題の調査と対応策の検討を 2017 年末に終え，その後ホワイトハウス内，省庁間，大統領貿易政策交渉諮問委員会（ACTPN）など多角的に検討を続けた 28)。こうした経緯を経て，トランプ大統領は 3 月 22 日，大統領覚書に署名し，対中制裁の具体的内容を発表した。大統領覚書 29) は次の 3 点からなっている。

　(1) 3 月 22 日から 15 日以内に関税引き上げリストを作成し，関係省庁との協議を経て最終リストを公表する。(2) WTO に提訴し，3 月 22 日から 60 日以内に USTR 代表はその進展状況を大統領に報告する。(3) 財務長官は米国の重要産業および技術に対する中国の投資に対して政府が取るべき措置を提案し，60 日以内にその進展状況を大統領に報告する。

　ライトハイザー代表は大統領覚書が指示した 3 月 22 日から 15 日以内という期限よりも早い 4 月 3 日，航空機，情報通信技術，ロボティックスおよび機械類

などHTS8桁分類で約1,300品目，総額500億ドルの対中輸入品に25％の追加
関税を賦課する制裁方針を発表した[30]。これに対して中国は翌4日，米国の制
裁措置と同額（500億ドル）の対米輸入品106品目に，米国と同率の25％の関
税を賦課する報復措置を発表した。

　この中国の報復関税の対象には米国の主要な対中輸出品である大豆，自動
車，化学品が含まれているため，トランプ大統領は翌5日，中国の報復関税は
「過ちを正すのではなく，米国の農業者や製造業者を標的にした」と非難し，4
月3日発表の500億ドルに追加して，1,000億ドル相当の対中輸入品に報復関税
を賦課することを検討するようUSTRに命じ，USTRは対象品目などの検討を
進めている。

　米国が制裁関税を実施するのは，制裁品目およびその関税率が5月15日の公
聴会および同22日の公聴会後の意見書提出期限後に確定されるため，早くて
も6月初旬以降になるものとみられる。なお，1974年通商法は，301条に基づ
く制裁措置は2017年8月18日の調査開始から原則1年以内に実施するよう求
めているため，この規定によれば制裁発動の期限は8月17日となる。

　一方，中国は4月5日，米国の国防条項発動はセーフガード措置であり，セー
フガード協定に違反しているとしてWTOに提訴するとともに，米国の主張す
る知財権侵害の事実関係と301条の正当性を巡って強く反論している。一方，
こうした中国の提訴と中国の知財権侵害を巡る米国の提訴の両方で，米中両国
は激しい応酬を続けている。結局，両国間の協議は小委員会レベルでは終わら
ず，上級委員会に持ち込まれ，結論が出るまでには今後一年程度はかかるであ
ろう。しかし，結論が出る前に米国が制裁を発動するような事態になれば，中
国が直ちに報復に出て，制裁と報復の連鎖が始まりかねない。

　問題は米国が制裁の発動を思いとどまるか否かだが，これには米中双方の外
交努力も関係する。すでに中国は国防条項を援用した米国の追加関税は中国に
損害を与えるとして，4月2日から米国産果物，ワイン，シームレス鋼管など
120品目に15％，豚肉など8品目に25％の追加関税を賦課している（128品目
の対米輸入額は約30億ドル）。しかし，米国はこれに報復するような方向はみ
せていない。なお，前述した3月22日付大統領覚書で財務省に命じられた中国
の対米投資に対する規制問題については，対米外国投資委員会（CFIUS）の改

正法が議会で議論されている。

　トランプ大統領は3月2日，「米国が貿易で事実上何十億ドルも負けている状況では，貿易戦争はよいことだ。簡単に勝てる。例えば，米国がある国に1,000億ドル損をしていて，彼らがいい子ぶっているなら，もうその国とは貿易をやめよう。米国の大勝利だ。簡単なことだ！」とツイートしている。

　貿易戦争を起こせば，赤字は簡単に無くせる，ある国との貿易赤字を無くすには，その国との貿易をやめればよい，といった無謀な主張を展開するトランプ大統領に，貿易赤字は負けではないという事実を理解させるのは至難なことであろう。しかし，それを理解することは米国大統領の責務でもある。

おわりに

　2018年は前年とは打って変わって，トランプ大統領の保護貿易主義が全開し，貿易紛争が世界を混乱させている。トランプ大統領は米国が仕掛けた現状を「貿易戦争」と呼び，貿易戦争を歓迎するかのような発言を繰り返している。またライトハイザーUSTR代表は301条の発動をさらに増やすと公言している。トランプ大統領が現職にとどまり，その貿易交渉チームが貿易政策を担当する限り，米国を巡る貿易紛争は容易に収束することはないであろう。とりわけ米中両国間の対立が懸念されるが，1930年代の貿易戦争の再来は何としても回避しなければならない。米中両国はもちろん，各国ともに，経済対立が政治的対立に向かい，軍事的対立が破壊的な結果を招いた過去の歴史を思い起こし，WTO体制を維持し，発展させる努力を続けるよう求められている。

注

1）2017 Trade Policy Agenda and 2016 Annual Report, Office of the United States Trade Representative, March 2017.

2）注1のⅡ-B参照。

3）2018年3月23日付のInside U.S. Trade（22ページ）によると，米国議会のNew Democrat Coalitionは2018年3月19日付でライトハイザーUSTR代表に書簡を送り，米国は欠員選出を阻止せず，迅速に欠員を補充するよう要請している。

4）The Little—Known Trade Adviser Who Wishes Enormous Power in Washington, The New York Times（以下，NYTと略）, March 9, 2018, およびUSTRホームページなどによる。

5）注4のNYTによる。

おわりに　*77*

6) Springtime for Sycophants by Paul Krugman, NYT, March 12, 2018. ナバロに関する記事の出所はVanity Fair誌。

7) 出所はNYTの各種記事およびHow Peter Navarro got his groove back, The Washington Post, Febuary 27, 2018.

8) Chad P. Bown, Solar and Washing Machine Safeguards in Context: History of US Section 201 Use, PIIE, October 31, 2017.

9) Inside U.S. Trade, April 13, 2018, p.18-19.

10) 商務省によるADないしCVDの仮決定および最終決定でクロとなれば，関税評価（清算）が停止され，輸入者には現金の供託ないし債券による保証が求められる。このためADおよびCVDのクロ決定は輸入を阻止する効果が極めて高い。

11) ITCの最終決定は次の報告書で明らかにされている。100- to 150-Seat Large Civil Aircraft from Canada, Investigation Nos. 701-TA-578 and 731-TA-1368 (Final), Publication 4759, February 2018.

12) Federal Register: Executive Order Disposition Tableによる。同期間に大統領令のほかに，大統領覚書が42本出されている。なお，2018年に入ってホワイトハウスのホームページの構成が一変したため，2017年12月以降本数の算出が容易ではなくなった。

13) 大統領令には発出した順に連番が付き，大統領覚書には連番が付かない。それが両者の明確な違いであって，両者には格付け上の差はないといわれている。しかし，内容からみて，大統領令が大統領覚書よりも格上であることは間違いない。このため，国防条項を援用した鉄鋼とアルミの輸入制限および301条の一方的措置を使って中国の知財権侵害問題に対処するという重大な命令がなぜ連番の付かない大統領覚書で発出されたのか，筆者には理解できない。

14) Chad P. Bown, Steel, Aluminum, Lumber, Solar: Trump's Stealth Trade Protection, PIIE Policy Brief 17-21, June 2017.

15) 松下満雄『国際経済法』第3版，有斐閣，2001年11月，198ページ。

16) この部分の記述は，以下による。通商摩擦研究会編著，福島栄一監修『米国の88年包括通商・競争力法』日本貿易振興会，1989年4月7日，125～128ページ。

17) Inside U.S. Trade, September 15, 2017. P.1, 10-11.

18) 報告書は本文61ページ，200ページ余りの付属文書が付いている。報告書のタイトルは次のとおり。

　The Effect of Imports of Steel on the National Security: An Investigation Conducted under Section 232 of the Trade Expansion Act of 1962, As Amended, U.S. Department of Commerce, Bureau of Industry and Security, Office of Technology Evaluation, January 11, 2018.

19) 報告書の表紙には1月17日と書かれているが，ホワイトハウスの発表文では1月19日とされている。この日付はその後の日程の起算に係わる。

20) 報告書の本文は109ページで12ページの付属文書が付いている。報告書のタイトルは次のとおり。

　The Effect of Imports of Aluminum on the National Security: An Investigation Conducted under Section 232 of the Trade Expansion Act of 1962, As Amended, U.S. Department of Commerce, Bureau of Industry and Security, Office of Technology Evaluation, January 17, 2018.

21) 上記注18および20の報告書は推奨する措置の一つとして鉄鋼は24％（Perdue大学のGTAP分析に基づく），アルミは7.7％（同）の追加関税を大統領に具申している。大統領の最終決定が鉄鋼25％，アルミ10％となったのはこの数値をもとにしていると思われる。

22) 国防条項の発動に対する批判は米議会からも出されたが，マティス国防長官は輸入規制に同意できるのは，同盟国が規制措置を十分了解した場合だけであると述べている（Inside U.S. Trade, January 5, 2018）。結局マティス長官の意見は大統領の決定には生かされなかった。

23) 韓国，鉄鋼輸出を削減，米国は関税適用除外，朝日新聞，2018年3月27日。USTRの発表は次を

78 第3章 トランプ政権の貿易政策と貿易紛争

参照。New U.S. Trade Policy and National Security Outcomes with the Republic of Korea.

24) 同上の朝日新聞。

25) 新通商政策については，拙著「三・経済，14自由貿易体制の動揺」『原典アメリカ史—第八巻，衰退論の登場』岩波書店，2006年，207〜217ページ参照。

26) Inside U.S. Trade, March 23, 2018, p.20.

27) 2009〜2016年にUSTRが301条調査を実施したのは2014年（ウクライナの知財権），2013年（同），2011年（中国の環境技術），2010年（カナダ針葉樹材）だけであり，業界から提訴があっても調査を行っていない。

28) Inside U.S. Trade, January 19, 2018, p.13.

29) 3月22日付の大統領覚書とトランプ大統領の談話はwhitehouse.gov/presidential‑actionsに掲載されている。

30) USTRの発表文には，中国の米知財権侵害政策の背景には「中国製造2025」（Made in China 2025）で示されているように中国が高度技術で主導権を確保する狙いがあるとしている。

第4章

通商政策史からみたトランプ政権

長崎大学経済学部准教授

小山久美子

　本章は，米国通商政策の歴史的観点から，2017年12月時点でのトランプ政権の通商政策について，連続的な面と非連続的な面の特徴を検討するものである。現在に至る「大統領（行政府）の役割」は，米国が輸出拡大目的の互恵通商協定法を成立させた1934年に形成された。1934年以降，大統領（行政府）は，行政措置により産業保護を行いつつ，貿易自由化を促進してきた。

　トランプが実施を声高に強調する行政措置に関しては，過去の歴代政権も常々用いてきた。反ダンピング関税，相殺関税，セーフガード（エスケープ・クローズ，201条），301条等の行政措置は，トランプ政権下での今後の発動の件数，強硬さがどの程度になるかはともかく，手法としてはこれまでと変わらず連続的といえよう。だが，トランプ政権は産業保護の行政措置に重きをおくのみで，貿易自由化の促進の点，とりわけWTO，多国間交渉には否定的，消極的姿勢である。貿易自由化への取り組みが歴代政権と大きく異なっており，この方向性が今後も維持されるとすれば，1934年以降米国が進めてきた通商政策との非連続性が色濃くなる。

はじめに

　本章は2017年12月時点でのトランプ政権（Donald Trump，2017年〜）に関して，米国通商政策の歴史的観点から連続性部分と非連続性部分を抽出することを主目的としている。1934年に大統領（行政府の長）に付与された役割の点から歴史を考察し，トランプ政権の通商政策の特徴の分析を試みる。本章の構成は，米国通商政策において大統領（行政府）の役割は歴史的にいつ，どのように形成されたのか（第1節），大統領（行政府）が担った役割の歴史的動向（第2節），トランプ政権の通商政策の特徴（第3節），から成る。

第1節　大統領（行政府）の役割はいつ, どのように形成されたか

1.「自律的関税」の時代

　合衆国憲法（1788年制定）は関税徴収権限を連邦議会にあると定め, 憲法制定以降, 連邦議会が平均7年毎に関税法を策定し, 議論を行い, 議決してきた（大統領は関税法案への拒否権発動の権限のみ有した）。米国では, 南北戦争（1861〜65年）が起きた後は, その戦争による財政難を補うための一方策として関税が引き上げられ, 高関税が定着した。いったん引き上げられた関税の継続を望む利害関係者の圧力が強かったのである。関税は議会の場で政治の影響を強く受けた。議員間の政治的取引（ログローリング）によって, 関税保護を必要としない多くの品目にも関税が賦課され, かつ必要以上に高い率となっていた。その高関税の頂点を成したのは1930年のスムート・ホーリー法であった。同法は, 1929年に始まった大恐慌のさなかに米国で成立した高関税法として悪名高いが, 従前の関税法と同じく, ログローリングの流れを踏襲して成立したのが実情である（大恐慌が起きたから, 同法が高関税になったのではない）。

2.「交渉による関税」の時代へ

　スムート・ホーリー法の影響だけとはいえないが, その後諸外国が関税引き上げを次々と行い（中には, 同法への報復的措置と明言する国々が多数あった）, 米国の輸出は激減した。そして米国は輸出拡大を目的とした互恵通商協定法を1934年に成立させた。

　互恵通商協定法下で, 議会は大統領に更新制（およそ3年から5年）で, 関税交渉の権限を付与した。すなわち米国は, 大統領が他国と二国間で交渉を行って関税を決定する「交渉による関税」の時代へ入った。このような方式となったのは, ハルの見解（Cordell Hull, 1907年より下院議員, 米国の実質的には輸入を禁じる程の高い関税体制に反対していた）, 国務省の見解, 議会内での対立

調整等，様々な要素が絡み合ったからであった。

　1933年に大統領になったローズベルト（Franklin Roosevelt，民主党）は国務長官にハルを指名した。そして新しい関税法案を起草する為の関係省庁（国務省ほか農務省，財務省，商務省等）から成る「通商政策行政委員会」を立ち上げ，委員長にはセイヤー（Francis Sayre，国務次官補）を指名した。セイヤーは国務省の大半のメンバーと同じく経済ナショナリズムに反対であり，ハルを支持していた。ハルは，従来の議会による自律的関税の方法では関税引上げの結果に終わることを指摘した。同委員会は，関税率変更の権限を議会から大統領（行政府）へ委譲させることで合意し，また，他国との互恵的取引を支持した。さらに同委員会は，ハルが主張した二国間交渉の方針を採用した。

　1934年初に通商政策行政委員会により起草された法案が議会に送付された時点では，法案には，大統領権限に期限の制約が設けられていなかった。議会では，「緊急法案と喧伝されているのに大統領権限に期限制約がない」等の批判が上がった。このような批判が考慮されて結果的に，大統領への権限委譲は期限付きとすることが法案に挿入された。また，議会内に「個々の国内利害が今後不当に扱われるようになる」等の批判があったため，結果として利害関係者が見解を提示する機会が持てるよう修正案が包含された。つまり大統領には，低関税化の交渉を進めるにあたり個々の利害に対応する役割も付された。

　上記のプロセスを経て，大統領への権限委譲は議会による期限付きの更新制になった。1934年以降，大統領（行政府）は，①交渉によって貿易自由化を進めること，②個々の利害に対応して，輸入救済（産業保護）を行うこと，の二つの主な役割を担うこととなった。

第2節　大統領（行政府）が担った役割の歴史的動向

1. 第二次大戦までの動向

（1）貿易自由化

　1934年以降，米国の関税は大統領（行政府）が他国と互恵的に調整すること

82 第4章 通商政策史からみたトランプ政権

となった。更新制の下で議会から大統領への権限委譲は1937年，1940年，1943年に順次更新されていき，大統領が他国との二国間交渉を進め，1934～45年までに27カ国と32の貿易協定を締結した。米国はすでに1922年に協定締結の際の原則として無条件最恵国待遇を採用しており（1922年以前は条件付最恵国待遇），1934年互恵通商協定法も無条件最恵国待遇を採用したため，二国間交渉の成果は国際的に拡大し得ることになった。低関税化政策は米国にとり実験的試みではあったが，成功を収め，輸出拡大に功を奏した。この成功が今度は多国間交渉で貿易自由化を推進していく国際貿易体制，「GATT」（関税および貿易に関する一般協定）を第二次大戦後に米国が主導していく動きに繋がった。

（2）産業保護

輸入救済を求める個々の利害への対応には，1934年以前に既に行政措置として法制化されていた措置を受け継いだ，「相殺関税」と「反ダンピング関税」（両措置の施行は商務省（1979年までは財務省），米国国際貿易委員会（旧関税委員会）が国内の訴求により調査を行い，米国産業が被害を被っているかどうかを基準に発動が決定される）および，1934年以降に新たに法制化された行政措置，「エスケープ・クローズ」（セーフガードとも呼ばれ，国内利害訴求を受けて米国国際貿易委員会が調査を行い，大統領が決定する）がある。成立した順にこれらについて成立背景等を述べる。

相殺関税

スムート・ホーリー法に303条として導入されていた相殺関税は，1934年以降も継続された。相殺関税が最初に成立したのは1890年代であった。その背景として，一部のヨーロッパ諸国，特にドイツが輸出する砂糖に対して輸出者に補助金を付与し始めたことがあった。米国議会は，米国の砂糖トラストの求めに応じて，そのような補助金から米国の砂糖精製産業を保護することを試み，1890年関税法と1894年関税法の下ですべての輸入砂糖に対して相殺関税を賦課することとなった。その後，ドイツ側が米国の砂糖への相殺関税はドイツを標的にしていると不満を述べたため，1897年関税法では，補助金を受けた

すべての輸入が相殺関税の対象となった。

反ダンピング関税

　反ダンピング関税は1921年に法制化され，そして1930年スムート・ホーリー法では337条として包含され，1934年以降も継続された。反ダンピング関税の成立契機は，第一次大戦（1914〜18年）が終わるとすぐ米国の産業界が，「ドイツが戦争により失った市場をダンピングにより勝ち取ろうとしている」等と主張して反ダンピング法成立を強く望んだためであった。

　共和党のハーディング（Warren Harding）が大統領に就任すると，反ダンピング法案は，1921年緊急関税法案と一緒になって可決された。成立年の1921年だけで21の反ダンピング措置が発動された。

エスケープ・クローズ

　エスケープ・クローズは，1935年初のベルギーとの貿易交渉中に，譲許対象となった米国の産業が第三国，特に日本からの低コストの輸出品が米国市場に氾濫することを警戒して声を上げたため，ローズベルト大統領が国務省に対して何らかの救済条項を準備するよう指示したことが契機であった。米国とベルギーの貿易協定には協定の譲許対象からその産業を外す旨のエスケープ・クローズが包含された。また，その後，ベルギー以外の幾つかの二国間貿易協定にもエスケープ・クローズが盛り込まれた（1947年にエスケープ・クローズは行政命令として制定され，1951年には議会により法制化された）。

2．第二次大戦後の動向

　第二次大戦後は，米国では大統領が交渉によって，とりわけGATTでの多国間交渉を中心にして貿易自由化を進めていった。この貿易自由化促進は，相殺関税，反ダンピング関税，エスケープ・クローズといった行政府による行政措置を併用しながらであった。以下，これらの行政措置の動向をオバマ政権（Barack Obama, 2009〜17年）まで概観する。

（1）行政措置

反ダンピング・相殺関税

ローズベルト政権下（1933～45年）では反ダンピング関税の発動は13の発動（うち6件が1934年に集中）がなされたにすぎなかった。第二次大戦後もそのようなスローペースがしばらく続いた。だが，ジョンソン政権時（Lyndon Johnson, 1963～69年）より発動ペースが若干増し，2年間で約5件のペースで発動されるようになった。また，議会は1979年に担当省を国務省寄りの姿勢を示していた財務省から商務省に移行させ，措置を発動させやすくした。

1980年代，反ダンピング関税と相殺関税の使用は特に米国鉄鋼業界から訴求された。WTO（世界貿易機関）設立後の過去11年半（1995年1月～2016年6月）では，米国の反ダンピング関税と相殺関税の発動件数は466件にも上った。反ダンピング関税と相殺関税の発動件数は，クリントン政権期は年平均26件，ブッシュ政権期21件であり，オバマ政権の場合，2009～15年期で127件であった。オバマ政権下の実施例を挙げると，2011年2月の原油掘削用の中国製鋼管に対する430％の反ダンピング関税と18％の相殺関税の適用がある。

エスケープ・クローズ（セーフガード，201条）

エスケープ・クローズは，GATTでは第19条にセーフガードとして規定され，1974年通商法で201条となった。1974年通商法では発動要件の緩和がなされた。GATTの時代（1947～94年）にセーフガード措置をとったのは米国，EU，オーストラリア等の先進国が大半であった。そしてWTO設立後の1995年から2015年までのセーフガードは，米国の場合，調査件数10，うち発動確定件数6であり，先進国としては米国は調査，確定件数とも最も多い。オバマ政権下の実施例は，2009年9月の中国製タイヤに対する発動がある。

以上の輸入救済（産業保護）の行政措置の他に，1974年に米国が不公正とみなす貿易慣行に対して制裁を図ろうとする行政措置，301条が法制化されたことは特筆すべきである。301条は，その主目的は米国の輸出拡大だが，相手国に米国への輸出を減じるような制裁を課したり，対米輸出自主規制などに持ち込むことを狙ったりする。米国にとり産業保護的意味合いも持つ行政措置といえる。

301条

　301条で中心的業務を担う米国通商代表部（USTR）の前身である通商代表部（STR）は，ケネディ大統領（John F. Kenedy, 1961〜63年）が1963年に行政命令により，貿易に関する問題に関して大統領を補佐する機関としてつくったものである。STRは1974年通商法で大統領機関に格上げされ，1979年通商法で改組され，1980年に現在の名称USTRとなった。

　1974年通商法301条は，大統領（行政府）に新たな責務を加えた。301条下で，不公正な貿易慣行・障壁を持つと米国が判断した国に対してUSTRが調査を行い，当該国と協議，交渉を行うこととなった。それでも問題が解決せず，改められない場合に制裁・報復措置をとることとしたのが301条であり，措置発動の権限を大統領に付与した。ただし，1974年時点では実際の運用は穏やかであり，実質的な発動は1982年までなかった。

　しかしながら，1984年通商法は301条を強化し，行政府の301条の積極的活用を促した。そして1988年通商法はスーパー301条として1974年通商法301条のさらなる強化版を盛り込んだ。スーパー301条下では，米国は不公正な貿易慣行を持つとした国を明確にし，交渉期限を定め，USTRが積極的に交渉を行うことになった。1989年には日本，ブラジル，インドがスーパー301条の対象国として米国から特定された。また，1988年通商法ではスペシャル301条も成立した。これは知的所有権を侵害している国を米国が特定し，改善要求や制裁を行う条項である。

　オバマ政権下での301条に関する動きの一例は，2010年9月にアメリカ鉄鋼労組（USW）からの訴求を受けてのUSTR調査がある。この訴求は，中国政府が風力，太陽光発電装置へ不当に保護，支援を行い，グローバルなサプライヤーの支配者となっているという内容であったが，調査のみで，実際の制裁発動はなされなかった。

（2）貿易自由化

　以上の行政措置を使いながら，1934年以降オバマ政権まで米国行政府は貿易自由化を促進してきた。国際貿易体制GATT/WTOに対して，表立って同体制より国内法を優先させるという姿勢を打ち出すことはせずに，多国間交渉を尊

重してきた。以下，第二次大戦後の貿易自由化への米国の取組みを概観する。

米国が中心的役割を遂行してのGATT設立（1947年）から1960年代までの間にGATT下で5回のラウンドと，そして米国主導で関税障壁に関して大きな成果が得られた第6回目のケネディ・ラウンドが行われた。

ニクソン政権（Richard Nixon, 1969～74年）は，大幅な財政赤字から1971年には金兌換停止や緊急措置としての10％の輸入課徴金を適用するという新経済政策を行ったものの，東京ラウンド（1973～79年）の多国間交渉を進めた。フォード政権（Gerald Ford, 1974～77年），カーター政権（Jimmy Carter, 1977～81年）も東京ラウンドを推進した。同ラウンドは鉱工業製品関税引下げの他，非関税障壁分野での新協定（スタンダード・コード）成立等の成果を上げた。

1980年代のレーガン政権（Ronald Reagan, 1981～1989年）は，GATTで知的所有権，サービス，貿易関連投資，農産物の貿易自由化等が扱われることを望んだ。レーガン政権はGATTウルグアイ・ラウンド（1986～94年）を支援した一方で，二国間の貿易自由化も進め，1985年にイスラエル，1987年にカナダとの貿易協定を締結した。

ブッシュ大統領（George H.W. Bush, 1989～93年）は，メキシコ，カナダとの北米自由貿易協定（NAFTA）締結の成功を強く望んだ。クリントン政権（Bill Clinton, 1993～2001年）は当初NAFTAに対して態度を保留にしていたものの，支持した。両政権はGATTウルグアイ・ラウンドの交渉妥結に向け，知的所有権強化，WTO新設等，貿易自由化の進展に向けて尽力した。ブッシュ（George W. Bush, 2001～09年）は2001年9月11日にニューヨークとワシントンがテロ攻撃を受けると，特にテロ反撃策として貿易自由化の主張を強く行った。

オバマ大統領は就任直後の2009年通商政策アジェンダで次のように提示した。「通商政策がグローバルな経済的復活に貢献するべく，多国間ルールと紛争解決のためのWTOシステムを繰り返し支持する」という姿勢であった。オバマは2009年には環太平洋パートナーシップ協定（TPP，12カ国）への参加を表明し，TPPを成功に導くべく行動した。

第3節　トランプ政権の通商政策の特徴

　トランプが大統領になった背景には，労働者，市民層の米国通商政策への不満の拡がりがあった。米国では近年，貿易自由化について利害団体としては主要企業団体からの根強い支持がある一方で，労組，市民団体はこのまま貿易自由化が進行することへの危惧を強めている[1]。2017年12月時点でのトランプ政権の方向性は以下に集約できよう。

二国間交渉を重視
　2017年に大統領に就任するとすぐに公約通り，TPPからの離脱に関する大統領覚書に署名した。また，NAFTA（1992年調印，1994年発効）の再交渉を行い，かつ今後は二国間交渉を重視していく方針を示した。

WTOより国内法優先
　2017年3月に公表された2017年通商政策アジェンダでは，「WTOが米国の権利を害することを度々行ってきた」，「WTO裁定によって米国法が変更されるわけではない」，「米国貿易法の厳格な適用をしていく」と貿易政策における米国の国家主権を強調した。多国間交渉の場であるWTOに否定的，消極的姿勢を示している。

行政措置の積極的活用
　行政府による措置である「反ダンピング関税」，「相殺関税」，「セーフガード」（201条，エスケープ・クローズ），「301条」といった国内法を積極的に活用していくとしている。いずれもトランプ政権下ですでに実施あるいは検討されており，各々について一例を挙げると次の通りである。
反ダンピング関税，相殺関税　中国製の炭素合金鋼について2017年3月に68.27％の反ダンピング関税と251％の相殺関税が認められた。
セーフガード　2017年9月，太陽光発電パネルの輸入により米国内製造業（パネ

ルメーカーのサニバ等が訴求）が深刻な被害を受けているとして，中国などに対するセーフガード発動の妥当性を米国国際貿易委員会が認め，トランプに関税引上げを勧告した。今後トランプが通商法201条に基づき，発動の是非を判断することになっている。

301条　2017年8月，USTRはトランプの指示により，中国による知的財産の侵害などの問題について，通商法301条に基づく調査を開始すると発表した。

おわりに

　反ダンピング関税，相殺関税，セーフガード，301条等の行政措置による産業保護実施に関しては，トランプ政権下で今後の発動はどれぐらい件数が多くなるか，どれぐらい強硬に行われるかは別として[2]，過去の歴代政権も度々用いており，手法としてはこれまでと変わりなく，連続的といえよう。歴代政権と異なるのは貿易自由化への取組みの方である。米国行政府は1934年以降，行政措置を使いながら，貿易自由化を促進してきた。第二次大戦後はGATT，およびGATTを強化した新設のWTOを主導して紛争処理制度や様々な事柄の国際的整合化の拡充を図りつつ[3]（つまり，多国間交渉の場を尊重し），貿易自由化を進めてきた。だが，トランプ政権は産業保護の行政措置を強調して，貿易自由化の促進の点，とりわけWTO，多国間交渉には否定的，消極的姿勢であり，米国がこのままの状態を続けるとなると，この点で非連続性が色濃くなる。

＊2018年3月に発動決定された国防条項に関しては，注2を参照されたい。

注
1）企業のロビイング団体として大手のビジネスラウンドテーブル（1972年設立）は，USCC（全米商工会議所，1912年設立），NFTC（全国貿易評議会，1914年設立），NAM（全国製造業者連盟，1895年設立）等と共に，オバマ政権期の2013年に貿易利益アメリカ連合（Trade Benefits American Coalition: TBAC）を立上げ，貿易協定がもたらす利益を広く知らせる活動を行った。ビジネスラウンドテーブルは貿易および貿易協定締結は米国に雇用をもたらすとして，2004年から2013年における米国の貿易関連の雇用の伸び率は米国全体の雇用の場合に比し3.5倍であったと強調した。
　一方，米国で最大の労組，AFL-CIO（前身AFLは1886年設立。1,250万人の組合員を有し，現在56の国内・海外の労働組合を傘下に持つ）は，貿易，貿易協定は企業の利益を増加させる一方で，米国の雇用を奪い，労働者の生活や権利を米国内外とも低下させるとし，米国の貿易赤字を増加させ，経済の衰退をもたらすと主張した。米国で最も強力な草の根的消費者団体，パブリック・シチ

おわりに　　*89*

ズン（1971年設立）もAFL-CIOと同じく，貿易自由化の進行や過去のNAFTA，米韓FTA等を激しく非難し，協定締結にあたり政権が公約した雇用の大幅創出，輸出拡大が実現していないと主張した。環境団体として最も影響力を持つシエラクラブ（1882年設立）はTPPやTTIP（環大西洋貿易投資パートナーシップ）は温暖化の脅威をもたらす等として環境面から貿易自由化の悪影響を強調した。

2）トランプは，国防上で重要な産業を保護するための行政措置，「国防条項」（最初の条項包含は1955年。1962年に232条として規定）を2018年3月に発動決定した。232条下で商務省による調査が行われたのは過去に26件，うち商務省が大統領に発動を勧告したのは5件，その中で実際の発動がなされたのは2件あった。目新しい施策ではないが，トランプ政権が産業保護の行政措置に対して強硬姿勢で臨んでいることを示唆している。

3）トランプはWTOに対して否定的，消極的な構えだが，米国は歴史的にGATT/WTO体制を様々な面で活用してきた。ゴールドスタイン（Natalie Goldstein）は「欧州の支配の進展が，米国が地球上で貿易圏をつくろうとする一つの理由である」と述べているが，例えば標準（規格）の問題は米国が欧州対抗策として国際貿易体制を活用してきた格好の事例である。

　　GATT東京ラウンドの成果として，1979年にスタンダード・コードが成立した。同コードは，非関税障壁となり得る標準の国際的整合化へ向けた動きであった。コードの遵守はGATT内のコード署名国の自発性に任された。同コードは，実質的にはISO（国際標準化機構，電気・電子製品を除く製品対象），IEC（国際電気標準会議，電気・電子製品が対象）の国際標準に合わせることを各国に勧告したものである。

　　そしてGATTウルグアイ・ラウンドでは，ラウンドの成果としてTBT（Technical Barriers to Trade, 貿易の技術的障害）協定が成立した（発効は1996年）。同協定とスタンダード・コードは，ISO, IECの国際標準を各国に勧告している点では共通だが，同協定がWTO加盟国すべてを対象にして強制力を有している点で異なる。

　　スタンダード・コード，TBT協定とも成立を最も強く望んだのは米国であった。その背景には欧州の動向があった。欧州では1950年代より欧州国間の貿易促進が図られる中，域内の標準整合化も並行して進められた。欧州標準化委員会（CEN, 電気・電子製品を除く製品対象，欧州15カ国の国家的標準化機関より構成）が1961年に結成され，また欧州域内の電気・電子製品の標準化のための機関，CENEL（1972年にCENELECと改称）が欧州11カ国により1960年代に形成された。CEN, CENELは非欧州諸国の製品を対象としておらず，米国企業は米国政府に対してCEN, CENELは米国企業にとり大きな貿易障壁となり得ると指摘し，米国政府は1960年代になって初めて標準化問題と自国の貿易収支の関係性を認識するに至った。そして，国際標準化面で米国の見解を反映させられるような国際貿易体制ルールを確立すべく，米国がスタンダード・コード成立を強く望んだのである。

　　また1985年に欧州において「ニューアプローチ」がつくられたことは米国にとって大きな脅威となった。ニューアプローチとは，重要な事案のみ欧州理事会が多数決により指令を採択するが，それ以外の技術の詳細部分はCEN, CENELEC等の欧州標準化機関に委ねようとするものであり，それを受けてCEN, CENELECは国際機関のISO, IECとの規格一致や連携も強めようとした。ECはECの標準がグローバルなものに確立されるよう一層力を注ぐようになった。米国はCEN, CENELECがさらに強くなり，標準化面で世界を主導していくことを恐れ，米国の見解を反映させることが可能なISO, IECの標準が国際標準として推奨されるTBT協定成立をウルグアイ・ラウンド交渉の際に強く支持し，成功した。

主要参考文献

経済産業省「不公正貿易報告書　2016年版」2016年6月。

90 第4章 通商政策史からみたトランプ政権

小山久美子『米国関税の政策と制度』御茶の水書房，2006年。

―――「アメリカの反ダンピング法成立に関する考察」『貿易と関税』2004年1月号。

―――「貿易機関の日米比較史」(1)／(2)『貿易と関税』2008年11月号／12月号。

―――"The Passage of the Smoot-Hawley Tariff Act," *Journal of Policy History*, Vol.21, No.2, 2009.

―――『標準化と国際貿易－国際貿易体制と米国貿易政策の歴史と現状』御茶の水書房，2016年。

―――「貿易自由化への懐疑」(『現代アメリカ経済史』有斐閣，2017年所収)。

JETRO「通商弘報」2017年4月20日。

Alfred Eckes, *Opening America's Market*, NC, 1995.

―――*U. S. Trade Issues*, CA, 2009.

Bruce E. Clubb, *United States Foreign Trade Law*, Vol.II, NY, 1991.

Daniel W. Drezner, *U. S. Trade Strategy*, NY, 2006.

Douglas Irwin, *Peddling Protectionism*, NJ, 2011.

Natalie Goldstein, *Globalization and Free Trade*, NY, 2008.

Orin Kirshner, *American Trade Politics and the Triumph of Globalism*, NY, 2014.

USTR, "2009 Trade Policy Agenda," 2009.

―――"2017 Trade Policy Agenda," 2017.

第5章

米国の対中貿易と対中追加関税措置の影響

（一財）国際貿易投資研究所 研究主幹

大木博巳

　米国の貿易赤字削減を公約に掲げているトランプ大統領は，2018年に入って早々，対中貿易赤字削減に向けて対中輸入品に対して措置を矢継ぎ早に打ち出した。

　米国の対中貿易赤字の大部分は，スマホ，アパレル，履物などの資本財，消費財によるもので，米国はこれらの製品を過度に中国に依存している。しかし，米国の対中輸入削減措置は，これら過度に対中輸入に依存している品目を避けて，機械機器，鉄道，航空機などの中国が，これから競争力を強化するターゲット産業の品目に的を絞った。

　米中貿易戦争で，米国は中国に対して経済的レバレッジ（交渉上の相対的優位性）では優位に立っている。中国は既に主要な米国製品を関税対象に加えてしまったため，対米輸入制裁措置を強化する余地はあまりない。貿易面で中国が報復できる選択肢には限りがある。

　トランプ大統領は，対中赤字1000億ドルの削減に向けた対象品目の追加，ハイテク分野における中国企業への制裁の強化等，対中交渉を有利に進めるために圧力を強めている。

はじめに

　2017年1月20日に発足したトランプ政権1年目の成果は，大統領選で訴えていた6つの大型構想——医療保険制度改革法（オバマケア）の改廃，従来型の貿易合意の転換・再交渉，大型減税の成立，規制削減，老朽化したインフラの再建への着手，保守派判事の指名——のうち減税，規制緩和，新たな連邦判事の任命といった伝統的な共和党支持者に訴えるテーマで進展が見られたが，就任演説で宣言した「米国第一」は，その卒直な物言いに比べて，実績ははるかに曖昧模糊としていた[1]。

　ところが，中間選挙を迎えた2018年に入って，対中輸入制限措置を矢継ぎ早

に打ち出し，それに中国が報復関税で応戦し，米中貿易戦争が俄にヒートアップし始めた。さらに，貿易から投資に戦線が拡大する様相を見せている。

　本章では，第1節では二国間主義を標榜する米国がFTA締結国と非締結国（中国）との間に貿易面でどのような違いがあるのか検証し，第2節では米国の対中貿易構造をカナダ，メキシコと比較してその特異性を抽出し，第3節では，米国の対中貿易構造を踏まえて，米国の対中追加税措置とその影響について，2018年6月末時点での情報に基づて展望する。

第1節　米国の二国間主義と対中貿易

1. トランプ政権の通商政策

　2017年3月1日に，トランプ新政権の通商政策が初めて公表された。米国通商代表部（USTR）が議会に通知した「2017年通商政策の課題および2016年次報告」によれば，通商政策の優先課題として，次の4点を掲げた。

　第1は「通商政策において米国の国家主権を優先すること」である。WTOの紛争解決パネルにおいて，米国に反する決定が下された場合でも，それによって自動的に米国の法律や慣行を変えることにはならないとして，WTOの決定より国内法が優先するとの立場を表明した。

　第2は「米国通商法を厳格に執行すること」である。世界の主要市場は市場メカニズムが働いておらず，知的財産権の侵害や為替操作等多くの不公正な行為によってゆがめられているとして，米国および世界の貿易システムにとって，米国の通商法が厳格かつ効果的に実施されることが不可欠であると断じている。具体的には，1930年関税法によるアンチダンピング関税，相殺関税，1974年通商法201条によるセーフガード，同法301条による不公正な貿易慣行に対する報復措置，などを挙げている。

　第3は，「海外市場を開放するためあらゆるレバレッジを活用すること」である。米国の輸出が多くの市場で深刻な障壁に直面しており，公正な競争をする機会を与えられていないとして，互恵主義の原則の適用など，あらゆるレバ

レッジ（てこ）を活用して，米国企業が外国市場に公正にアクセスできるように促す。

第4が，「主要国と新たな，または，より良い通商協定を交渉していく」という二国間主義の方針を掲げた。2000年以降，米国の通商政策が期待通りの結果を生んでこなかったとの反省に基づいている。米国の貿易赤字は，2000年と2016年を比較して，部品貿易で3,170億ドルから6,480億ドルに倍増した。中国とのモノとサービスの収支は2000年の819億ドルの赤字から2015年には3,340億ドルと4倍以上に膨らんだ。

トランプ政権は自由で公正な貿易を望んでいるとして，今後は二国間交渉に重点を移し，貿易相手国にはこれまで以上に公正な基準を求め，不公正な行為に対してあらゆる法的措置で対応していくとの方針を示している。また，環太平洋パートナーシップ協定（TPP）については，脱退によって，TPP加盟国との二国間協定の道を開いたとして，二国間での交渉に舵を切る方針を明らかにした。

2. 米国のFTA締結国および中国との貿易

米国はこれまで20カ国と自由貿易協定（FTA）を締結している。このうち多国間協定としてはNAFTA（米国，カナダ，メキシコ），CAFTA-DR（中米5カ国・ドミニカ），二国間協定としては，韓国など12カ国との間でFTAが発効している。そのうち17カ国とは2000年代に入って発効している。

最初のFTAはイスラエル，次にカナダと締結した。1994年にはカナダとメキシコの2カ国とNAFTAを結成した。ブッシュ（子）政権下の2000年代前半にFTA締結が加速化した。ヨルダン（2001年12月），これはTPA（貿易促進権限）無しで批准された，労働と環境に関わる条項を兼ね備えたFTAのひな型として位置づけられている。2004年1月には，チリ，シンガポール，2005年1月は豪州とFTAを発効させている。

2006年1月にはモロッコと初のイスラム教国とのFTAが発効している。これは，米・中東自由貿易圏（MEFTA）構想を受けて締結された最初のFTAである。その後，バーレーン（2006年8月発効），単体で締結されたFTAとしては，交渉期間4カ月と最短，オマーンと続いた。2009年にはペルー，2012年に

はコロンビア，パナマ，韓国（2012年5月）が発効した。これら3カ国との
FTAは，2006年の中間選挙で議会が民主党過半数となったため，米議会の批
准が遅れて締結から発効までに3年から4年間を要した。

米国の貿易に占めるFTA締結国との貿易シェアの推移を見ると，輸出では
1970年の34.9％から2015年には47.3％に拡大する一方で，輸入は37.3％から
34.4％に縮小している（表5-1）。

米国の総輸出，総輸入に占めるFTA締結国との貿易シェアの推移をみる
と，輸出では，1994年のNAFTA発効時に跳ね上がり，95年のテキラーショッ
クで落ち込んだが，その後，NAFTAにおける関税率引き下げ効果によりシェ
アは拡大基調に転じた。2004，2005，2006年に新規にFTAを締結したことで
シェアが一段と拡大し，リーマンショックで落ち込んだ。2012年に韓国など3
カ国とFTAを締結してシェアが再び拡大し，2016年までは横這いで推移して
いる（図5-1）。米国の輸出はFTA締結国向けに40％を超える安定的な市場
を確保しているといえよう。

輸入は，1994年にNAFAT効果で跳ね上がったが，その後のシェアの動きは
横這いで推移，2003年以降ではNAFTAのシェアは低下している。2000年代
に新規FTA締結国が加わったことで，NAFTAのシェア低下を補い，2012年
以降で35％前後を維持している。

FTAによって関税率が引き下がると貿易拡大効果がみられるが，関税引き
下げが一巡すると貿易拡大効果も薄れる。米国の貿易に占めるFTA締結国の
シェアが横這いで推移していることは，FTAによる関税引き下げ効果が一巡
していることを示すものであろう。

FTA効果が一巡している中で，米国の輸入に占めるシェアを拡大させてい
るのは中国である。米国の輸入に占める中国のシェアは2001年の9.0％から
2016年には21.1％に上昇している。

米国の対中貿易は，輸出，輸入ともに中国のWTO加盟以降に一貫として拡
大基調を持続している。特に，米国の対中輸入が急拡大して，NAFTAに迫る
規模となっている。米国の対中輸入の急拡大を見る限りWTOの効果は絶大で
あったことがわかる。

図5-2は，米国の貿易に占めるFTA締結国，中国のシェア推移を業種別に

表5-1 米国の対FTA締結国及び中国・日本・EUとの貿易

（単位：100万ドル、%）

締結先	対米FTA発効年	輸出							輸入						
		金額			シェア		平均伸び率		金額			シェア		平均伸び率	
		1970	2015	※1	1970	2015	※2	※3	1970	2015	※1	1970	2015	※2	※3
イスラエル	1985	594	13,562	2,580	1.4	0.9	10.3	5.7	159	24,452	2,201	0.4	1.1	19.1	8.4
カナダ	1989	9,084	280,017	78,266	21.0	18.6	9.4	6.3	11,781	295,190	89,550	27.6	13.2	8.8	5.8
メキシコ	1994	1,705	236,377	50,843	3.9	15.7	15.2	7.6	1,299	294,741	50,356	3.0	13.1	16.5	8.8
ヨルダン	2001	63	1,368	343	0.1	0.1	5.6	10.4	1	1,493	242	0.0	0.1	23.5	13.9
チリ	2004	300	15,587	3,625	0.7	1.0	7.6	14.2	163	8,880	5,422	0.4	0.4	10.9	4.6
シンガポール	2004	240	28,657	19,601	0.6	1.9	13.8	3.5	86	18,235	15,595	0.2	0.8	16.5	1.4
オーストラリア	2005	985	25,039	15,771	2.3	1.7	8.2	4.7	651	10,862	7,677	1.5	0.5	7.3	3.5
コスタリカ	2006	95	6,150	4,132	0.2	0.4	11.0	4.5	124	4,469	4,084	0.3	0.2	10.2	1.0
ドミニカ共和国	2006	143	7,134	5,348	0.3	0.5	10.6	3.3	195	4,660	4,649	0.5	0.2	9.2	0.0
エルサルバドル	2006	65	3,258	2,157	0.2	0.2	10.2	4.7	51	2,540	1,919	0.1	0.1	10.6	3.2
グアテマラ	2006	100	5,864	3,518	0.2	0.4	10.4	5.8	94	4,120	3,326	0.2	0.2	10.4	2.4
ホンジュラス	2006	89	5,238	3,693	0.2	0.3	10.9	4.0	109	4,759	3,893	0.3	0.2	10.4	2.3
ニカラグア	2006	77	1,257	755	0.2	0.1	6.5	5.8	66	3,186	1,580	0.2	0.1	9.2	8.1
モロッコ	2006	89	1,608	876	0.2	0.1	6.6	7.0	11	1,011	559	0.0	0.0	11.5	6.8
バーレーン	2006	12	1,274	491	0.0	0.1	10.9	11.2	9	902	654	0.0	0.0	12.6	3.6
オマーン	2009	7	2,364	1,088	0.0	0.2	14.6	13.8	3	906	967	0.0	0.0	16.9	▲1.1
ペルー	2009	214	8,811	4,925	0.5	0.6	8.4	10.2	362	5,069	4,412	0.8	0.2	6.6	2.3
コロンビア	2012	395	16,503	16,357	0.9	1.1	9.3	0.3	288	14,057	24,622	0.7	0.6	11.2	▲17.0
パナマ	2012	208	7,836	9,829	0.5	0.5	9.6	▲7.3	80	408	540	0.2	0.0	4.6	8.9
韓国	2012	637	43,499	42,283	1.5	2.9	10.5	0.9	393	71,827	58,899	0.9	3.2	12.7	6.8
NAFTA	1994	10,789	516,394	165,095	25.0	34.3	12.0	5.6	13,080	589,931	182,312	30.6	26.3	11.6	5.8
小計		15,102	711,403	266,476	34.9	47.3	12.7	4.8	15,923	771,768	281,146	37.3	34.4	12.7	4.9
中国	—	64	116,186	19,235	0.1	7.7	21.7	13.7	5	481,881	109,392	0.0	21.5	39.5	11.2
日本	—	4,653	62,472	57,639	10.8	4.2	8.5	0.6	6,256	131,120	129,708	14.7	5.8	10.3	0.1
EU	—	13,276	274,073	163,171	30.7	18.2	8.4	3.8	11,185	426,132	233,977	26.2	19.0	10.3	4.4
TPP	—	17,735	680,092	368,287	41.0	45.2	10.3	4.5	21,122	840,220	537,768	49.5	37.5	11.0	3.2
RCEP	—	8,450	347,437	159,736	19.6	23.1	9.9	5.7	9,035	896,372	374,743	21.2	40.0	12.8	6.4
世界計	—	43,219	1,504,572	512,207	100.0	100.0	10.8	5.3	42,693	2,241,663	689,362	100.0	100.0	12.3	5.8

※1：各国とのFTA発効年の数値（中国・日本・EU・TPP・RCEPは2001年、世界計は1994年とした。）

※2：1970年から対米FTA発効年までの平均伸び率。ただし、オマーン輸入は1972年、ヨルダン輸入は1975年、中国輸入は1972年、中国輸出は1971年からの伸び率計算。

※3：対米FTA発効後から2015年までの平均伸び率

※4：「小計」の平均伸び率は、1970年から1994年、1994年から2015年

出所：IMF: Direction of Trade Statistics (DOT)

96　第5章　米国の対中貿易と対中追加関税措置の影響

図5-1　米国の貿易に占めるFTA締結国と中国のシェア推移

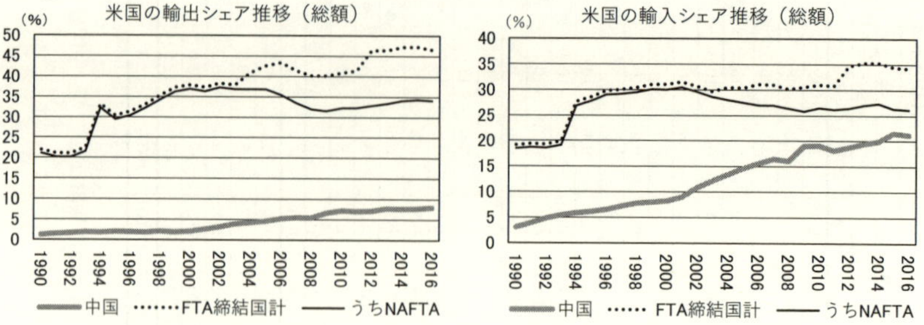

米国の輸出シェア推移（総額）

米国の輸入シェア推移（総額）

―中国　……FTA締結国計　―うちNAFTA

出所：米国貿易統計。

見たものである。業種は食料[2]，化学品，一般機械，電機，自動車（乗用車，貨物自動車），自動車部品，繊維，衣類を取り上げた。特徴としては次の2点が指摘できる。

第1に，食料，貨物自動車（ピックアップトラック，バン，SUV等），自動車部品では，FTA締結国への貿易依存度が輸出入ともに高い。これらの業種は貿易依存度が50％を超えている。

乗用車の輸出に占めるFTA締結国のシェアは2016年で44.2％，2000年の71.7％をピークに低下傾向にある。その中で，対中乗用車輸出が2009年以降に増え始めている。乗用車の輸入ではFTA締結国のシェアは2016年で50.1％，うちNAFTAが40.7％を占めている。

貨物自動車は，輸出ではFTA締結国のシェアは2016年で92.6％，うちNAFTAが88.6％，輸入ではNAFTAが92.2％。米国の貨物自動車貿易はNAFTA域内取引で完結している。

自動車部品輸入では，対中輸入が対日輸入を上回り，対中輸入依存を高めている。

第2は，米国の化学品，一般機械，電機，繊維，衣類の輸出では，FTA締結国に50％以上を依存する一方で，輸入はFTA締結国以外の国地域に依存している。対EU輸入は，化学品と繊維，対中輸入では一般機械，電機，衣料品である。

米国の貿易は，輸出ではFTA締結国に依存する一方で，輸入では中国依存を高めている。

第1節　米国の二国間主義と対中貿易　　97

図5-2　米国の貿易（業種別）に占めるFTA締結国のシェア推移

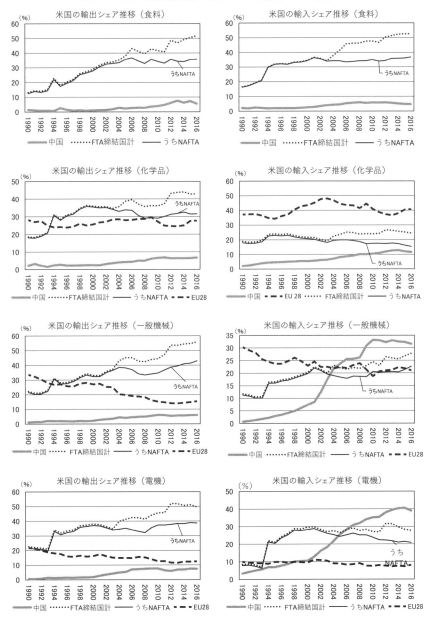

98　第5章　米国の対中貿易と対中追加関税措置の影響

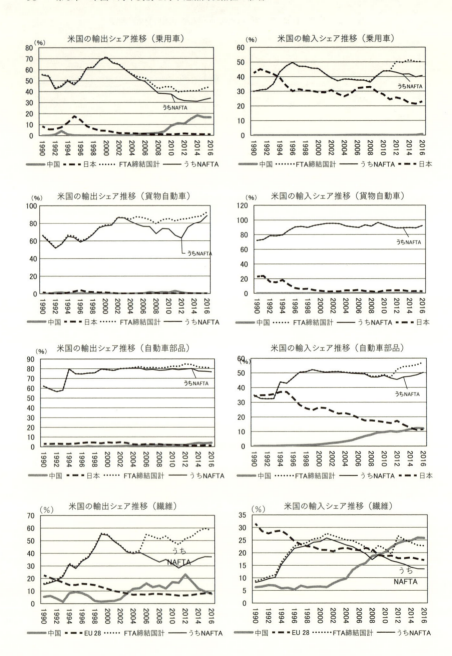

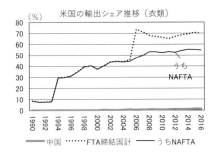
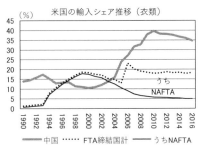

3. 米国の貿易収支

　米国の貿易収支で巨額の赤字を計上しているのは，非FTA締結国との貿易である。FTA締結国との貿易収支は，輸出額が6,767億ドル，輸入が7,487億ドルと603億ドルの輸入超過である。国別の内訳をみると，メキシコが583億ドル，韓国が283億ドル，カナダが151億ドルとそれぞれ赤字を計上している。イスラエル，ヨルダン，ニカラグアに対しても貿易収支は赤字である。残りの14カ国とは貿易収支は黒字である（表5-2）。FTA締結時とくらべて貿易収支の赤字幅が拡大しているのはカナダと韓国，メキシコは黒字から赤字に転換した。逆に，赤字から黒字に転換している国もある。

　トランプ大統領は，FTA締結国である対メキシコ貿易収支の赤字を問題視していた。米国の対メキシコ貿易収支は，NAFTA結成で赤字化し，その金額が年々拡大している。貿易収支の赤字拡大は，米国にとって雇用の喪失につながるとみているからである。この米国の対メキシコ貿易赤字を米国の対中貿易赤字と比較すると類似点と相違点が指摘できる。

　類似点は，メキシコ，中国ともに財別貿易収支でみると最終財で赤字幅が拡大していることである。対メキシコの最終財の赤字は，2001年の421億ドルから1,093億ドルに膨れている。中国は最終財で703億ドルから3,013億ドルと赤字が膨らんでいる。メキシコの赤字幅は，中国と比べて3分の1程度と規模は小さい。米国が対メキシコ貿易で赤字を出しているのは，自動車と電機（液晶テレビなど）である。

100　第5章　米国の対中貿易と対中追加関税措置の影響

　なお，米国の対日貿易収支は，2015年で689億ドル，2001年と比べてほぼ横ばいで，大きく拡大する構造にはなっていない。米国の対日貿易で最大の赤字部門は乗用車で，米国の乗用車の赤字幅1,173億ドル（2015年）の33%を占めている。同じ比率をNAFTAでみると43.3%と日本を上回っている。

表5-2　米国の対FTA締結先との貿易

(単位：100万ドル)

締結先	発効年	貿易収支		
		1970	※1	2015
イスラエル	1985	435	379	▲ 10,891
カナダ	1989	▲ 2,697	▲ 11,284	▲ 15,174
メキシコ	1994	406	484	▲ 58,364
ヨルダン	2001	194	101	▲ 125
チリ	2004	137	▲ 1,797	6,707
シンガポール	2004	154	4,006	10,421
オーストラリア	2005	335	8,094	14,177
コスタリカ	2006	▲ 29	49	1,681
ドミニカ共和国	2006	▲ 52	699	2,474
エルサルバドル	2006	14	238	718
グアテマラ	2006	7	192	1,744
ホンジュラス	2006	▲ 20	▲ 200	480
ニカラグア	2006	12	▲ 825	▲ 1,930
モロッコ	2006	78	317	598
バーレーン	2006	3	▲ 163	372
オマーン	2009	4	121	1,458
ペルー	2009	▲ 148	513	3,743
コロンビア	2012	107	▲ 8,265	2,446
パナマ	2012	128	9,288	7,428
韓国	2012	244	▲ 16,616	▲ 28,329
NAFTA	1994	▲ 2,291	▲ 17,217	▲ 73,537
小計	－	▲ 689	▲ 14,670	▲ 60,365
中国	－	29	▲ 90,157	▲ 365,695
日本	－	▲ 1,604	▲ 72,069	▲ 68,648
EU	－	2,092	▲ 70,805	▲ 152,059
TPP	－	▲ 3,387	▲ 169,481	▲ 160,128
RCEP	－	▲ 585	▲ 214,987	▲ 548,936
世界計	－	526	▲ 177,155	▲ 737,091

　　※1：各国とのFTA発効年の数値（中国・日本・EU・TPP・RCEPは2001年，
　　　　世界計は1994年とした）。
　　※2：中国とオマーンは1972年，ヨルダンは1975年の収支。
　　出所：DOT

第2節　米国の対中貿易構造，カナダ，メキシコとの比較

1. 米国の対中輸入依存の深化

　米国の輸入品目は，2016年にHS 6桁ベースで5,135品目を数える。このうち，カナダは4,304品目，メキシコは3,610，中国が4,478，日本は3,824品目となっている。表5-3は，これらの輸入品目を国・地域別毎にシェア（当該品目の輸入に占める各国・地域の比率＝依存度）を求めて，依存度を10区分して品目数を集計したものである。このうち，輸入依存度が50％以上の品目を過度に依存している品目と呼ぶ。依存度が50％以上となると，輸出，輸入ともに他に代替が容易でない。容易に貿易を中断できない依存度が高い品目といえよう。

　2000年と2016年を比べて大きな変化は，第1に，対中国輸入品目数の増加である。2000年の3,826品目と比べて500品目超の増加を見ている。他方，カナダは4,472品目，メキシコは3,632品目と微減で大きな変動はない。

　第2は，米国の輸入依存度が過度に高い品目を多く抱えている国・地域は，2000年では対EU輸入の1,162品目（全体の23％）であった。対中国輸入では263品目であった。しかし，2016年にはEUが938品目に減少，中国が816品目へと著増している。

　第3は，対カナダ輸入で過度に依存している品目数が2000年の744から2016年に499に大幅減少している。同様に対メキシコ輸入でも182から173へと減少している。NAFTAは，加盟3国間の貿易の緊密度を深めるはずであるが，米国の対カナダ，メキシコ輸入で過度に依存する品目，金額の拡大は見られない。

　米国が輸入依存度を高めているのは，品目でも金額でも対中輸入である。

　次に，依存別にこれら品目の輸入金額を求めたのが表5-4である。2016年の対日輸入額は1,320億ドルである。このうち，依存度が50％以上の品目の輸入額は，対日輸入額の6.7％を占めている。2000年には18.9％と2割弱を占めていたので大きく減少している。理由は，部品（自動車部品）と消費財（電機）

102　第5章　米国の対中貿易と対中追加関税措置の影響

表5-3　米国の輸入依存度別輸入品目数（国・地域別, 2000・2016年）

年	当該輸入品目の輸入に占めるシェア（輸入依存度）	日本	中国	ASEAN 10*	EU28	TPP*	RCEP*	FTA締結国計*	カナダ	メキシコ	韓国	その他
2000	～5％未満	2,147	2,176	8,606	1,015	14,979	21,230	19,838	2,050	2,144	2,441	13,203
	～10％未満	447	453	477	556	1,154	1,875	1,532	451	434	278	369
	～20％未満	521	434	270	736	1,143	1,572	1,412	503	435	187	287
	～30％未満	292	225	79	546	617	741	707	323	238	65	81
	～40％未満	155	157	39	472	400	434	450	223	128	40	59
	～50％未満	131	118	29	378	283	329	300	178	71	17	34
	～60％未満	81	69	26	308	240	211	245	157	58	10	20
	～70％未満	44	74	8	250	212	143	214	144	51	3	16
	～80％未満	35	41	6	206	143	90	146	112	21	-	13
	～90％未満	17	47	8	188	146	86	149	109	29	4	7
	90％以上	21	32	6	210	258	74	267	222	23	2	20
2000 計		3,891	3,826	9,554	4,865	17,428	26,785	25,260	4,472	3,632	3,047	14,109
2016	～5％未満	2,621	1,369	11,054	1,231	15,150	24,088	22,524	2,417	2,211	2,723	15,173
	～10％未満	407	466	563	561	1,216	2,075	1,473	430	398	250	395
	～20％未満	397	668	366	809	1,108	1,864	1,246	411	397	167	271
	～30％未満	174	505	136	555	586	1,013	638	247	205	73	113
	～40％未満	87	365	54	412	370	603	411	181	141	37	52
	～50％未満	51	289	32	313	246	426	264	119	85	18	42
	～60％未満	31	211	30	266	193	310	196	100	57	11	28
	～70％未満	18	224	10	222	131	288	146	75	37	9	25
	～80％未満	11	176	10	155	99	218	108	60	29	5	14
	～90％未満	11	128	3	151	113	160	117	74	21	1	21
	90％以上	16	77	8	144	238	120	242	190	29	2	21
2016 計		3,824	4,478	12,266	4,819	19,450	31,165	27,365	4,304	3,610	3,296	16,155

出所：米国貿易統計より作成。

　の対日輸入で過度に依存する品目の輸入額が大きく減っているからである。米国内での生産や第3国への生産移管等で日本から米国への直接輸出が回避されていることによる。

　対中輸入額では，依存度が50％以上の品目の輸入額は2000年の427億ドルから2016年には2,528億ドルへと著増している。これは米国の対中輸入額に占めるシェアで，2000年の42.7％から2016年では54.6％へと過半を超えた。米国の対中輸入は，もともとアパレル等の消費財で中国に集中的に輸入を依存していたが，さらに拡大している。2016年には消費財に加えて資本財，部品に広がっている。

　対カナダ輸入額では，依存度が50％以上の品目の輸入額は，2000年の1,150億ドルから2016年には658億ドルに半減している。これは，カナダからの自動

第2節 米国の対中貿易構造,カナダ,メキシコとの比較 *103*

表5-4 米国の輸入依存度別輸入額(国・地域別,2000・2016年)

(単位:100万ドル)

年	当該輸入品目の輸入に占めるシェア(輸入依存度)	日本	中国	ASEAN10*	EU28	TPP*	RCEP*	FTA締結国計*	カナダ	メキシコ	韓国	その他
2000	～5%未満	3,773	7,522	27,391	8,550	30,889	52,637	52,370	5,091	6,099	7,212	28,588
	～10%未満	9,435	7,591	22,269	14,339	41,015	54,063	49,315	9,891	8,662	12,427	12,036
	～20%未満	38,884	16,796	23,680	32,943	153,452	87,811	113,528	40,161	56,937	5,917	8,459
	～30%未満	23,941	9,385	8,727	50,959	64,034	57,643	57,682	15,956	17,677	12,106	7,109
	～40%未満	10,633	8,229	1,764	20,676	58,286	23,301	48,723	32,412	13,528	1,400	1,380
	～50%未満	32,194	7,832	1,633	16,767	49,409	43,131	23,670	10,663	4,828	1,051	6,598
	～60%未満	9,417	10,132	1,182	14,649	60,045	22,089	50,957	41,425	7,697	149	1,685
	～70%未満	5,769	9,214	268	12,915	21,787	16,029	16,181	10,112	4,995	21	1,004
	～80%未満	8,138	7,134	831	18,632	30,659	16,266	22,658	16,256	5,614	–	788
	～90%未満	1,689	11,942	128	21,606	18,678	13,836	17,399	9,326	7,539	17	479
	90%以上	2,704	4,287	105	16,058	43,144	7,316	40,484	37,916	2,334	0	234
2000計		146,577	100,063	87,977	228,095	571,399	394,123	492,968	229,209	135,911	40,300	68,361
2016	～5%未満	15,591	9,115	48,486	10,158	74,855	103,794	87,833	11,796	12,547	13,331	40,761
	～10%未満	15,571	12,063	28,557	19,653	79,627	80,933	89,861	20,121	27,156	17,356	23,456
	～20%未満	22,753	39,866	35,674	44,545	133,435	139,235	123,673	30,540	51,638	29,474	11,053
	～30%未満	54,527	46,531	13,642	89,579	176,857	126,299	125,859	68,405	40,881	6,494	7,590
	～40%未満	9,836	41,873	4,636	57,271	100,446	69,402	101,384	45,220	41,627	975	11,188
	～50%未満	4,857	60,339	20,465	57,705	80,826	89,700	61,848	35,788	20,171	1,165	4,722
	～60%未満	2,860	31,425	2,789	31,803	26,647	39,396	23,412	11,753	8,727	825	2,106
	～70%未満	1,442	53,634	1,599	29,836	44,488	57,299	44,946	8,618	32,347	228	2,943
	～80%未満	2,277	81,816	2,154	17,013	32,623	87,032	29,923	5,739	23,261	20	883
	～90%未満	1,709	38,183	20	40,227	17,888	40,172	16,771	8,722	7,102	12	935
	90%以上	623	47,763	384	18,587	61,349	49,280	60,642	31,053	28,599	0	990
2016計		132,046	462,618	158,405	416,377	829,041	882,541	748,318	277,756	294,056	69,881	106,626

出所:米国貿易統計より作成。

車輸入が激減しているためである。2000年では,車両(乗用車)が最大の輸入金額(281億ドル)であったが,2016年にはわずか5.5億ドルに減少している。

対メキシコ輸入額は,逆に,依存度が50%以上の輸入額は2000年の281億ドルから2016年に1,000億ドルと3.5倍増となっている。メキシコから米国に自動車(トラック)の輸出が始まったためである。

過度に対中輸入に依存する消費財

表5-5は,2016年における米国の対カナダ,メキシコ,中国輸入で,輸入依存度が50%以上の品目およびその輸入金額を財別業種別に分類したものである。

対カナダ輸入では,2016年で499品目のうち,食料170品目,化学品77品目,鉄鋼31品目と食料品が全体の34%を占めている。財別には加工品が228,素

表5-5　米国の対カナダ，メキシコ，中国の輸入品目数と輸入額
（輸入依存度が50％以上の品目）

財・業種		品目数 カナダ 2000	品目数 カナダ 2016	品目数 メキシコ 2000	品目数 メキシコ 2016	品目数 中国 2000	品目数 中国 2016	金額 カナダ 2000	金額 カナダ 2016	金額 メキシコ 2000	金額 メキシコ 2016	金額 中国 2000	金額 中国 2016
素材	鉱物性燃料等	3	4	-	-	1	-	10,521	5,978	-	-	1	-
	食料	34	41	2	1	4	7	1,885	2,689	1	4	145	285
	卑金属（鉄鋼を除く）	3	4	-	-	1	-	351	756	-	-	3	-
	鉄鋼	3	6	-	-	-	1	77	656	-	-	-	0
	油脂	13	13	5	3	2	5	205	454	15	5	10	115
	木材・木炭	9	7	2	1	-	-	313	203	26	0	-	-
	鉱石・スラグ・灰	5	8	2	2	5	4	276	180	3	65	101	91
	塩・硫黄・土石類	14	10	-	-	-	-	196	165	-	-	-	-
	パルプ・古紙	4	4	-	-	-	-	84	102	-	-	-	-
	毛皮	3	2	-	-	-	-	27	98	-	-	-	-
	小計	91	99	11	7	13	17	13,936	11,282	46	74	260	491
素材計		106	115	14	12	15	20	14,073	11,338	53	82	266	493
加工品	化学品	116	71	26	17	24	93	7,515	8,336	241	915	319	5,147
	木材・木炭	25	19	2	2	-	5	9,533	5,332	5	35	-	1,257
	卑金属（鉄鋼を除く）	27	17	5	6	10	24	4,921	4,226	271	551	206	2,608
	鉱物性燃料等	9	12	1	1	1	2	4,276	14,982	6	1	57	159
	紙	36	24	4	-	2	7	8,786	2,122	98	-	324	1,167
	食料	38	24	2	6	-	2	640	1,378	0	156	-	54
	パルプ・古紙	7	7	-	-	-	1	2,338	1,066	0	-	-	0
	鉄鋼	33	25	6	8	5	24	1,722	530	395	678	61	1,373
	油脂	13	11	1	-	-	1	265	393	18	-	-	3
	石・セメント等	12	7	1	3	2	7	325	100	0	74	491	808
	小計	316	217	48	43	44	166	40,321	38,465	1,035	2,410	1,457	12,577
加工品計		374	228	76	64	67	296	43,660	38,756	4,055	10,416	3,699	37,048
部品	一般機械	8	5	3	2	-	7	1,415	1,186	714	2,147	-	10,341
	航空機	1	1	-	-	-	-	214	1,046	-	-	-	-
	繊維	2	2	-	-	-	-	24	63	-	-	-	-
	化学品	1	1	-	3	-	4	8	6	-	51	-	647

注：世界シェア50％以上の品目のうち，各財上位10業種を抽出（2016年カナダ輸入金額を基準とした）。
出所：米国貿易統計より作成。

部品												
車両	2	—	2	2	—	2	795	—	983	2,472	—	2,665
光学機器	—	—	2	2	—	2	—	—	102	392	—	13
卑金属（鉄鋼を除く）	—	—	—	1	—	3	—	—	—	49	—	185
鉄鋼	2	—	—	—	—	1	68	—	—	—	—	22
鉄道	4	—	10	7	—	—	67	—	—	13	—	—
電機	—	9	—	—	1	6	—	2,302	6,393	8,061	6	741
部品計	20	9	17	18	1	25	2,591	2,302	8,191	13,183	6	14,615
資本財												
車両	15	6	3	9	1	1	11,223	744	2,004	27,770	554	312
一般機械	27	10	2	7	3	32	1,422	447	131	16,983	187	47,739
航空機	1	1	6	—	—	—	240	160	427	—	—	—
鉄道	7	4	—	—	—	3	151	11	—	—	—	309
食料	2	3	—	—	—	—	7	6	—	—	—	—
船舶	6	2	—	—	—	1	24	1	—	—	—	49
雑品	—	—	1	1	4	1	926	—	—	—	—	53
家具・寝具等	2	—	—	—	1	4	4	—	73	—	—	4,769
時計	1	—	—	1	1	1	196	—	—	—	—	23
鉄鋼	3	—	—	—	5	1	—	—	—	273	3	6
小計	64	26	12	17	15	44	14,193	1,368	2,634	45,026	744	53,260
資本財計	73	26	22	26	19	96	18,681	1,368	7,713	47,251	3,972	106,194
消費財												
貨料	122	102	36	46	5	45	4,679	7,261	2,442	16,186	70	2,449
油脂	3	4	4	—	—	—	29	1,392	2	—	—	1,860
雑品	—	1	1	1	8	16	28,104	596	23	354	276	1,593
車両	4	2	2	2	2	6	585	550	272	—	834	571
紙	8	4	—	1	3	8	243	446	—	173	67	5,519
化学品	10	6	1	1	5	9	230	418	20	—	1,337	979
書籍・新聞等	3	1	—	—	1	5	—	1	1	—	9	111
光学機器	—	—	—	—	1	3	—	—	—	—	545	3
毛皮	—	—	—	—	—	1	—	—	—	—	—	295
織物材料製品	—	—	—	—	2	8	—	—	—	—	203	—
小計	150	120	41	48	27	101	33,869	10,664	2,759	16,713	3,341	13,379
消費財計	168	120	53	54	162	385	35,095	10,664	8,166	29,186	35,311	108,337
総額	744	499	182	173	263	816	115,035	65,886	28,180	100,036	42,709	252,821

材が115，消費財が120である。消費財の大半は食料品である。

　金額では加工品が387億ドル，素材が113億ドル，消費財が106億ドルと加工品が大きい。加工品に中では，化学品，木材，紙の輸入額が大きい。部品の輸入は，一般機械と航空機がそれぞれ10億ドルを超えている。食料の輸入額は120億ドル。

　対メキシコ輸入では，過度に輸入に頼っている品目数は173とカナダと比べて少ない。財別では加工品が64，消費財が54品目，資本財が26となっている。部品の品目数は18とカナダの2倍である。金額では，資本財が472億ドル，消費財が291億ドル，部品が131億ドル，加工品が104億ドルと，最終財（消費財＋資本財）の輸入金額が7割超を占めている。車両（資本財）は277億ドル，一般機械（資本財）が169億ドル，食料（消費財）が161億ドルの3業種で全体の6割を占めている。特定の業種に支えられている。

　対中国輸入は，品目数が816，このうち，財別では加工品が296，消費財が385品目，資本財が96と消費財で輸入依存度を深化させている。部品の品目数は25と一番多い。輸入金額では，資本財，消費財ともに1,000億ドルを超えている。

　輸入依存度が50％以上となっている品目は，容易に他に調達先を切り替えることは難しい。また，国内生産に代替することも簡単ではない。米国の対中輸入依存の深刻さがうかがわれる。

2. 米国の対中輸出依存

　米国の輸出品目は，2016年にHS6桁で5,177品目ある。このうち，最大の貿易輸出国である対カナダは4,923品目，対メキシコは4,814，対中国が4,213，対日本は4,132品目である。2000年と比べて品目数が増加している国は中国である。2000年の3,725品目と比べて約500品目程，増加している。

　表5-6は，米国の地域国別輸出品目（HS6桁）を当該輸出に占めるシェア（輸出依存度）で分類したものである。輸出依存度も，5％未満から90％以上まで10区分してある。

　輸出依存度が50％以上を超える品目数は，対カナダ輸出の場合，輸出品目数

第2節　米国の対中貿易構造，カナダ，メキシコとの比較　　*107*

表5-6　米国の輸出依存度別輸入品目数（国・地域別，2000・2016年）

年	対世界シェア	日本	中国	ASEAN10*	EU28	FTA締結国計*	カナダ	メキシコ	韓国	その他
2000	～5％未満	2,627	3,244	16,290	1,156	46,757	814	1,408	3,403	41,132
	～10％未満	826	265	432	815	3,053	588	961	390	1,114
	～20％未満	558	141	147	1,177	2,746	987	1,073	189	497
	～30％未満	231	31	37	739	1,493	739	544	44	166
	～40％未満	128	20	20	465	971	531	354	12	74
	～50％未満	59	9	11	690	435	213	6	36	34
	～60％未満	32	6	2	142	487	322	134	5	26
	～70％未満	21	3	3	90	321	212	93	3	13
	～80％未満	17	3	–	38	221	152	51	5	13
	～90％未満	10	2	3	26	139	93	39	–	7
	90％以上	6	1	2	16	100	67	30	1	2
2000計		4,515	3,725	16,947	4,934	56,978	4,940	4,900	4,058	43,080
2016	～5％未満	3,115	2,803	18,639	1,402	51,286	772	1,461	3,321	45,732
	～10％未満	536	679	441	834	2,908	590	823	339	1,156
	～20％未満	278	440	182	1,165	2,541	936	956	186	463
	～30％未満	94	125	50	650	1,453	758	519	48	128
	～40％未満	38	63	19	333	977	556	347	21	53
	～50％未満	33	32	20	189	720	410	243	11	56
	～60％未満	9	29	8	94	514	309	165	4	36
	～70％未満	12	15	5	67	370	224	122	8	16
	～80％未満	7	10	2	32	243	147	75	5	16
	～90％未満	5	7	1	24	175	115	48	3	9
	90％以上	5	10	4	25	177	106	55	3	13
2016計		4,132	4,213	19,371	4,815	61,364	4,923	4,814	3,949	47,678

※6桁ベース
出所：米国貿易統計より作成。

　のうち901品目，全体の18％を占めている。対メキシコ輸出では465品目，対
中国では71品目，日本は38品目である。米国の対カナダと対メキシコの輸出
依存度は高い。
　表5-7は，輸出依存度別の輸出額である。米国の対日輸出では，2000年に依
存度90％以上の品目の輸出額は，2.8億ドル，50％以上の依存では，米国の対
日輸出額のうち14.6％を占めている。2000年の米国の輸出で，輸出依存度が
50％以上の品目による輸出額が最も大きい国がカナダ，次いで，メキシコ，EU
であった。これが，2016年では，カナダ，メキシコに次ぎに中国となっている。
米国の対中輸出金額は，カナダ，メキシコの半分程度であるが，特定品目で過
度に対中輸出依存度を高めている。
　表5-8は，2000年と2016年における米国の対カナダ，メキシコ，中国輸出で

108　第5章　米国の対中貿易と対中追加関税措置の影響

表5-7　米国の輸出依存度別輸入額（国・地域別，2000・2016年）

（単位：100万ドル）

年	対世界シェア	日本	中国	ASEAN 10*	EU28	FTA 締結国計*	カナダ	メキシコ	韓国	その他
2000	〜5％未満	8,556	8,588	24,202	2,844	59,354	2,420	4,187	9,699	43,048
	〜10％未満	17,332	3,492	18,910	7,779	40,029	8,209	13,622	7,355	10,843
	〜20％未満	18,828	2,287	3,013	31,740	72,523	33,131	26,807	8,603	3,982
	〜30％未満	5,238	1,008	359	32,224	47,887	23,497	21,993	984	1,414
	〜40％未満	4,339	516	144	39,292	40,618	24,176	12,861	818	2,763
	〜50％未満	1,450	134	660	29,295	28,647	17,187	10,671	102	688
	〜60％未満	4,731	87	19	15,355	41,499	29,988	11,166	48	298
	〜70％未満	2,371	114	3	6,259	22,676	18,322	3,888	232	234
	〜80％未満	1,003	19	–	1,524	13,397	11,517	1,692	63	125
	〜90％未満	1,123	8	45	669	6,928	3,362	3,526	–	41
	90％以上	283	1	13	1,399	5,933	4,621	1,309	0	3
2000計		65,254	16,253	47,369	168,380	379,492	176,430	111,721	27,902	63,440
2016	〜5％未満	15,880	15,399	49,269	6,314	139,263	6,644	9,853	20,042	102,724
	〜10％未満	21,360	19,449	9,905	16,298	67,503	23,733	17,339	8,622	17,809
	〜20％未満	13,839	37,840	11,148	64,722	93,072	34,480	44,934	7,128	6,530
	〜30％未満	5,771	5,408	1,549	43,501	112,657	61,872	39,819	3,769	7,197
	〜40％未満	2,179	11,971	602	63,507	74,909	32,006	41,731	612	561
	〜50％未満	1,525	1,634	562	17,901	61,128	31,124	28,150	1,338	516
	〜60％未満	1,197	3,202	56	18,996	46,583	29,797	15,849	76	861
	〜70％未満	1,059	17,961	205	23,066	21,367	12,567	7,984	599	217
	〜80％未満	58	2,258	0	10,084	31,016	14,044	16,726	28	218
	〜90％未満	339	435	5	1,814	19,141	14,844	3,897	90	309
	90％以上	30	45	1,222	3,415	9,126	5,686	3,421	6	13
2016計		63,236	115,602	74,525	269,617	675,766	266,797	229,702	42,309	136,957

出所：米国貿易統計より作成。

　輸出依存度が50％以上の品目を財別業種別に分類したものである。

　米国の対カナダ輸出は，2016年で品目数が901，金額が769億ドルである。2000年と比べると，品目数と，金額ともに増えている。業種別の品目数では，食料品253品目，化学品80品目，鉄鋼72品目と，食料品が多い。財別品目数は，消費財が416，加工品が319，消費財の半分は食料品が占めている。

　輸出金額では車両が貨物自動車（資本財HS8704.31）で134億ドル，乗用車等（消費財）13億ドルで合わせて148億ドル，これに自動車部品（部分品，ブレーキ，懸架装置など）の91億ドルを加えると200億ドルを超えている。食料品を上回る最大の輸出額である。ただし，2000年と比べると，貨物自動車の輸出額が大幅増加，乗用車などが大幅減少しているが，輸出金額は増えている。財別の輸出額は，消費財が222億ドル，資本財が177億ドル，部品が164億ドル，加

表5-8　米国の対カナダ，メキシコ，中国の輸出品目数と輸出額
（輸出依存度が50%以上の品目）

財・業種		品目数						金額（100万ドル）					
		カナダ		メキシコ		中国		カナダ		メキシコ		中国	
		2000	2016	2000	2016	2000	2016	2000	2016	2000	2016	2000	2016
素材	鉱物性燃料等	3	5	1	1	–	–	228	5,752	2	2,015	–	–
	鉱石・スラグ・灰	8	5	1	4	1	2	295	500	2	1,736	12	256
	食料	17	23	10	12	–	3	383	404	523	87	–	1,066
	油脂	9	8	2	4	2	2	51	118	42	11	13	14,290
	卑金属（鉄鋼を除く）	3	3	–	2	–	2	64	74	–	1	–	2,277
	電機	–	–	–	–	1	–	–	–	–	286	–	–
	パルプ・古紙	–	–	–	–	–	3	–	–	–	–	–	1,821
	小計	57	58	16	27	3	13	1,119	6,928	573	4,143	25	19,716
素材 計		66	70	21	35	4	24	1,182	6,999	606	4,170	75	21,398
加工品	鉄鋼	102	72	27	46	–	2	2,809	3,136	1,700	2,012	–	91
	化学品	87	66	23	60	3	9	2,856	3,018	1,127	3,742	9	450
	食料	18	19	11	11	–	2	206	1,071	78	686	–	139
	木材・木炭	17	20	2	7	–	4	375	772	21	159	–	866
	鉱物性燃料等	6	7	4	3	–	2	515	488	551	76	–	232
	卑金属（鉄鋼を除く）	33	7	28	37	1	4	3,045	330	911	3,270	99	3
	繊維	66	41	89	120	1	6	549	148	2,294	2,080	0	53
	小計	329	232	184	284	5	29	10,356	8,962	6,684	12,026	109	1,834
加工品 計		404	319	221	318	7	34	14,144	14,067	9,446	15,144	122	1,916
部品	車両	14	7	–	1	–	–	11,897	9,177	–	913	–	–
	一般機器	12	5	–	4	–	–	6,779	4,717	–	13,387	–	–
	光学機器	–	–	1	2	–	–	–	–	33	226	–	–
	電機	14	6	15	14	–	–	2,827	1,472	6,511	5,962	–	–
	小計	40	18	16	21	–	–	21,503	15,366	6,544	20,488	–	–
部品 計		59	30	19	30	–	–	22,962	16,465	6,645	21,659	–	–
資本財	車両	10	14	–	–	–	–	5,751	13,443	–	–	–	–
	一般機械	37	27	10	23	2	3	1,825	2,522	116	883	26	103
	光学機器	4	3	2	1	–	–	1,490	339	20	247	–	–
	電機	4	4	7	11	–	–	150	86	953	3,320	–	–
	小計	55	48	19	35	2	3	9,216	16,391	1,089	4,450	26	103
資本財 計		74	67	23	41	2	3	9,913	17,708	1,095	4,865	26	103
消費財	食料	124	211	24	28	1	10	3,120	11,087	498	1,454	7	483
	化学品	9	14	1	–	–	–	458	1,822	2,205	–	–	–
	家具・寝具等	9	13	–	–	–	–	539	1,676	–	–	–	–
	電機	6	13	6	3	–	–	1,034	573	414	2,308	–	–
	卑金属（鉄鋼を除く）	6	7	1	2	–	–	25	169	142	190	–	–
	小計	154	258	32	33	1	10	5,176	15,327	3,259	3,952	7	483
消費財 計		242	416	65	46	2	10	17,700	22,250	4,003	4,271	7	483
総額		846	901	347	465	15	71	67,809	76,938	21,580	47,877	229	23,901

注：依存度が50%以上の品目のうち，各国の2016年輸出額の上位3業種を抽出。
出所：米国貿易統計より作成。

工品が 140 億ドルである。加工品の輸出では, 鉄鋼がトップ, 次いで化学品がそれぞれ 30 億ドルを超えている。米国にとってカナダは, 工業製品の大事な輸出市場である。

対メキシコ輸出は, 品目数が 465, 金額が 478 億ドルといずれもカナダを下回る。品目数では鉄鋼, 化学品が多い。財別には, 加工品が 318, 消費財が 46, 資本財が 41 と加工品に偏っている。金額では, 部品の輸出が 216 億ドルと全体の 45 %, 加工品が 151 億ドルと同じく 31.5 %, 合わせて 8 割弱が中間財によって占められている。

米国の対中輸出は, 品目数で 71, 金額で 239 億ドルである。2000 年の品目数は 15 と比べて著増している。財別では, 素材が 24, 加工品が 34, 消費財が 10 である。金額では, 油脂が 142 億ドルと 6 割を占めている。油脂は, 主に大豆で米国の大豆輸出の 62 %が中国向けである。大豆以外では, 落花生, 古紙の対中輸出依存度が高い。

3. 米国の対中貿易収支の赤字構造

米国の対中貿易赤字幅は, 2016 年の 3,400 億ドルから 2017 年に 3,752 億ドルへと膨らんだ。米国の対中貿易収支を, 貿易依存度別財別業種別に見たのが表 5-9 である。貿易依存度別貿易収支は, 当該業種 (HS 6 桁) の貿易 (輸入, 輸出) に占める対中貿易 (輸入, 輸出) のシェアを算出し, 貿易依存度が 50 %未満, 50 %以上の財・業種を取りまとめたものである。

米国の財別対中貿易収支は, 2016 年で消費財が 1,490 億ドル, 資本財が 1,561 億ドルとそれぞれ大幅赤字を計上している。加工品と部品の中間財も 2000 年と比べて 2016 年には赤字が拡大している。唯一, 素材が黒字となっているが, これは油脂 (主に大豆) が貢献しているためである。2000 年と比較すると赤字幅は, 加工品が 5.8 倍, 部品が 7.9 倍, 資本財 9.9 倍, 消費財 2.7 倍と赤字幅が大きく拡大している。

米国の貿易依存度別対中貿易収支は, 対中貿易依存度が 50 %を超える品目の貿易収支の赤字幅が 2000 年の 424 億ドルから 2016 年に 2,289 億ドルに膨らんでいる。米国の対中貿易赤字に占める割合で見ると, 2000 年の 50 %から 2016

第2節　米国の対中貿易構造, カナダ, メキシコとの比較　*111*

表5-9　米国の対中国貿易収支（貿易依存度別）

（単位：100万ドル）

分類名		2000年			2016年		
		50％未満	50％以上	計	50％未満	50％以上	計
素材	食料	7	-145	-138	950	780	1,730
	油脂	929	3	932	177	14,175	14,352
	塩・硫黄・土石類	-17	-101	-118	29	-84	-55
	木材・木炭	20	-	20	669	403	1,072
	パルプ・古紙	120	-	120	86	1,821	1,907
	貴石・貴金属類	25	-	25	-36	-	-36
	卑金属（鉄鋼を除く）	329	-3	326	-15	2,277	2,261
素材 計		1,487	-191	1,296	4,198	20,906	25,104
加工品	鉱物性燃料等	-210	-57	-267	1,451	72	1,524
	化学品	-361	-310	-671	-540	-4,697	-5,237
	木材・木炭	-201	-	-201	-1,133	-392	-1,524
	パルプ・古紙	156	-	156	1,434	29	1,464
	鉄鋼	-1,308	-61	-1,369	-4,786	-1,282	-6,068
	卑金属（鉄鋼を除く）	-690	-106	-796	-2,924	-2,605	-5,530
	家具・寝具等	-855	-1,204	-2,058	-3,200	-4,221	-7,422
	がん具・運動用具	0	-124	-124	22	-12,003	-11,982
加工品 計		-4,888	-3,577	-8,465	-14,297	-35,132	-49,428
部品	化学品	-312	-	-312	-1,565	-647	-2,212
	卑金属（鉄鋼を除く）	-73	-	-73	-962	-185	-1,147
	一般機器	-3,318	-	-3,318	-12,698	-10,341	-23,039
	電機	-2,198	-6	-2,204	-14,234	-741	-14,975
	車両	-399	-	-399	-5,301	-2,665	-7,966
	光学機器	-112	-	-112	227	-13	214
部品 計		-6,304	-6	-6,310	-35,401	-14,615	-50,016
資本財	卑金属（鉄鋼を除く）	-302	-20	-322	-386	-1,008	-1,394
	一般機器	-5,399	-162	-5,561	-14,290	-47,636	-61,926
	電機	-6,086	-1,527	-7,614	-33,919	-50,101	-84,020
	車両	41	-554	-513	-206	-312	-518
	光学機器	-388	-900	-1,288	-78	-1,131	-1,209
	家具・寝具等	-957	-	-957	-572	-4,769	-5,341
	がん具・運動用具	-35	-781	-816	-257	-694	-951
資本財 計		-11,744	-3,947	-15,691	-50,100	-106,090	-156,190
消費財	食料	-590	-63	-654	-593	-1,966	-2,559
	化学品	-1,076	-1,337	-2,413	-3,094	-5,519	-8,613
	縫製品	-5,714	-1,574	-7,287	-21,454	-14,061	-35,514
	履物	-145	-9,006	-9,151	-1,732	-12,999	-14,731
	電機	-2,341	-3,890	-6,231	-9,209	-10,453	-19,662
	車両	-6	-834	-840	7,544	-1,593	5,951
	光学機器	-563	-545	-1,108	-1,405	-111	-1,516
	家具・寝具等	-2,328	-1,734	-4,062	-4,273	-11,684	-15,957
	がん具・運動用具	-1,503	-9,909	-11,412	28	-22,683	-22,654
消費財 計		-19,899	-35,304	-55,203	-41,233	-107,854	-149,087
総額		-41,330	-42,480	-83,810	-118,096	-228,920	-347,016

出所：米国貿易統計より作成。

年には66％に上昇している。66％の内訳は，資本財（1,060億ドルの赤字）と消費財（1,078億ドルの赤字）でほぼ占められている。資本財の内訳は，一般器械が476億ドル，電機が501億ドルである。具体的には，コンピュータやスマートフォンなどのエレクトロニクス製品によるものである。消費財では，運動用具玩具が226億ドル，縫製品が140億ドル，履物が129億ドルなどである。米国の対中貿易赤字は，これらの特定業種に過度に輸入依存していることによる。

第3節　米国の対中追加関税措置とその影響

1. 対中追加関税措置

トランプ政権1年目には曖昧模糊としていた「米国第一」は，中間選挙を迎えた2018年に入り，3800億ドルに達する対中貿易赤字の削減を求めて，対中貿易制限措置を矢継ぎ早に打ち出した。

まず，2018年1月22日に，輸入量が急増している低価格帯の太陽光パネルや洗濯機などにセーフガードを発動すると発表した。これによって，今後数年をかけて輸入洗濯機に段階的に最大50％の関税がかけられる。また関税割当制度も合わせて導入される。太陽光モジュールについても同様に最大30％まで段階的に関税が引き上げられる。国内メーカーの保護が目的である。

3月1日に，輸入鉄鋼とアルミニウムに関税を課す意向を表明し，翌日の朝のツイッターへの投稿で，トランプ大統領は「貿易戦争は結構なことだ。簡単に勝てる」[3]と書いた。丁度，ワシントンを訪問していた習近平国家主席の経済顧問を務める劉鶴氏と会合をしている最中で，米国は1,000億ドルの対中貿易赤字の削減を要求していた[4]。

3月8日には，通商拡大法232条に基づき，鉄鋼に25％，アルミニウムに10％の輸入関税を課すことが発表された。大統領がこの措置を決めた理由は，鉄鋼とアルミの輸入によって国内産業が損なわれ，国家安全保障を脅かすほどの状況に至ったことを挙げている[5]。ただし，カナダとメキシコ，韓国，EUは適用除外となった。

WSJによればトランプ大統領の側近は政権が今年1年をかけ，特に中国を対象に貿易政策の厳格化を進めるとした上で，今回の決定はその皮切りであると述べている。しかし，中国は，鉄鋼の過剰生産の整理統合が進み，内需刺激策もあって輸出ドライブが軽減されている[6]。

3月13日には，中国からの輸入品のうち最大600億ドルに相当する製品に関税を課すことを計画していることが明らかにされた。これは，米通商法301条に基づく知的財産権侵害に関する調査と関連したもので，情報技術（IT）や通信機器，家電などが対象品目として伝えられた[7]。この他，対中制裁には，中国企業による対米投資の制限，中国関係者のビザ発給の制限（中国国籍の学生・学者・企業幹部への査証（ビザ）発給制限）などが検討されている。

3月21日に，USTRは，中国による知的財産権侵害の「強い証拠」（中国進出企業が技術移転を強制されていることなど）を確認したと明らかにし，トランプ大統領は3月22日昼に中国に対する貿易制裁を命じる文書に署名すると発表した。関税が直ちに導入されることはなく，どの製品を関税の対象とするかについて意見する機会を産業界は与えられている[8]。

4月3日に，USTRは，一律25％の関税を課す追加関税リストを公表した。公表した対中輸入の追加関税品目リスト[9]は，HS分類に従っている米国関税分類（HTS）のHS8桁ベースで1,333品目，これを2017年の米国輸入実績で試算すると輸入金額は464億ドルとなった。業種は，無機化学品および貴金属・希土類金属・放射性元素の化合物（HTSコード：28類），有機化学品（29類），医療用品（30類），化学工業生産品（38類），ゴムおよびその製品（40類），鉄鋼（72類），鉄鋼製品（73類），アルミニウムおよびその製品（76類），卑金属製品（83類），原子炉やボイラーおよび機械類（84類），電気機器（85類），鉄道車両・部品（86類），自動車・部品（87類），航空・宇宙機器（88類），船舶（89類），光学（90類）等広範囲にわたっている。表5-10は，1,333品目（HTS8桁）をHTS2桁の業種分類で整理したものである。

第1は，対象品目がもっと多い業種は，一般機械（537品目），次いで電機（241品目），光学機器（164品目），鉄鋼（108品目）と続いている。これら4業種で1050品目，8割弱を占めている。鉄鋼製品対しては，過剰生産体質の中国の鉄鋼産業に対する警戒感を抱いているようである。

表5-10 米国の対中国輸入追加関税品目数と輸入金額（HTS 2桁分類で集約）

（単位：100万ドル）

	実績なし		100万ドル未満		100万ドル～1億ドル未満		1億ドル～10億ドル未満		10億ドル以上		計		（参考）金額計	
	8桁品目数	金額	8桁品目数	金額	8桁品目数	金額	8桁品目数	金額	8桁品目数	金額	8桁品目数	金額	2000	2010
28 無機化学品および貴金属・希土類金属・放射性元素の化合物	3	-	-	-	1	4	-	-	-	-	4	4	1	2
29 有機化学品	11	-	17	3	10	82	-	-	-	-	38	86	4	98
30 医療用品	17	-	10	3	19	280	1	324	-	-	47	606	7	28
38 化学工業生産品	-	-	1	0	-	-	-	-	-	-	1	0	-	0
40 ゴムおよびその製品	-	-	4	0	4	47	-	-	-	-	8	48	4	28
72 鉄鋼	34	-	55	10	19	55	-	-	-	-	108	65	255	101
73 鉄鋼製品	6	-	25	6	12	71	1	247	-	-	44	324	72	217
76 アルミニウムおよびその製品	-	-	7	4	19	200	-	-	1	1,076	27	1,280	15	713
83 卑金属製品	-	-	-	-	1	27	-	-	-	-	1	27	2	10
84 原子炉やボイラーおよび機械類（一般機械）	22	-	171	58	298	5,106	45	13,524	1	1,353	537	20,041	2,424	13,531
85 電気機器	12	-	46	14	154	2,892	28	7,664	1	3,890	241	14,460	1,234	6,526
86 鉄道車両・部品	2	-	5	2	10	154	-	-	-	-	17	156	13	79
87 自動車・部品	14	-	17	4	14	193	2	366	1	1,420	48	1,983	4	141
88 航空・宇宙機器	7	-	4	1	4	47	1	460	-	-	16	508	34	278
89 船舶	6	-	4	1	1	5	-	-	-	-	11	5	0	10
90 光学	1	-	38	13	107	2,223	18	4,211	-	-	164	6,447	369	3,351
91 時計	1	-	-	-	-	-	-	-	-	-	1	-	0	0
機械類（84-91）小計	65	-	285	92	588	10,621	94	26,225	3	6,662	1,035	43,600	4,079	23,915
93 武器	5	-	6	0	4	26	-	-	-	-	15	26	0	26
94 家具・寝具	-	-	2	0	2	22	1	327	-	-	5	350	21	204
総計	141	-	412	119	679	11,436	97	27,123	4	7,739	1,333	46,417	4,460	25,341

出所：米国通商代表部発表リスト（4月3日）及び米国貿易統計よりITI作成。

第2に，対象品目の輸入金額は，一般機械の200億ドル，電機の144億ドル，光学機器64億ドル，自動車・部品が19億ドルと機械産業が上位を占め，機械類（84-91）を合計すると436億ドル，輸入金額では9割超が機械産業の品目が占めている。

第3に輸入金額が大きな品目，アパレル，履物，携帯電話，コンピュータ（PC）は除外されている。米企業が係わる品目は避けているように見える。品目リストの中で対中輸入額が10億ドルを超えている品目は，テレビの38億ドル，次いで乗用車（HTS87032301）14億ドル，印刷機部品（HTS84439950）13億ドル，アルミニウム（HTS76061230）10億ドルの4品目である。

第4は輸入実績がない品目数は141，内訳は化学品，鉄鋼，機械産業に多い。また，輸入金額が100万ドル未満の品目数が412，100万ドル～1億ドル未満の品目数が679である。輸入実績がないか，あっても輸入金額が100万ドル以下の品目が4割超を占めている。これから中国が輸出を拡大させようとしている品目，何年も先まで大きな輸出品とはなりそうにない品目等，広く網をかけたものとなっている。輸入実績がない品目としては，電気モーターならびにリチウムイオン電池を動力源とする自動車，大型航空機や小型機，航空機およびヘリコプター用部品，航空宇宙ナビゲーションのオートパイロット，フライトレコーダー（飛行記録装置）等が対象品目に含まれている。

2. 未来の中国を牽制

4月3日に公表した対中輸入制限品目リスト策定に当たって米国が念頭に置いたのは，「中国製造2025」であると指摘されている。これは，中国政府が2015年に発表した産業高度化の長期戦略で，鉄鋼やアパレル，履物，ノートPCなどを大量生産する「製造大国」から，建国100周年にあたる2049年に「世界一の製造強国」に変身することを最終目標にしている。特に，今後成長が見込まれる十大産業（次世代情報技術，ハイエンドNC（数値制御）工作機械とロボット，航空宇宙設備，海洋エンジニアリング設備とハイテク船舶，先端軌道交通設備，省エネルギー・新エネルギー自動車，電力設備，新素材，バイオ医薬と高性能医療機器，農業機械設備）を重点的に育て上げ，2025年に世界の製造

116　第5章　米国の対中貿易と対中追加関税措置の影響

強国の一つになることを目指している。今回米国が発表した追加関税措置案はこの十大産業に照準を合わせている[10]。

　米国の対中機械機器輸入額は，2000年の384億ドルから2016年には2,533億ドル億ドルへと拡大している（表5–11）。米国の対中機械機器輸入額で最大の品目は，コンピュータ・周辺機器の571億ドル，通信機器の612億ドルで米国の対中機械機器輸入額の46.8％を占めており，中国の対米機械機器輸出額ではこの2業種への依存度が大きい。しかし，対中機械機器輸入で，輸入額はこの2業種ほどではないが，米国の当該輸入額に占める対中輸入の比率が拡大している品目が多く出てきている。エアコン，ポンプ，冷蔵庫，調理機械，エレベーター，農業機械，印刷機械，繊維機械，鉄道，自動車部品などの品目は，2016年には，米国の当該輸入額に占める対中輸入の比率が10％を超えている。2000年には1％以下のシェアであった品目で，中国の対米輸出の次の製品といえよう。

3. 米市場抜きで貿易強国になれない中国

　他方，中国の対米機械機器輸出は，2000年の201億ドルから2016年には2,001億ドルへと10倍増となっている。米国の対中機械機器輸入金額と齟齬があるのは，中国の香港輸出の中に香港経由の中国製品が含まれているためである。中国の対米機械機器輸出では，コンピュータ・同周辺機器や携帯電話の対米輸出依存度は，コンピュータ・同周辺機器が31.3％，携帯電話（スマホ）が22.5％と米国の対中輸入依存度の同じく60.8％，74.4％と比べて小さい。

　これらの品目を米国が制限してもその影響は，米国で大きく，中国では小さい。この貿易存度の非対称性は，上述した香港経由の中国製品が米国の輸入データに含まれていることが影響している要因もあるが，中国地場企業の携帯電話が米市場で参入阻止されていることやインドやASEANなどの新興市場向けに拡大していること等がその要因として指摘できる。

　また，一般機械に属する業種（鉱山建設機械，エレベーター，農業機械，工作機械など）は，対米輸出依存度は，2000年と比べて2016年には低下している品目が多い。これも，一帯一路によるASEAN市場などの新興市場開拓の成果であると思われる。

逆に，精密機械，自動車・同部品や航空宇宙の対米輸出依存度は，高まっている品目が多い。これらは，中国が次の輸出品目として期待している業種である。前述した航空産業関連品への追加関税措置は，中国の航空機器産業を意識したものである。中国は，2017 年 5 月に国産旅客機「C919」が初飛行を果たした。中国政府は国内の航空電子機器・部品メーカーを世界的な競争力のある企業に育成する大々的な計画を掲げている。世界で最も競争が激しい米市場への参入は，中国にとってそのお墨付けを得ることになる。

今回の米国の対中輸入品に対する追加関税措置は，世界市場で最も自由で価格競争指向的な米市場における中国製品の浸透が容易でないことを示すものであろう。特に，世界市場で貿易強国を目指す中国にとって，米市場で十分にシェアを取れなければ，真の貿易強国という称号を獲得することはないし，認めてもらえないことになる。

米市場への参入が難しくなれば，中国企業の国際化戦略の見直しを余儀なくさせられることになろう。また，米市場への参入に障壁があると，世界の製造業者が中国を対米輸出の信頼ある拠点とはみなさなくなり，他へと移転する契機となろう。

さらに，厄介なのは，中国が米国の措置に対して，仮に中国が国内で事業を展開する米企業に対し，健康や安全性の面で規則に違反したなどとして制裁を加えることで報復すれば，そのリスクはさらに高まることである。外国からの投資は，中国が技術や産業ノウハウを取得する上で鍵を握ってきたからである[11]。「未来の中国」に対する米国の牽制によって，中国のフラストレーションが高まっていることは想像に難くない。

4. 米国の対中追加関税措置による影響

米国の対中追加関税措置による影響をまとめると，次の点が指摘できる。

第 1 は，関税引き上げによる米国内産業への影響である。鉄鋼の関税引き上げは，自動車産業を始めとる機械産業のコストアップにつながり製品価格の上昇に転嫁されるという懸念が多く指摘された。

4 月 3 日の対中輸入追加関税リストには，IT 製品やアパレル製品，履物など

表5-11 米国の対中機械機器輸入

当該品目（HS6桁）の輸入に占める対中シェア	金額（100万ドル）						米国の当該品目の輸入に占める対中輸入シェア（%）					
	2000			2016			2000			2016		
	50%未満	50%以上	計	50%未満	50%以上	計	50%未満	50%以上	計	50%未満	50%以上	計
一般機械	12,750	655	13,406	36,269	61,146	97,415	7.0	0.4	7.4	11.7	19.8	31.5
エアコン	193	-	193	1,165	1,194	2,359	9.9	-	9.9	16.3	16.8	33.1
鉱山・建設機械	27	-	27	458	-	458	0.6	-	0.6	5.8	-	5.8
工作機械	75	-	75	213	-	213	2.0	-	2.0	5.7	-	5.7
タービン	51	-	51	627	-	627	0.5	-	0.5	2.9	-	2.9
エンジン	55	-	55	1,481	13	1,493	0.3	-	0.3	5.8	0.0	5.9
ポンプ	420	418	837	3,533	1,330	4,863	5.9	5.9	11.7	18.2	6.9	25.1
冷蔵庫	126	-	126	1,358	484	1,842	10.6	-	10.6	16.2	5.8	22.0
調理機械	34	-	34	640	-	640	2.6	-	2.6	13.1	-	13.1
エレベータ	61	94	155	481	625	1,105	1.9	3.0	4.9	7.1	9.2	16.3
農業機械	20	-	20	472	18	489	2.5	-	2.5	19.3	0.7	20.0
印刷機械	4	-	4	4,219	2,532	6,751	0.2	-	0.2	24.9	14.9	39.8
繊維機械	1	-	1	30	-	30	0.2	-	0.2	9.3	-	9.3
洗濯機	2	-	2	79	682	761	1.7	-	1.7	4.8	41.1	45.8
ゴム・プラスチック加工機	5	-	5	300	-	300	0.3	-	0.3	9.8	-	9.8
産業用ロボット	-	-	-	16	-	16	-	-	-	5.4	-	5.4
コック等	276	-	276	3,313	-	3,313	5.4	-	5.4	24.6	-	24.6
ベアリング及び同製品	144	-	144	545	-	545	9.3	-	9.3	20.3	-	20.3
コンピュータ及び周辺機器	6,310	-	6,310	6,193	40,471	46,664	11.3	-	11.3	8.1	52.7	60.8
コンピュータ部品	3,705	-	3,705	210	10,318	10,529	11.5	-	11.5	1.3	64.4	65.7
電気機器	14,002	5,562	19,564	65,780	63,171	128,951	7.5	3.0	10.5	19.9	19.1	39.0
通信機器	1,650	1,283	2,933	22,597	38,696	61,292	4.7	3.7	8.4	20.8	35.6	56.3
携帯電話	-	-	-	-	37,051	37,051	-	-	-	-	74.4	74.4
半導体等電子部品類	778	-	778	5,321	-	5,321	1.6	-	1.6	12.0	-	12.0

電子管・半導体等	291	—	291	3,104	—	3,104	4.3	—	4.3	—	22.4
集積回路	487	—	487	2,217	—	2,217	1.1	—	1.1	—	7.2
その他の電気・電子部品	4,291	205	4,497	14,020	2,756	16,775	12.8	0.6	13.4	5.9	35.9
ディスプレイモジュール	190	—	190	654	—	654	4.9	—	4.9	—	30.7
デジタルカメラ	—	—	—	2,260	—	2,260	—	—	—	—	39.2
テレビ受像機（液晶・プラズマ含む）	—	—	—	3,345	1,125	4,469	—	—	—	7.6	30.3
音響機器	874	200	1,073	0	716	716	29.4	6.7	36.1	73.3	73.3
精密機器	2,166	1,294	3,460	9,771	2,390	12,161	5.4	3.2	8.6	2.8	14.4
医療用電子機器	127	—	127	1,548	—	1,548	2.3	—	2.3	—	7.1
輸送機器	667	1,388	2,055	9,868	4,957	14,825	0.4	0.8	1.1	1.6	4.7
鉄道	51	—	51	306	309	614	2.8	—	2.8	20.1	40.0
自動車	3	—	3	1,290	—	1,290	0.0	—	0.0	—	0.7
乗用車	2	—	2	1,277	—	1,277	0.0	—	0.0	—	0.7
貨物自動車	0	—	0	2	—	2	0.0	—	0.0	—	0.0
自動車部品	443	—	443	6,976	2,155	9,132	1.2	—	1.2	2.9	12.2
自動車用エンジン	3	—	3	32	13	45	0.0	—	0.0	0.1	0.5
ギヤボックス	1	—	1	309	—	309	0.0	—	0.0	—	3.2
駆動軸	1	—	1	228	—	228	0.2	—	0.2	—	5.8
航空・宇宙	34	—	34	469	—	469	0.2	—	0.2	—	1.5
航空機 HS8802	0	—	0	15	—	15	0.0	—	0.0	—	0.1
ヘリコプター（2,000kg以下）	—	—	—	13	—	13	—	—	—	—	4.6
飛行機（2,000kg以下）	0	—	0	2	—	2	0.5	—	0.5	—	1.9
航空機部品 HS8801, 02用	33	—	33	453	—	453	0.6	—	0.6	—	2.7
造船	21	—	21	96	78	174	1.8	—	1.8	3.9	8.7
機械産業（84～91）小計	29,585	8,900	38,485	121,689	131,665	253,353	5.0	1.5	6.5	12.7	24.4
総額	57,354	42,709	100,063	209,797	252,821	462,618	4.7	3.5	8.2	11.6	21.1

出所：米国貿易統計より ITI作成。

表5-12 中国の対米機械機器輸出

当該品目（HS 6桁）の輸出に占める対米シェア	金額（100万ドル）						中国の当該品目の輸出に占める対米輸出シェア（%）					
	2000			2016			2000			2016		
	50%未満	50%以上	計	50%未満	50%以上	計	50%未満	50%以上	計	50%未満	50%以上	計
一般機械	6,003	851	6,854	79,161	375	79,536	22.4	3.2	25.6	22.9	0.1	23.0
エアコン	179	–	179	1,984	–	1,984	18.8	–	18.8	15.1	–	15.1
鉱山・建設機械	33	–	33	487	44	532	10.6	–	10.6	5.9	0.5	6.4
工作機械	71	0	71	223	–	223	28.7	0.1	28.8	11.3	–	11.3
タービン	20	28	49	957	16	973	14.5	20.2	34.7	19.2	0.3	19.5
エンジン	38	–	38	1,704	31	1,735	8.1	–	8.1	18.9	0.3	19.3
ポンプ	371	16	387	3,752	–	3,752	30.0	1.3	31.3	19.5	–	19.5
冷蔵庫	113	–	113	1,490	–	1,490	28.1	–	28.1	18.7	–	18.7
調理機械	11	–	11	516	–	516	9.0	–	9.0	10.6	–	10.6
エレベータ	34	105	139	937	141	1,077	9.5	29.3	38.8	11.8	1.8	13.6
農業機械	13	15	29	417	–	417	18.7	21.2	39.8	19.6	–	19.6
印刷機械	3	–	3	4,314	–	4,314	9.5	–	9.5	22.8	–	22.8
繊維機械	1	–	1	32	–	32	0.4	–	0.4	1.8	–	1.8
洗濯機	2	–	2	710	–	710	1.5	–	1.5	18.7	–	18.7
ゴム・プラスチック加工機	4	–	4	265	–	265	2.5	–	2.5	7.5	–	7.5
産業用ロボット	–	–	–	22	–	22	–	–	–	14.2	–	14.2
コック等	183	–	183	3,080	–	3,080	22.5	–	22.5	22.7	–	22.7
ベアリング及び同製品	138	–	138	690	–	690	21.6	–	21.6	14.8	–	14.8
コンピュータ及び周辺機器	3,189	611	3,800	39,125	–	39,125	29.0	5.6	34.6	31.3	–	31.3
コンピュータ部品	801	–	801	6,529	–	6,529	14.1	–	14.1	25.2	–	25.2
電気機器	7,928	1,612	9,540	93,269	73	93,341	17.2	3.5	20.7	16.7	0.0	16.7
通信機器	735	789	1,524	38,814	–	38,814	12.0	12.9	24.9	18.9	–	18.9
携帯電話	–	–	–	26,178	–	26,178	–	–	–	22.5	–	22.5
半導体等電子部品類	503	1	504	3,401	–	3,401	9.4	0.0	9.4	3.7	–	3.7

電子管・半導体等	7.8	—	7.8	6.1	0.1	6.1	2,143	—	2,143	148	1	146
集積回路	2.0	—	2.0	12.1	—	12.1	1,257	—	1,257	356	—	356
その他の電気・電子部品	14.0	—	14.0	13.5	1.0	12.6	12,771	—	12,771	1,876	133	1,743
ディスプレイモジュール	14.2	—	14.2	8.8	—	8.8	1,498	—	1,498	186	—	186
デジタルカメラ	17.7	—	17.7	—	—	—	1,665	—	1,665	—	—	—
テレビ受像機（液晶・プラズマ含む）	29.0	—	29.0	46.2	6.2	40.0	4,615	—	4,615	—	—	—
音響機器	29.8	—	29.8	24.4	2.4	22.0	367	—	367	485	65	420
精密機器	14.1	0.6	13.5	21.4	0.3	21.1	10,461	440	10,021	1,988	192	1,796
医療用電子機器	23.2	—	23.2	19.1	2.2	17.0	1,286	—	1,286	59	1	58
輸送機器	18.0	0.1	17.9	18.2	0.6	17.6	16,859	106	16,752	1,771	200	1,571
鉄道	21.6	1.2	20.4	0.4	0.0	0.4	1,480	81	1,398	466	16	451
自動車	12.3	—	12.3	0.6	0.3	0.3	1,384	—	1,384	1	0	1
乗用車	27.7	—	27.7	0.5	—	0.5	1,373	—	1,373	0	0	0
貨物自動車	0.1	—	0.1	—	—	—	3	—	3	0	—	0
自動車部品	31.6	0.1	31.5	39.6	15.3	24.3	9,477	31	9,446	468	181	288
自動車用エンジン	3.0	2.3	0.7	7.1	—	7.1	41	31	9	4	—	4
ギヤボックス	27.9	—	27.9	40.3	—	40.3	419	—	419	12	—	12
駆動軸	21.9	—	21.9	2.9	—	2.9	204	—	204	0	—	0
航空・宇宙	32.8	0.2	32.6	16.5	0.1	16.4	1,133	6	1,127	89	0	88
航空機HS8802	32.5	—	32.5	32.0	0.2	31.8	591	—	591	52	0	51
航空機部品HS8801, 02用	33.1	—	33.1	9.9	—	9.9	536	—	536	37	—	37
造船	1.4	0.1	1.3	2.1	0.1	2.0	319	19	300	34	2	32
機械産業（84－91）小計	18.7	0.1	18.6	22.3	3.2	19.2	200,197	994	199,203	20,153	2,855	17,298
総額	18.2	0.4	17.8	20.9	5.4	15.5	388,617	8,306	380,311	52,142	13,425	38,717

出所：米国貿易統計より ITI 作成。

の対中輸入に過度に依存している消費財業種は含まれていない。これらの業種は，米国の小売業にとって，短期的に，調達先を簡単に切り替えることは難しい。また，米国経済にとっても価格の上昇⇒数量ベースでの売上減少⇒雇用削減を通じてマイナスの影響を被る可能性が高い。

第2は，中長期的にみると，調達先の脱中国の動きを加速化させるものと見込まれる。例えば，米国のアパレル輸入に占める中国のシェアは，2000年の14.1％が2010年には41.4％へと急拡大し，2016年は37.6％に減少している。他方，ベトナムは2000年の0.1％が2010年に7.0％，2016年は11.4％へと上昇している。ベトナムが中国に代替することも考えられよう。米国の洗濯機の輸入は，すでにベトナムが中国を抜いている。ベトナムが有力なチャイナプラスワンとなろう。

第3は中国の対抗措置の発動による影響である。攻勢を強めるトランプ政権に対して，中国は，徹底応戦の構えを崩していない。中国は米国が太陽光パネルにセーフガードを発動した際に，米国産ソルガムに対する調査を開始した。これは，トランプ大統領の主要支持層である米農家に年間10億ドル相当の収入をもたらす輸出品である。

2018年4月1日に中国は，米国が中国産の鉄鋼やアルミニウムの輸入を制限したことへの対抗措置として，米国産の豚肉やワインなど計128品目に最大25％の関税を上乗せすると発表し，4月2日から実施した。15％上乗せの品目数が120品目，10億ドル，25％上乗せが8品目，20億ドルである。

さらに，4月4日に中国は，米国の違法な行動から中国の権利を守るため，米国産の大豆やその他の農産物，自動車，化学品，飛行機など計106品目に25％の関税をかける方針を発表した。

中国の意図は，まず，トランプ大統領の支持者が多い農業地帯を狙い撃ちした。有力な大豆産地のアイオワ州，オハイオ州，ミシガン州などは共和党と民主党の支持率が拮抗し，2018年11月の米中間選挙の行方を左右する地域である。米農務省の統計によると，2017年に中国が購入した米国産大豆は3200万トンと，総輸出量の約58％を占めた。

次に電気自動車や航空機の対中輸出をけん制したことである。中国は自動車に25％の関税を課している。これに25％の追加関税が賦課されれば，50％の

高関税となる。その影響を被るのは，米国メーカーの電気自動車輸出や米国の生産拠点から中国向けに輸出をしているドイツメーカー（BMW，ベンツ）である。中国は自動車市場への参入規制緩和をにおわせており，対中投資促進を狙っているのかもしれない。

おわりに

　2018年5月3〜4日，北京の釣魚台国賓館で米中通商協議が行われた。米国も中国も今回の追加関税措置をいつ発効させるか，具体的な最終期限を定めていない。その問題決着が期待されていた会議であった。結果は，米中の共同声明に関する合意も得られず，米国の交渉団はコメントせず中国を去った。これで，米中両国がお互いに数百億ドル規模の輸出品に関税を課す可能性が高まった[12]。

　2018年5月17−18日にワシントンで開催された第2回米中通商協議では，(1) 米国の対中貿易赤字の解消，(2) 中国通信機器大手「中興通訊 (ZTE)」への制裁緩和，(3) 次世代産業を巡る中国の補助金政策の見直し——が焦点となった。米中両国は5月19日になって，協議の共同声明を発表して「米国の対中貿易赤字を減らすため，中国が米国のモノとサービスの輸入を大幅に増やすことで合意した」と表明した[13]。

　しかし，5月20日には，ムニューシン財務長官が拡大する米国の対中貿易赤字を削減する方法をめぐって両国間で交渉が続く間，対中追加関税措置を先延ばしして「保留」にすると発言する一方で，ライトハイザー USTR 代表は，中国が自国経済の「構造を抜本的に変え」なければ，トランプ政権が課税だけでなく，対中投資や輸出の制限などにも踏み出すかもしれないとした声明文を発表して，トランプ政権内部での不一致が露呈した。

　翌21日に，ムニューシン財務長官が，最大1500億ドル（約17兆円）相当の中国製品に関税を課す計画をいったん棚上げすることを明らかにして，政権内部の不一致を修正した。中国側も500億ドル相当の米国製品に対する報復課税計画を棚上げするという内容であった。これによって，米中の貿易紛争が収束に向かうとみられていたが，5月29日にトランプ大統領は「保留する」という

態度を翻し，中国の知的財産侵害に対する制裁関税について6月15日までに制裁関税の最終候補品目を公表し，「その後すぐに」発動すると発表した。

5月22日には，中興通訊（ZTE）を巡る問題の解決で米中が大筋合意した。

6月2-3日に北京で開催された第3回米中通商協議では，中国は700億ドル（約7兆6800億円）近い米国産の農産品やエネルギーの輸入拡大策を提案，輸入拡大の条件として米国に追加関税措置を破棄するよう求めた。ロス商務長官率いる米交渉団は中国訪問を終えるにあたり，共同声明やコメントなどは発表しなかった

6月15日，米政府は，「中国が新興ハイテク産業の覇権を目指す中国製造2025の関連製品」を含む500億ドル相当の中国製品に対して25％の関税を課すと表明した。公表された最終リストは，4月に発表した原案の約1300品目から鉄鋼やテレビなど消費者向けの汎用品を中心に515品目を削除してある。消費者への悪影響が大きいとの反対論に配慮した。一方で追加したのは，農業機械や光ファイバー，計測機器，電子部品の製造装置など中国が重点投資する10分野の業種，284品目である[14]。

一方，中国政府も翌16日に，中国の知的財産権侵害を理由にした米国の制裁関税への報復措置を発表した。米国産の農産物や自動車，エネルギーなど約500億ドル（約5兆5千億円）相当の659品目に25％の追加関税を賦課する。7月6日に発動する第1段階の対象品目は，大豆，牛肉や豚肉，マグロやフカヒレ，オレンジやリンゴ，ウイスキー，電気自動車など約340億ドル相当，特にトランプ米大統領の支持層である農家に打撃を与えるため農産品を手厚くした。第2段階では，原油，天然ガス，石炭などエネルギーやエチレンなど化学物質，医療器具等160億ドル相当の米輸入品に関税を課すとしている。実施時期は今後発表する。4月の案にあった商用ジェット機や航空機エンジンなどはリストには入っていなかった[15]。

トランプ大統領は，今回の追加関税措置の声明文で，習近平国家主席との「素晴らしい友情」を強調する一方，米中貿易は「非常に長期にわたり，非常に不公平」だったと述べた。一方，中国商務省はこれまでの対米協議の「成果」は全て無効と化したと述べた[16]。

また，ライトハイザー USTR 代表は，米テレビ番組で「次の段階は，米国の

技術を買おうとする中国の投資を規制することだ」と述べ，中国への制裁関税に次ぐ措置を急ぐ考えを示した[17]。

　米中双方ともに，一歩も引かずに対峙している背景には，貿易戦争に伴う痛みは自国より相手国の方が大きいと米中共に，自信をもっていることが指摘できる。米中共に交渉上の相対的優位性（レバレッジ）は，我にありと強気の姿勢を崩していない。

　米国は，経済面でのレバレッジは中国よい大きいとみている。トランプ大統領は，当初，米国の対中赤字を 1000 億ドル削減することを求めていたが，今回の協議では，2020 年末までに少なくとも 2000 億ドル削減に上積みした。その理由としては，第 1 に GDP 比でみた貿易依存度は，中国の対米輸出は，対 GDP 比で 3.5％，米国の対中輸出は，同じく 0.6％と中国は対米輸出の依存度が大きい。輸入は，米国の対中輸入依存度は GDP 比で 2.5％，中国の対米輸入は 1.2％で米国の方が大きい。中国経済は，2018 年に入って輸出頼みが鮮明となっていることから，対米輸出の減少が景気にあたえる影響は小さくない。

　第 2 は，中国は既に主要な米国製品を関税対象に加えてしまったため，貿易面で中国が報復できる選択肢には限りがある。中国の対米輸入に占める制裁品のシェアは 34.6％と 3 分の 1 以上となっている。一方，米国の対中輸入に占める制裁品のシェアは 9.8％と 1 割以下である。関税報復合戦では，中国には，出尽くし感があり，中国が追いつめられているのではないか。

　中国の対米輸入額の大きな工業製品は，自動車，航空機と半導体である。半導体が，追加関税措置から外れた理由は，クアルコムなどの半導体の輸入コストが上がれば，中国のスマートフォン（スマホ）産業に影響が出ると判断したこと[18]。また，4 月の案にあった航空機が対象から外れたのは，高関税をかければ国内の航空会社の経営に打撃を与えると判断したためであるという。

　トランプ大統領は，1974 年通商法 301 条に基づき中国の技術移転政策に対する制裁措置として追加関税を予定通り 7 月 6 日に発動すると表明した。

　7 月 6 日午前 0 時 1 分（米国東部時間）以降に通関した中国製品 818 品目を対象に，25％の追加関税の賦課を開始した。中国政府も，対抗措置を講じた。

　米中の経済戦争の火蓋が切られた。

126 第5章 米国の対中貿易と対中追加関税措置の影響

注

1）「トランプ氏の「米国第一」はこれまで口だけ」WSJ，2018年1月23日，「トランプ氏の原点回帰，中間選挙に吉と出るのか」WSJ，2018年1月29日

2）肉，魚介類，乳製品，穀物，加工食品等はHSカテゴリーでは01～11，16～24に属する品目。

3）「ある国（米国）が取引しているほぼすべての国との貿易で何十億ドルもの損失を被っている時には，貿易戦争はいいことであり，勝つのは簡単だ。例えば，われわれがある国との取引で1,000億ドル（約10兆6,000億円）を失っている時にその国が厚かましい態度に出るなら，もう取引をやめよう。そうすればわれわれの大勝利になる。簡単なことだ」

4）「トランプ氏，中国に貿易赤字削減要求　100分の1におまけ？」WSJ，2018年3月8日

5）「鉄鋼関税に踏み切った理由＝米商務長官　不公正な貿易慣行，米国の安全保障と経済にダメージ」WSJ，2018年3月9日

6）「米国際貿易委員会（ITC）によると，2008年の中国製鉄鋼の輸入額は27億ドル（現在のレートで約2,850億円）だったが，9年後の17年は6億3,700万ドルにとどまった」（「トランプ氏の関税政策，しわ寄せは同盟国と消費者に」WSJ，2018年3月3日）

7）「米政権が最大600億ドルの中国製品に関税検討，IT機器や衣料品対象か」ロイター，2018年3月14日

8）「米政権，中国による先進技術の取得で規制強化へ　22日に発表，中国企業による投資の制限や関税も」WSJ，2018年3月21日

9）米国通商代表部（USTR）は4月3日，1974年通商法301条（以下，301条）に基づいて中国からの輸入品に追加関税を賦課する品目リストを公表した。（ジェトロ通商弘報）

10）「米中，技術覇権争いに　中国の重点産業狙い撃ち」日経ニュース，2018年4月4日

11）WSJ，2018年4月9日

12）「米中通商協議は物別れ，互いに譲らず　巨額関税に現実味」WSJ，2018年5月5日

13）日本経済新聞，2018年5月20日

14）「米，中国ハイテクに照準，制裁関税，産業政策見直し迫る」日本経済新聞，2018年6月16日

15）「中国が対米報復関税　500億ドル規模　農産品・車など」日本経済新聞，2018年6月16日

16）「米国，対中追加関税を発表　中国製品500億ドル相当」WSJ，2018年6月15日

17）「米通商代表，対中関税の次は投資制限　月末までに発表」日本経済新聞，2018年6月16日

18）日経速報ニュース，2018年4月4日

参考資料

国際貿易投資研究所編（2018）「米通商政策リスクと米国の貿易・投資」ITI調査研究シリーズNo.70

木村誠（2017）「米国トランプ政権の通商政策の現状と課題～重商主義的政策への懸念は払拭できるのか～」，『国際貿易と投資　108号』

大木博巳（2017）「米国通商政策の二国間主義と対中政策～米国のFTAと貿易～」，『国際貿易と投資108号』

────（2018）「「未来の中国」をけん制する米国～米国の対中輸入追加関税品目リスト～」ITIフラッシュ369

────（2018）「米国の対中貿易制裁の影響～ITI米国研究会報告（6）～」ITIフラッシュ369

The Office of the United States Trade Representative (USTR), "2017 National Trade Estimate Report on Foreign Trade Barriers," March 2017

https://ustr.gov/sites/default/files/files/reports/2017/NTE/2017%20NTE.pdf

第6章

米国の国家安全保障に関わる対内投資規制

（一財）国際貿易投資研究所客員研究員

増田耕太郎

　米国は諸外国からの対米投資を歓迎し公平に扱うとの基本的な原則にたち，例外的に外国からの直接投資を規制する。外国企業だけを対象にした規制は，外国投資および国家安全保障法（FINSA）による外国企業による米国企業の買収契約である。FINSAでは国家安全保障の範囲を広げ重要産業基盤の概念を導入し，軍事上の機密の範囲だけではなくエネルギーや基幹技術などに広げている。重要産業基盤は米国にとって必要不可欠なシステムや資産が不能ないし破壊によって国家安全保障を損なう効果をもたらすものを指す。

　本章では対米外国投資委員会（CFIUS）の年次報告書と審査事例をとりあげている。後者は，中国企業が関わる米国企業の買収契約を中心に，1）買収を認めない決定をした事例，2）CFIUSの承認が得られず買収を断念した事例，3）重要産業基盤の概念が広がっている分野，4）注目を集めている最近の審査案件等から選んでいる。

　中国企業による米国企業の買収が問題となるのは，半導体やIT関連分野などの最先端技術分野が近年急増していることである。中国が安全保障と経済の両面で米国の脅威になっていることが背景にあり，議会等から国家安全保障の観点からCFIUSを強化すべき等の主張が増えている。

　一方，中国企業にとって，米国企業を買収することは真のグローバル企業になるための不可欠な手段である。米国以外の企業買収でも買収先企業が持つ米国子会社には，米国の国家安全保障の観点からの審査を免れることはできない。そうした状況下において，中国企業は，米国民に「歓迎される投資」を増やしていくことができるのかが問われている。

はじめに

　中国企業は直接投資の受け入れ国から投資をする国に変わっている。その主な対象地域が米国やEU等の先進国である。中国企業が短期間にグローバル企業となるには大手の欧米企業を買収することである。また，買収することでグ

128 第6章 米国の国家安全保障に関わる対内投資規制

ローバルに展開する世界各地の事業所を一気に獲得できる。また，最先端技術をもとに市場をリードする企業になるには米国等のハイテク企業を傘下に収めるのが早道である。このため，中国企業による欧米企業の買収が急増している。

　そうした動きにたいし，欧米諸国の警戒感が高まっている。米国は国家安全保障の観点から，外国企業による自国企業の買収を規制する法律と審査機関をもつ。米国以外に本社をもつ多国籍企業も米国に子会社があり，米国子会社が規制対象になる。

　本章では，国家安全保障に対する米国の規制法制と審査実績を取り上げる。なお，欧州でも米国に倣い規制法制と審査機関設置の動きがある。

第1節　米国の対内直接投資規制と国家安全保障

1. 米国の対内投資規制

　米国は諸外国からの対米投資を歓迎し公平に扱うとの基本的な原則にたち，例外的に外国からの直接投資を規制する。対内投資規制は次の3通りである。ただし，外国企業だけを対象にした規制は③のみである。

①　競争政策の視点から一定規模以上の企業買収を行う場合には競争当局（米国司法省と連邦取引委員会）への事前届出と承認が必要である。

②　商業航空，海運，発電，銀行，通信，放送，天然資源の採掘などの業種に対する投資規制がある。公共性が高く私企業の活動に政府が一定の規制を加えている分野である。それらの業種に該当する投資を行う場合には業種別に定める規制当局の届け出と承認が必要である。

③　外国企業による米国企業の買収には安全保障の視点からの審査と承認が必要である（FINSA法）。

　なお，近年では各国でオペレーションしている多国籍企業の買収が多いが，買収対象となった企業が外国籍であっても米国に子会社がある場合には，米国子会社が③のFINSA法による審査対象になる。

また，③の規制で米国企業の買収契約の承認を得たものの中に，①（競争法）あるいは②（業法）の承認を得ることができない中国企業の買収例もある。

2. 外国投資および国家安全保障法（FINSA法）

外国企業だけを対象にした規制は「外国投資および国家安全保障法」（Foreign Investment and National Security Act of 2007：FINSA）に基づき，「エクソン・フロリオ条項（Exon-Florio Amendment in 1988）」を改正したものである。

FINSA法では「国家安全保障」の範囲を，重要産業基盤（Critical Infrastructure）の概念を導入し，軍事上の機密だけではなくエネルギーや基幹技術などにも広げた。重要産業基盤は米国にとって必要不可欠なシステムや資産が不能ないし破壊によって国家安全保障を損なう効果をもたらすものを指す。FINSAは国家安全保障を定義せず，国家安全保障の見地から対米投資の審査の際に「何を考慮するのか」次の11の基準を規定している。

そのうち，①～⑥はエクソン・フロリオ条項の時代，⑦以降はFINSA法（第4条）で導入した。

【FINSAの国家安全保障の判断基準】

① 買収対象の国内産業の国防上の重要性

② 国防に必要な人材・生産力・技術・資材等の供給やサービス確保における国内生産力

③ 国家安全保障の要請に応えるための国内産業や取引に対する外国が及ぼす支配力

④ 防衛関係の物資・装備・技術が，テロ支援国家・ミサイル技術・生物化学兵器の拡散に与える潜在的な影響

⑤ 国家安全保障に関わる技術移転に与える潜在的影響

⑥ エネルギー資産等の重要産業基盤に対する潜在的影響

⑦ 米国の重要基幹技術に与える潜在的影響

⑧ 買収により外国政府による支配をもたらす可能性

⑨　外国投資家の国籍国における核拡散防止への取組，テロとの戦いにおける米国との協力関係

⑩　買収によりエネルギー等の重要な資源調達の長期見通しへの影響

⑪　大統領およびCFIUSが重要と考える他の要素

　審査を行うのは対米外国投資委員会（Committee on Foreign Investment in the United States：CFIUS）である。CFIUSは財務省内にあり委員長は財務長官である。委員は国家安全保障に関わる省庁が横断的に参加し構成する。国土安全保障省，商務省，国防総省，国務省，司法省，エネルギー省，米国通商代表部（USTR），労働省，国家情報局，科学技術政策局（OSTP）の他に，オブザーバーとして，行政管理予算局（OMB），大統領経済諮問委員会（CEA），国家安全保障会議（NSC），国家経済会議（NEC），国土安全保障会議（HSC）が加わる。

　委員長は，個別の案件の審査について，単独または複数の行政機関の長を主務官庁として指名する。そのうち，国家情報局長官のCFIUSにおける担当業務は，第1次審査における国家安全保障リスク分析，労働省長官の担当業務は軽減合意における規定と労働法との整合性チェックである。ともにいかなる政策的役割も認められておらず，議決権はない（経済産業省：『諸外国における資本移動規制の動向調査』）。

　なお，現時点におけるCFIUSの審査は，①グリーンフィールド型投資は対象外である。②買収規模に関係なく，国家安全保障に影響を及ぼすと考えられる買収案件については少額であっても対象になる。③中国，ロシア，テロ等が多い中東諸国に限らず，すべての国が対象になる。

3. FINSA法の手続きと適用状況

　FINSA法におけるCFIUSの審査プロセスは3段階に分かれる。

　a) 第1次審査（National Security Review）

　b) 第2次審査（National Security Investigation）

　c) 第3次審査（President Review）

第1節　米国の対内直接投資規制と国家安全保障　*131*

　ただし，投資規制は事前審査ではなく事後審査であるため，契約当事者は買収契約が成立する前に事前にCFIUSに「通知」し，承認を得る方法を採るのが慣例である。

（1）契約当事者が行う自主的な「通知」

　審査対象となる米国企業の買収は契約段階で当事者が「自主的な通知（Voluntary Notice）」をするのが慣例である。「通知」がなくてもCFIUSの判断で審査対象にすることができる。

- 「通知」をしていない契約案件がCFIUSの審査対象となった場合には，CFIUSが審査対象にした時点で契約当事者は「通知」を行うのが通常である。
- 契約内容を変更した場合には，提出済の「通知」を取り下げ変更した契約内容に即した「通知」を提出し直すのが慣例である。
- 「通知」の審査後にCFIUSが「これ以上の調査する必要がない」と判断した場合には，そのむね当事者企業に通告する義務（事前承認制度）がある。
- CFIUSに「通知」を行って承認を得た場合には，買収当事者から提供した情報に誤りや欠如があった場合等を除き，再びCFIUSによる審査対象になることはない。このため，CFIUSによる審査で問題にされる可能性がある買収契約は，当事者は「通知」を行うことでリスクを回避することができる。White & Case法律事務所によると，CFIUSが職権による審査開始をすることは1件もないとの回答を得ている（経済産業省：『諸外国における資本移動規制の動向調査』(H23.3)）。CFIUSが「第1次審査」を行う際に当該企業に照会するので，その段階で当事者が「通知」している場合も含まれると推測している。
- 買収の当事者は，「第1次審査」，または「第2次審査」の期間中にいつでもCFIUSの了解を得て「通知」を取り下げることができる。

　　再度，「通知」をした場合には，CFIUSによる審査期間（日数）は数え直しになる。実際には，一度CFIUSにより懸念が示されて取り下げられた取引は，最終的には断念されることも多い。

132　第6章　米国の国家安全保障に関わる対内投資規制

(2) 第 1 次審査 (National Security Review)

　第 1 次審査は, 最長 30 日。個別の案件の審査については, CFIUS委員長 (財務長官) は単独または複数の行政機関の長を主務官庁に指名し, 審査する。

　第 1 次審査を行う場合には, 契約当事者に対し審査を行う旨の通報をCFIUSは行っている。あらかじめ契約当事者が「通知」をしていない場合には, 審査に必要な書類を提出 (「通知」) する。また, 審査期間中にCFIUSから審査に必要な情報提供を求められることがある。審査の結果, 国家安全保障上「問題なし」の判断がでると,「通知」をした契約当事者に通知がある。

(3) 第 2 次審査 (National Security Investigation)

　第 2 次審査は, 最長 45 日。その対象となる買収契約は, 第 1 次審査段階で承認を得られず「国家安全保障」を損なう懸念があると判断した案件である。

　第 2 次審査に進む要件は, ①第 1 次審査で買収契約にともなう投資計画が承認をえられず, 国家安全保障を損なう脅威があること。②外国政府による投資計画であること。③重要産業基盤に関わる投資計画であること, ④主務官庁が第 2 次審査を推奨し, CFIUSが承認した案件であること, とされている。

　審査期間中にCFIUSから審査に必要な情報提供を求められることがある。審査の結果, 国家安全保障上「問題なし」の判断がでると,「通知」をした契約当事者に通知があることも第 1 次審査の場合と同様である。

　第 1 次審査段階で承認を得られず「国家安全保障」を損なう懸念と判断した案件なので, CFIUSと協議し「国家安全保障の脅威を軽減する」ために, 契約当事者間で投資計画を修正することができる。CFIUSの承認を得るための契約内容の変更を「軽減合意」(Mitigation Agreement) という。

　このため, 契約当事者は「軽減合意」の成立を目指すことになる。ただし「軽減合意」が成立する余地が乏しい場合には買収を断念している。「軽減合意」が成立せず審査期間までに承認を得ることができない場合には。第 3 次審査に進むことになる。

　事例から推測すると, 審査開始から 100 日を超えても結論がでていない場合がありそうだ。おそらく,「軽減合意」にむけて協議が長引いているのかも知れない。また,「軽減合意」を得ることが難しいと判断した場合の中には, 第 3 次

第1節　米国の対内直接投資規制と国家安全保障　*133*

審査に移行せず買収を断念している事例もある。

　なお，③項の重要産業基盤についての明確な定めは，FINSA法にはない。

　FINSAは「愛国者法：Patriot Act of 2001」，「国土安全保障法：Homeland Security Act of 2002」から「重要産業基盤」の文言を借用しているとの見方がある。大統領政策指令（PPD-21：2013.2.12発令）で，国土安全保障法により与えられた責務を遂行するための国土安全保障省長官の役割の一つに重要産業基盤の指定・変更を示し，重要産業基盤として16部門を指定している。そのため，CFIUSによる審査基準における重要産業基盤に該当しているとの見方が成り立つ。

　対象となる16部門は，①化学，②商業施設，③通信，④重要な製造業（一次金属産業，機械製造業，電気設備・電気器具・部品製造業，輸送機械製造業），⑤ダム，⑥防衛基幹産業，⑦救急サービス，⑧エネルギー，⑨金融サービス，⑩食糧及び農業，⑪政府施設，ヘルスケア及び公衆衛生，⑬情報技術，⑭原子炉，核物質及び放射性廃棄物，⑮交通システム，⑯上下水道システム，である。

（4）第3次審査（President Review）

　第3次審査は最長15日である。第3次審査（大統領による判断）で買収契約を認めないとなった場合には，買収契約を無効にするしかない。過去に5例あり，そのうち1件は大統領判断に対する無効を訴えて訴訟となり最終的には和解した例がある。

（5）「軽減合意」（Mitigation Agreement）

　国家安全保障に大きな影響を及ぼすと受け止められる事業の買収を外国企業が積極的に行うことは考えにくい。事例をみると，国防総省等が調達している製品を製造している部門等を買収対象から除外し国家安全保障に深く関わらない事業分野に絞り買収契約を結んでいる。

　審査の段階で買収契約が認められない状況である場合，買収を断念するのではなく買収契約当事者には他の方法を選択する余地がある。第1は，契約内容を見直して変更した契約で「通知」し直して審査を受ける。第2は，契約内容を見直すためにCFIUSと協議し国家安全保障への影響を軽減する方法であ

134　第6章　米国の国家安全保障に関わる対内投資規制

る。後者の『CFIUSと協議し買収契約内容を見直し国家安全保障への影響を軽減する措置をとりいれる制度』を「軽減合意」（Mitigation Agreement）という。

「第1次審査」の段階を経て「第2次審査」の対象となる買収契約は，国家安全保障に影響が及ぶ可能性が高いとCFIUSが判断したものである。この見方にたつと「軽減合意」を米国政府機関と契約当事者の間で合意し契約を結ぶことが，買収を可能にする。

「軽減合意」の契約で買収が成立した事例として知られているのが，フランスの通信企業 Alcatel S.A. による Lucent Technology Inc. の買収である。FINSA法の成立以前ではあるが，この買収は「軽減合意」の1タイプである「安全保障に関する取り決め」（Special Security Arrangement）を結んだことが承認を得た決め手となった（2006年12月）。具体的には，①国防総省の通信システムを含むR&D契約を結ぶLucentのベル研究所に対しAlcatelの関与を制限する。②米国政府の機密に関わる契約は新たに米国国内法に基づく子会社（LGS Innovations）を設立する，③エバーグリーン条項などが合意事項になっている。さらに，司法省，国家安全保障省，国防総省，商務省とベル研究所が米国の通信インフラに関連する事業のために「国家安全保障に関する取り決め」（National Security Agreement）を結んでいる（Kathleen C. Little 他："National Security Review of Foreign Direct Investments: The Central Role of Mitigation Agreements"（International Government Contractor, 2008.8））。

中国企業の例では，連想集団（Lenovo）によるIBMのパソコン・ビジネス部門の買収がある。CFIUSは連邦政府が顧客と認識できるものに対し，LenovoがアクセスできないことをIBMに求めた。ノースカロライナ州のIBM施設2棟（研究施設を含む）を中国人従業員等から物理的に隔離する，中国政府がIBMの記録へのアクセスを禁止するなどの措置である。

(6) FINSA法成立後のCFIUS審査対象の推移

米国の安全保障にかかわる米国企業の外国企業による買収案件は審査対象である。CFIUSの年次報告書をもとに対象件数をまとめたのが表6–1である。

- FINSA法成立後の2007年から2015年までの9年間に「通知」した買収契約件数は1,063件である。

第1節　米国の対内直接投資規制と国家安全保障　*135*

表6-1　対米外国投資委員会（CFIUS）による審査等の件数推移

審査	FINSA成立（2007年以降）									合計 (2007-15)
	2007	2008	2009	2010	2011	2012	2013	2014	2015	
通知（Notice）件数	138	155	65	93	111	114	97	147	143	1,063
《業種別》										
製造業	61	72	21	36	49	47	35	69	68	458
金融・情報・サービス	(58)	42	22	35	38	36	32	38	42	285
《投資国別》										
中国	3	6	4	6	10	23	21	24	29	126
日本	1	8	4	7	7	9	18	10	10	74
I　第1次審査（Review） 　　第1次審査期間中に取り下げられた通知件数	10	18	5	6	1	2	3	3	3	51
II　第2次審査（Investigation）件数	6	23	25	35	40	45	48	51	66	339
第2次審査期間中に取り下げられた通知件数	5	5	2	6	5	20	5	9	10	67
III　第3次審査（Action of the President）大統領判断による買収を認めない決定	0	0	0	0	1	0	0	0	0	1
軽減合意（Mitigation Measures）に関する件数	14	2	5	9	0	8	11	9	11	69
【参考】第1次審査および第2次審査期間中に取り下げられた通知件数（合計）	15	23	7	12	6	22	8	12	13	118
通知件数に対する割合（%）	10.9	14.8	10.8	12.9	5.4	19.3	8.2	8.2	9.1	11.1

注：「金融・情報・サービス」の行にある（ ）書きの件数は「情報」分野のみの件数。合計は（ ）書きの件数を加算した件数。
　　エクソン・フロリオ条項時代（1988年9月から2006年12月までのFINSA法成立以前）の18年間の通知件数合計は，1,699件。
　　2015年データが，公表されている最新の実績である（2018.4現在）。
出所：CFIUS Annual Report（各年版）

- 「通知」を取り下げたのは，第1次審査の段階で51件，第2次審査段階で67件の合計118件である。「通知」件数の11.1％を占める。このことから，1割を超える買収契約が承認を得られず断念している。ただし，「通知」をとりさげ，契約当事者が契約内容を変更し，あらためて「通知」をした契約があるかもしれない。

- CFIUSと協議し「軽減合意」したものは69件である。第2次審査の件数が339件あるので，第2次審査期間中の取り下げた「通知件数」（67件）が占める割合は約19.8％と約2割である。「軽減合意」ができたものを加えると40.1％となる。このため，第1次審査段階で承認を得られず第2次審査と

136 第6章 米国の国家安全保障に関わる対内投資規制

表6-2 主な国地域別「通知」件数の推移

	国 名	2009	2010	2011	2012	2013	2014	2015	合計	割合(%)
	合 計	65	93	111	114	97	147	143	770	100.0
	カナダ	9	9	9	13	12	15	22	89	11.6
アジア	日本	4	7	7	9	18	10	12	67	8.7
	中国	4	6	10	23	21	24	29	117	15.2
	香港	1	1		2	1	6	2	13	1.7
	韓国			1	2	1	7	1	12	1.6
	台湾	1				1			2	0.3
	インド		1	1	4	1	2		9	1.2
	シンガポール		1	2	2	3	6	3	17	2.2
	オーストラリア	1	3	4	3		4	4	19	2.5
欧州	英国	17	26	25	17	7	21	19	132	17.1
	ドイツ	1	2	3	4	4	9	1	24	3.1
	フランス	7	6	14	8	7	6	8	56	7.3
	オランダ	5	2	7	6	1	8	5	34	4.4
	スイス		2	1	5	3	7	2	20	2.6
	ロシア				2	1	1		4	0.5
	イスラエル	5	7	6	4	1	5	3	31	4.0
湾岸産油国	カタール	1					1		2	0.3
	クエート	2							2	0.3
	サウジアラビア					2	1	1	4	0.5
	アラブ首長国連邦	2	1			2	1	1	7	0.9
	ケイマン諸島					1	3	8	12	1.6

注：「割合」は2009年から2015年までの「通知」件数の合計の国別シェア（%）
ゴチックが10件以上の通知件数があった国，割合が10%を超えている国を示す
2015年データが，公表されている最新の実績である（2018.4現在）
出所：CFIUS Annual Report（各年版）

　なった契約が無条件に承認となる可能性は6割にとどまっている。

(7) FINSA法成立後のCFIUS審査対象（通知）件数（国別）

　CFIUSの審査対象（通知件数）は中国企業に限らない。2009年以降の合計件数は英国が最多である。次いで，中国，カナダ，日本，フランス，オランダ，イスラエル，ドイツと続く。

　中国企業による買収件数をみると2010年以前は10件を超えることはなかった。2012年以降は連続して20件を超え，国別にみると最多である（表6-2）。

第2節　事例からみたFINSA法によるCIFUSの審査

1. 大統領判断で買収を認めない決定をした事例

第3次審査（大統領判断）で買収を認めない決定をしたのは過去に5例ある（表6-3）。いずれも中国企業が関わり，そのうちの1例はドイツ企業の買収契約に米国の子会社が含まれていたので審査対象になった。また，最近の3例はいずれも半導体企業である。

【事例1-1】ドイツの半導体メーカー・Aixtron SEの買収阻止（2016年12月）

2016年12月2日，オバマ米大統領は米国の子会社 Aixtron Inc. の買収を禁止する決定をした。ドイツの半導体製造装置メーカー・Aixtron SEの買収契約

表6-3　大統領判断で買収を認めない決定をした買収契約

	買収をしようとした企業	国籍	買収対象の企業	分野	時期	大統領	
1	中国宇宙航空技術輸出入公司 (China National Aero Technology Import and Export Corp.)	中国	MAMCO Manufacturing Inc.	航空機部品	1990.02	BUSH	MAMCO Manufacturing Inc.は航空機部品メーカー
2	Ralls Corp.	米国 (中国企業の子会社)	風力発電事業 (4社)	軍用地の隣接用地	2012.09	OBAMA	Ralls Corp.は中国の三一重工傘下の米国企業
3	福建芯片投資基金 (Fujian Grand Chip Investment Fund LP : FGC)	ドイツ (中国企業の子会社)	Aixtron SE (ドイツ)	半導体	2016.12	OBAMA	中国の国有企業福建芯片投資基金 (Fujian Grand Chip Investment Fund LP) がドイツの子会社 Grand Chip Investment GmbH (GCI) を通じてドイツ企業のAixtronの買収を発表 (2016.5)
4	Canyon Bridge Partners	中国の投資ファンド	Lattice Semiconductors	半導体	2017.09	TRUMP	Latticeはプログラム可能なファブレスの半導体メーカー
5	Broadcom Ltd.	シンガポール	Qualcomm Inc.	半導体	2018.03	TRUMP	Qualcomm Inc.は半導体の設計開発メーカー，生産はGLOBAL-FOUNDRIESやTSMC等に委託・BroadcomはAvago Technologies (シンガポール籍)が買収し，買収後Broadcomに社名変更

出所：議会報告，官報等を参考に作成。

を結んだのは，中国の国有企業である福建芯片投資基金（Fujian Grand Chip Investment Fund LP：FGC）で，ドイツの子会社・Grand Chip Investment GmbH（GCI）を通じての契約である（2016年5月）。買収阻止の理由は，Aixtronの半導体技術に軍事利用が可能な技術が含まれ，米国の安全保障の脅威になると判断したためである。買収拒否の判断は，①Aixtronは発光ダイオード（LED）照明やレーザーなどに使う化合物半導体の製造技術を持つ。研究機能がある米国子会社がこの技術に重要な役割を果たしている。②取引先に軍需産業のNorthrop Grumman 社がある。③財務省は「中国政府が資金調達で支援している」ことも指摘した。そのため，Aixtronの技術が軍事用途に使われる可能性があること，米子会社の買収は「軽減措置」を講じても解決できない安全保障上のリスクをもたらすと判断したとされる。なお，ドイツ政府は当初の買収容認の決定を覆し，米国政府の安全保障上の懸念を受け10月下旬に承認を撤回し，再審査に踏み切っていた。そうした状況から，FGCはCFIUSによる承認を前提にした契約を破棄し，買収を断念した（2016年12月8日）。

【事例1-2】Lattice SemiconductorsのCanyon Bridge Capitol Partnersによる買収阻止（2017年9月）

トランプ大統領は，Canyon Bridge Capitol Partners（Canyon Bridge）によるLattice Semiconductors（Lattice）の買収を認めない決定をした（Federal Register, 2017年9月13日付）。大統領決定による米国企業の買収阻止は4件目。

Latticeは，プログラム可能な半導体（プログラマブル・ロジックデバイス）などの開発を行うファブレス半導体メーカー。ソフトウェアの変更で用途を変えることができるので幅広い需要がある。

なお，Latticeの買収阻止に対し中国商務省の報道官の発言は次のとおり（2017年9月14日，記者会見）。「慎重にあつかうべきセクターの投資には安全保障上の審査を実施することは国家の正当な権利である」としたうえで，「保護主義を推進するツールになってはならない」。「米国が中国企業による買収契約に対し。客観性をもち《通常の商業慣行》を公正に扱うよう望む」。

【事例1-3】シンガポールのBroadcomによるQualcomm Inc.の買収阻止（2018年3月）

2018年3月12日，トランプ大統領はBroadcomによるQualcomm Inc.の敵対的買収を認めない決定をした。米国企業の買収を認めない大統領決定は5例目，トランプ政権では2例目になる。

Broadcom Ltd.が米国の半導体の設計開発メーカー Qualcommの買収提案をしたのは2017年11月である。Qualcommは買収提案に応ぜず，株主総会が開かれる予定であったが，株主総会開催前に大統領決定で阻止した。

Broadcomはシンガポールに登記上の本社を置く無線およびブロードバンド通信向けの半導体などを製造販売する大手企業である。HP（Hewlett Packard）の半導体部門が起源のAvago Technologies（シンガポール籍）が買収し（買収額370億ドル），買収後に社名をBroadcomとし，シンガポールに法人登記している（2016年2月）。

一方，Qualcommは移動体通信の通信技術および半導体の設計開発に特化するファブレスメーカーで，半導体の製造は大手ファウンドリのGLOBAL-FOUNDRIESやTSMC等に委託している。

買収阻止となった背景の一つに，Broadcomが米国籍でなくシンガポール籍であることがある。米国籍の企業であればCFIUSの審査対象にならない。そこで，Broadcomは2018年3月末までに本社を米国に戻し，CFIUSの交渉を有利に進めることを狙っていた。

2. CFIUSの承認が得られず, 買収を断念した契約案件

CFIUSの承認が得られずに，CFIUSの審査段階で通知を取下げ，買収を断念した例をみると中国企業が関わるものが多数を占める。軽減合意についてCFIUSと協議したかどうかは明らかでない。おそらく，軽減合意による協議をしたものの条件が折り合わなかったか，軽減合意の余地を探ってもCFIUSの承認が得られる可能性は乏しいと判断し買収契約を破棄したものと推察される。

CFIUSの承認が得られずに買収を断念した例は，米国企業そのものの買収と

140 第6章 米国の国家安全保障に関わる対内投資規制

表6-4 CFIUSの承認が得られないことを理由に買収契約を破棄し断念した例

買収元	買収先	時期	分野	概要
福建芯片投資基金 (Fujian Grand Chip Investment: FGC) (中国)	AIXTRON (ドイツ)	2016.12	半導体製造装置	米国政府は国家安全保障の観点から，AIXTRONの米国子会社の買収を認めない大統領決定をした（2016.12） • その決定をうけ，買収を断念
騰訊控股 (テンセント) 北京四維図新科技 (NavInfo) GIC (中国)	HERE Technologies	2017.09	地図情報	HEREはノキアの地図情報部門をドイツのBMW, AUDI Dymlerが共同で買収した欧州の大手地図情報企業 • NavInfoは中国の大手地図情報企業 • HEREはCFIUSの承認が得られる見通しがないことを理由に契約破棄
Go Scale Capitol (VS GSR Ventures)	Lumileds事業 (Philips) (オランダ)	2016.01	照明部品・自働車用照明事業	Philipsの照明部品・自働車用照明事業を中国のGo Scale Capitolに譲渡する契約をCFIUSの承認を得られず (理由) 売却対象のLumileds事業がLEDに関する特許を多数保有すること，米国のシリコンバレー (San Jose) にR&D拠点をもつこと
Infineon Technologies (ドイツ)	Wolfspeed (米国)	2017.02	半導体	• Wolfspeeから『国家安全保障に関わる』の通告をうけ，CFIUと協議したものの買収を断念

出所：各社の公表資料，報道をもとに作成。

は限らない。中国企業による買収以外にも，CFIUSの承認が得られずに買収契約を破棄した例もある。例えば，事例1-1で紹介したAixtronの米国子会社の買収阻止の決定後，親会社のドイツ企業・Aixtronの買収を断念している（表6-4）。

【事例2-1】ドイツ企業による米国半導体企業・Wolfspeedの買収断念

中国企業ばかりではなく，NATO加盟国であるドイツ企業による米国企業の買収が国家安全保障への支障懸念が払拭できずに断念した事例に，Wolfspeedの買収契約がある。ドイツのInfineon Technologiesは，米国のCreeからパワー&RF事業部として分社化したWolfspeedを8.5億ドルで買収する契約をCFIUSの承認が得ることが難しいと判断し，買収契約を破棄し破談になった（2017年2月）。CFIUSは買収契約が成り立つための軽減合意の方向性を示さずに，「国家安全保障に関わる」と通告したと伝えられている。

3. 重要産業基盤の概念が広がり審査対象となった案件

重要産業基盤の概念が広がっている例に，農業・食糧分野，環境分野がある。そのうち，農業・食糧分野では，国土安全保障省が国家の重要産業基盤であ

るとの報告書をまとめ（2007年5月），食糧の供給がテロや災害により途絶える場合やテロなどの外的要因で食糧が汚染される場合を想定し，一般市民だけでなく米軍の活動に関わる重要な問題と指摘している。ただし，次の中国企業による買収案件の2件は，CFIUSの承認を得ている。

【事例3-1】食肉大手・Smithfield Foodsの買収

中国の双匯国際控股公司（Shuanghui International Holdings Ltd.）は，食肉企業のSmithfield Foods Incを買収した（2013年9月）。買収額は71億ドル。Smithfieldは，世界有数の豚肉生産加工企業で米国民（消費者）にとって身近な企業である。

CFIUSに通知され審査の結果，買収が認められている。この買収については，農業・食糧分野が重要産業基盤に扱われた。「市場集中」，「外国人による農地保有を禁ずる州法」上の問題，「遺伝子研究に関する知的財産権の保護」に関する懸念等から，米国議会及び一般からの強い関心を集め，多くの反対論があり，連邦議会による公聴会開催やCFIUSによる審査となったが，食糧と安全保障との関係が問題だった。国防に直接関係しない農業・食品分野がCFIUSの規制対象として審査となったことから，CFIUSに事前に「通知」を行うことが増えているとの見方もある。

【事例3-2】世界最大の農薬メーカー・Syngenta AG（スイス）の買収

中国化工集団公司（China National Chemical Corp）はスイスの農薬・種苗メーカーのSyngenta AGを買収すると発表した。買収額は約430億ドル（2016年2月）。買収手続きが完了したのは2017年6月である。

Syngentaは資産査定の段階で国家安全保障をめぐる明白な懸念は特定されない」としたが，自主的にCFIUSに届出をした。同社の米国におけるシェアは農薬・殺虫剤が21～23％，種子が10～12％を占め，審査では米国における食糧安全保障に関わる案件かどうかが問題になった。

CFIUSは，「米国の農業に対する長期的な安全保障は，ハイテクやサイバー安全保障に関連する米国の資産を外国企業が保有する脅威に比べると問題にするほどではない」と考え軽減合意なしに買収を承認している（2016年8月）。

142　第6章　米国の国家安全保障に関わる対内投資規制

米国の反トラスト法の観点から審査をしている連邦取引委員会（FTC）による承認には，米国内での3つの農薬事業を売却することを条件としている。また，EU競争法（独占禁止法）による調査の結果，承認を受けたのはFTC承認と同日付けである（2017年4月4日）。

4. 最近の買収契約案件にみるCFIUSの判断

トランプ政権下でCFIUSによる審査中の買収契約の中で，注目されている案件のうち，中国企業が買収契約を結んだ2例を紹介する。

【事例4-1】MoneyGram金融インフラ関連企業の買収契約【阻止】

蟻金融服務集団（Ant Financial，以下，Ant）は，米送金サービスのMoneyGram Internationalを約8.8億ドルで買収すると発表した（2017年1月）。ただし，CFIUSの承認を得られないことを理由にAntは断念している（2018年1月）。

Antが提供する電子決済サービス・支付宝（AliPay）のビジネス拡大を図り世界進出するにはMoneyGram買収は欠かせない。中国では大手であるが米国市場を得ることは不可欠である。MoneyGramは銀行・モバイル口座24億件の巨大ネットワーク，35万の実店舗を持っているので，Antの6.3億人の顧客を結びつけ一気に国際事業の拡大を図ることが狙いとされていた。

CFIUSが買収契約を認めない理由は明らかではない。AntがCFIUSの承認を得られそうもないと判断し買収契約を破棄せざるを得ない理由も明らかではない。CFIUSが重要視したのはMoneyGramが持つ個人情報の流出懸念とみられている。米国では中国企業の個人情報保護に対する信頼性が低いことが買収阻止の判断になったと考えられている。

【事例4-2】半導体検査・試験装置メーカーのXcerraの買収【断念】
年3月末時点）

Unic Capital Management Co., Ltd.（SINO IC Capital Co. Ltd.の子会社）とChina Integrated Circuit Industry Investment Fund Co., Ltd.は，半導体検査・

試験装置メーカーのXcerra Cooperationを買収すると発表した（2017年4月10日，買収額5.8億ドル）。

Xcerraの事業は，半導体テストソリューションと電子製造ソリューションである。産業・医療・自動車・消費者のエンドマーケットに製品やサービスを展開する。また，半導体企業向けの自動テスト機器，集積回路のテストに使うテストハンドラの設計・製造・販売を行っている。半導体の設計や製造は行っていない。

Xcerraの買収には，独禁法（Antitrust）や国家安全保障に関わるので，後者はCFIUSの審査対象になる。なお，買収発表後150日以上経過した10カ月すぎた2018年1月末時点では承認が得られていない。

XcerraはCFIUSの承認を得るために再提出するなど対応してきたが，最終的にCFIUSの承認を得ることが困難と考え断念した（2018年2月）。

5. 中国当局の承認が得られず買収契約が取り消された例

CFIUSの審査とは関係なく，中国企業の対外直接投資は中国当局の承認が必要になる。調査会社・Dealogicは，「2017年の第1四半期に却下された中国企業の対外投資案件だけでも27件もあり，契約総額は160億ドルに達している」と伝えている。

中国政府の承認が得られない例（表6-5）は，国家安全保障の観点からの指摘があり話題になった契約である。

なお，バイオテクノロジーやロボティクス，半導体など戦略的に重要な分野の買収は引き続き承認を得られる見込みである。

また，中国化工集団によるSyngentaの買収の承認から，「世界的に競争力を持つ企業を育てる」という中国の目的にかなう投資はストップをかけられる可能性が小さいとの推論が成り立つ。

144　第6章　米国の国家安全保障に関わる対内投資規制

表6-5　売買契約が中国の規制当局の承認を得られなかった例

中国企業	買収対象となった米国企業	時期	捕捉説明
楽視網信息技術グループ (LeEco)	ビジオ (Vizio)	2016.07	LeEco は中国のインターネット動画配信の大手企業 ビジオ (Vizio) は米国の大手テレビメーカー • 当初の買収予定額　約20億ドル
大連万達集団	ディック・クラーク・プロダクションズ	2016.11	ディック・クラーク・プロダクションズは米国のテレビ制作企業の大手で,「ゴールデン・グローブ賞」等の権利を保有している • 当初の買収予定額（約10億ドル）
安邦保険集団	スターウッドホテル＆リゾート	2016.03	スターウッドホテル＆リゾートは米国の大手ホテルチェーン • 当初買収予定額 140億ドル

出所：各種報道をもとに作成。

第3節　CFIUS権限強化

1. 相次ぐ買収に対する警戒感とCFIUS権限強化の動き

　中国企業による米国企業（第3国企業の米国子会社を含む）の買収に対し,トランプ政権だけでなく米国議会の指導者等からもCFIUSの権限を強化すべきとの主張が相次いでいる。

　最も注目されるのが「2017年外国投資リスク審査現代化法（FIRRMA）」である。この法案の正式名は "Foreign Investment Risk Review Modernization Act of 2017"（S.2098, H.R.4311）で, 2017年11月8日に議会に提出されている。提出者は, ジョン・コーニー（上院多数党院内幹事：共和党）他10名, ロバート・ヒッテンガー（下院共和党）他19名で, 超党派での提案が特徴である。

　主な特徴は, 第1が, 審査対象範囲の拡大（追加・明文化）である。例えば, 米国の重要なテクノロジー企業, インフラ関連企業に対する非「受動的」投資,「基幹技術（Critical Technologies）」の定義を広げ将来的に米国の技術優位をかたちづくる「新技術（Emerging Technologies）」を含めるなど。外国企業が取引する不動産が軍事基地, 機密施設に近接する場合も対象とする。

　第2が, 届出（Declaration）制度の導入である。CFIUSの審査に必要な「通

知（Notice）」に代わる「届出（Declaration）」と呼ぶ制度を新たに導入する。

第3はCFIUSの審査期間を変更（延長）すること，等である。

FIRRMA法は公聴会を開催し議会での審議が始まっている。2017年12月14日，下院・金融サービス委員会の金融政策・貿易小委員会で公聴会を開催し，FIRRMA法案に対する初の議会審議を行った。「中国のような潜在敵国は，CFIUS の審査プロセスの隙間を利用して米国企業を買収または投資することで，軍事分野におけるわれわれの技術的優位を低下させてきた」と法案の必要性を説明した（提案者の一人，コーニン上院議員）。

過去にもCFIUSの強化等を狙う法案が議員から提案されたことがあったが審議はされないまま廃案にいたっている。FIRRMA法の法案審議につながる公聴会が開かれたのは，議会に企業買収に対する国家安全保障の懸念が共有されていることを示している。こうした超党派議員による提案と政権が支持していることをふまえ，White ＆ Case法律事務所は「実際の法律として成立する可能性は高い」との見方を示している（JETRO通商弘報，2018年1月5日付）。

なお，トランプ政権は「安全保障戦略」（2017年12月18日発表）で，「CFIUSの権限強化に議会と協力して取り組む」としている。

2. 半導体，通信機器をめぐる米国政府の警戒感

2018年4月，米国政府は，中国の大手通信機器企業の活動を規制する決定をした。

連邦通信委員会（FCC）は米国内の通信会社に対し，安全保障上の懸念がある外国企業から通信機器を調達することを禁じる方針を決めた（4月17日）。新たな規制はFCCの補助金を使う通信会社が国家安全保障の懸念がある外国企業の製品を調達し使用することを禁じるもの。具体的には企業などから意見を募り禁止対象となる企業や製品を確定し，使用規制を導入する。候補には華為技術有限公司（Huawei Technologies）と中興通訊（ZTE）の中国大手2社が含まれているとの見方がある。

華為技術と中興通訊の2社に対しては，連邦議会が2社の通信機器の使用に対し中国政府のスパイ活動に使われる恐れがあるので米国企業に使わないよう

146　第6章　米国の国家安全保障に関わる対内投資規制

求めている（2012年）。国防総省は既に2社からの調達を禁じている。大手通信会社は自社の通信網に華為技術などの製品を組み込むことを避けている。

また，商務省は，中興通訊が米国の経済制裁法と輸出規制に違反してイランと北朝鮮に通信機器を輸出していた問題に関し，「2025年3月13日まで同社の"export privilege"（輸出特権）を否認する」と発表した（4月16日）。「輸出特権」を否認されると，その企業は，米国輸出管理規則（EAR）に基づき米国製品（物品・ソフトウエア・技術）を米国から輸出することを禁じられる。また，当該企業に当該製品を他の企業が供給することも禁止になる。当該企業に他国から米国製品を供給することや，米国の規制品目リスト（CCL）に記載されている製品を組み込んだ外国製品を供給することも禁止措置の対象である。

なお，華為技術は米国の半導体IT関連企業の買収を狙ったことがあるが断念している。例えば，3Leaf Sustems（2011），2Wire（2010），3Com（2007）などである。

まとめにかえて

（1）国家安全保障に配慮した投資規制の強化は避けられない

米国の国家安全保障に影響をおよぼす外国企業の買収に対する懸念は，さらに高まることは必至である。米国だけでなく，EUも米国と同様に，国家安全保障に関わる企業買収に対する規制制度とそのための審査機関を設けようとする動きが強まっている。

CFIUSの国家安全保障に対する審査には，「OECD加盟国と中国・ロシア，中東諸国等とは別の判断基準がある」との見方があった。中国企業によるドイツ等のEU諸国企業の買収契約が相次ぐなかで，そうした判断基準も中国企業の買収攻勢のなかで適切であるかどうか疑わしい。最近では，ドイツなどの欧州企業の買収契約のなかに米国の子会社が含まれており，米国子会社の買収がCFIUSの承認を得られず買収を断念している例が増えている。

こうした背景にあるのは，最先端技術を獲得し軍事面と経済面の双方で「強国」となる中国への警戒感である。80年代と大きく異なるのは，中国が軍事面と経済面の両方で米国に対抗する存在になったことによる。エクソン・フロリ

オ条項が定められた時代は，米国に対抗する国は軍事ではソ連（当時），経済では西ドイツ（当時）や日本と分かれていた。

また，中国は，米国にとって最大の輸入国であり貿易収支の最大の支払超過国（赤字国）だけでなく，米国の最先端技術を持つ企業の買い漁りで「技術大国」を目指し，経済・軍事両面で優位となることを目標に掲げている。

そうしたことが，米国に警戒感を超えた一種の〈恐怖感〉をもたらしている。国家安全保障を脅かしかねないとの主張が，従来よりも支持を集めることは確実である。

一方，中国企業にとってM&A型投資は中国企業の海外直接投資の主要な手段である。この傾向は変わらず，米国企業をターゲットにしたM&A型投資が大きく落ち込むことは考えにくい。企業の長期的成長に結びつく戦略的投資は，中国企業の構造改革に役立つし，M&A型投資が中国の対外投資をけん引していくことに変わりがない。

また，今後の米国のインフラ関連投資規模は8兆ドルにのぼると期待され，海外から，特に中国からの投資を受け入れ，それによる雇用拡大の期待は大きい。そうした状況下では，中国企業による企業買収の機会が増えることが見込まれている。

(2)「歓迎される」投資・経営行動ができるかが課題

中国企業が巨額な投資資金で米国企業を買い漁る行動は，80年代の日本の対米投資と比較されることがある。当時の日本企業はゴルフ場等の不動産を買い漁り，厳しい米国世論に晒された。一方，自動車や同部品の生産工場進出は雇用を増やし地域の発展に寄与してきた。在米日系企業（MOFA）の雇用者数は83.9万人，総資産額は1兆7,830億ドルと大きい（2014年，UBOベース）。

日本企業等の経験を参考にすると，中国企業の対米投資が企業買収に集中するのではなく，グリーンフィールド型投資を拡大できるのが問われている。技術獲得のための企業買収に過度に依存せず，R&D環境に優れた米国での研究開発投資を増やすことができるのか。インフラ投資需要が大きいから，対米輸出に偏らずに米国の生産拠点への進出に重点を置く企業行動に変えられるのかが問われている。中国企業に求められているのは，米国民から「歓迎を受けに

くい」投資ではない。「歓迎される」投資・経営行動である。

参考資料

『CFIUS年次報告書』（米国財務省：各年版）https://www.treasury.gov/resource-center/international/
　foreign-investment/Pages/cfius-reports.aspx

"The Committee on Foreign Investment in the United States (CFIUS)"（Congressional Research
　Service：2018.1.16）

『季刊　国際貿易と投資』
　　中国企業の対米直接投資の急増と米国の国家安全保障　米国民に歓迎される投資を増やせるのか
　　（108号，2017年）
　　中国企業の対米直接投資の特徴（89号，2012年）

第7章

米韓FTA発効後の米韓貿易と韓国企業の米国進出

日本貿易振興機構(ジェトロ)海外調査部主査・(一財)国際貿易投資研究所客員研究員

百本和弘

2012年の米韓FTA発効後，韓国の対米輸出が増加した一方，対米輸入は相対的に伸び悩み，対米貿易黒字が大幅に増加した。対米輸出が特に増加したのが自動車関連（自動車部品を含む）である。ただし，自動車の輸出が伸びたのは米国の乗用車関税撤廃前であり，また，対米輸出を伸ばしたのは在韓外資系自動車メーカーである。

トランプ政権は対韓貿易赤字拡大を理由に韓国に対して米韓FTAの見直しを強力に迫った。韓国政府は最終的に米国の要求を受け入れ，2018年1月に改定交渉が開始，3月に大筋合意が発表された。米韓FTA改定以外にも家庭用大型洗濯機，太陽光発電パネルの緊急輸入制限（セーフガード）問題などの通商問題が浮上した。

韓国企業はトランプ政権の通商政策を警戒しており，一部の企業は米国で工場建設に乗り出した。ただし，これが大きな流れになっているわけではない。近年の韓国企業の対米進出事例をみると，製造業の場合，グリーンフィールド投資では米国市場の獲得を狙った事例が，M&Aでは米国企業の技術獲得を狙った事例が目に付く。他方，非製造業では，投資収益獲得狙いの不動産・ホテル投資や，米国国内の販売ネットワーク確保狙いの事例が多い。

はじめに

2012年に米韓FTAが発効して6年間が経過した。FTA発効後，米国の対韓貿易赤字が大幅に拡大したことを受け，トランプ政権は米韓FTAの見直しを強く要求，米韓FTA改定交渉が行われた。その結果，2018年3月に大筋合意が発表された。また，韓国企業の一部は，トランプ政権の保護主義的な政策に対応すべく，米国で生産拠点を拡大している。

本章は，主に韓国側の視点から，第一に，米韓FTA発効後の米韓貿易の変化と米韓FTA改定を巡る動き，第二に，韓国企業の対米進出の推移と最近の動向

をそれぞれ概観することを目的としている。なお，本章で使用する統計データは，執筆時の2018年4月中旬時点のものに依拠している。

第1節　米韓FTA発効後の貿易動向と米韓FTA改定

1. FTA発効前に想定されたFTA効果・影響

米韓FTAは2006年2月に交渉開始が宣言された。8回の交渉を経て，2007年4月に交渉妥結が宣言され，同年6月に署名された。それまで順調に推移した米韓FTAは，その後，米国の要請で自動車などを巡る追加交渉が行われ，ようやく2011年2月に補足合意文書が署名された。米韓FTAが両国国会での批准を経て発効したのは2012年3月15日で，交渉妥結から発効まで5年間近くを要した。

米韓FTAは物品貿易の自由化水準が高く，また，投資・サービス・政府調達・知的財産権・競争政策・環境・労働など広範囲な分野をカバーしている完成度の高いFTAである。例えば，物品貿易の譲許状況を見ると，10年以内に関税撤廃を行う品目数が全品目数に占める割合は，韓国が98.3％，米国が99.2％と，非常に高い水準になっている。争点の一つだった乗用車について，米国側は関税率2.5％を発効後4年間維持した後，5年後に撤廃，韓国側は関税率8％を発効と同時に4％に引下げて4年間維持した後，5年後に撤廃となった。農業分野では韓国側はコメを譲許除外にした一方，それ以外は何らかの市場開放を行った。争点の牛肉については，韓国は輸入関税率（40％）を毎年均等に引き下げ，発効15年目に撤廃する（政府関係部署共同，2012）。

米韓FTAの効果・影響について，同FTA発効前の2011年8月に対外経済政策研究院（KIEP）など韓国政府系シンクタンク10機関が共同で分析，発表した結果によると，製造業分野では発効後15年間の年平均で輸出が12億8,500万ドル，輸入が7億1,100万ドル，それぞれ増加すると予想した。品目別には自動車（自動車部品を含む）の輸出増が全体の6割弱を占め，他を圧倒すると予想した。電気・電子は韓国企業の北米生産が相当進展しているため，輸出増加効

第1節　米韓FTA発効後の貿易動向と米韓FTA改定　*151*

図7-1　韓国の対米貿易収支・サービス収支（国際収支ベース）

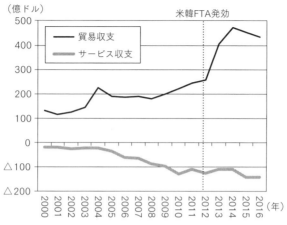

出所：韓国銀行

図7-2　米国の対韓貿易収支・サービス収支（国際収支ベース）

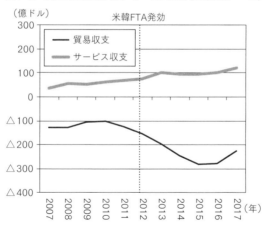

出所：米国・商務部

果は限定的とした。他方，米国からの農産品輸入増により，韓国の農業生産額は米韓FTA発効後15年間の年平均で8,150億ウォン減少，このうち6割の4,866億ウォンが畜産部門に集中，特に，牛肉生産が最も影響を受けるものと予想された。

152　第7章　米韓FTA発効後の米韓貿易と韓国企業の米国進出

2. 米韓FTA発効後に拡大した韓国の対米貿易黒字

　それでは，米韓FTA発効後の貿易・サービス収支（国際収支ベース）はどのように変化したのであろうか。韓国銀行によると，韓国の対米貿易黒字額は米韓FTA発効までは緩やかな増加にとどまっていたが，FTA発効後の2013～14年に大幅に増加した（2015～16年は小幅に減少）（図7-1）。一方，韓国の対米サービス収支赤字は2000年代半ばから2010年まで増加したが，FTA発効以降は，赤字規模の拡大は限定的であった。米国・商務省の統計でも，対韓貿易赤字は米韓FTA発効後，2015年にかけて大幅に増加した半面，対韓サービス収支の黒字幅拡大は限定的であった（図7-2）。

3. 米韓FTA発効と米韓貿易

（1）韓国の対米輸出入概観

　ついで，両国間の貿易関係の詳細について韓国の通関統計をもとにみてみよう（図7-3）。

　韓国の対米輸出は増加基調が続き，2014年に703億ドルと過去最高を記録した。2015年，16年は2年連続で減少した後，2017年は686億ドルまで回復したが，2014年の水準には達していない。米国はかつて，韓国の最大の輸出先で，韓国の輸出全体に占める対米輸出の割合はピーク時の1986年に40.0％にも達したが，その後は徐々に低下し，2017年は12.0％（中国に次いで2位）になっている。

　他方，韓国の対米輸入も増加基調が続き，2014年に453億ドルを記録した。その後，対米輸入は伸び悩んだが，2017年は大きく伸び，507億ドルと，過去最高を記録した。

　対米貿易収支は1982～90年は毎年黒字，1991～97年は赤字の年が多かったが，1998年以降は，毎年黒字を計上している。黒字額は米韓FTA発効前までは80～140億ドル台の範囲で推移してきたが，2012年に初めて150億ドルを突破，2015年には258億ドルと過去最高を記録した。その後，2016年232億ドル，2017年179億ドルに減少したものの，依然，米韓FTA発効前よりも高い水準で

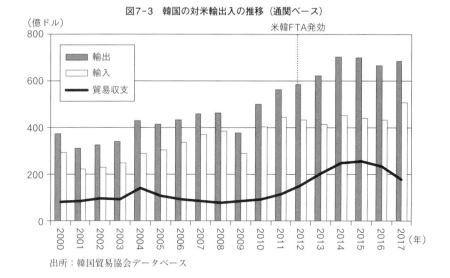

図7-3　韓国の対米輸出入の推移（通関ベース）

出所：韓国貿易協会データベース

ある。

　なお，米国・商務省統計によると，2017年の対韓貿易赤字は229億ドルで，米国にとって韓国は中国，メキシコ，日本，ドイツ，ベトナム，アイルランド，イタリア，マレーシア，インドに次ぐ10番目の貿易赤字国（米国の貿易赤字総額に対する対韓貿易赤字の比率は2.9％）となっている。

　対米輸出を品目（韓国独自の品目区分であるMTI3桁ベース，以下同様）別にみると，1990年は衣類，家具，半導体，コンピュータ，自動車の順で多く，労働集約型産業の品目と資本集約型・技術集約型産業の品目が混在していた。しかし，韓国の賃金上昇，製造業の高度化の結果，例えば，衣類の順位は徐々に低下し（2017年は43位），現在では資本集約型・技術集約型産業の品目が対米輸出品目の上位を占めている（表7-1）。特に，自動車関連の輸出が顕著で，自動車と自動車部品を合わせると，対米輸出全体の3割を占めている。

　他方，対米輸入を品目別にみると，1990年は航空機・部品，半導体，皮革，穀物類，コンピュータの順，2017年は半導体製造装置，半導体，航空機・部品，液化石油ガス（LPG），肉類の順であった。主要輸入品目の顔ぶれに若干，変化がみられるが，製品に組み込む部材や装置の輸入が多いという基本的構造は不変

154　第7章　米韓FTA発効後の米韓貿易と韓国企業の米国進出

表7-1　韓国の主要品目別対米輸出入（2017年，MTI 3桁ベース）

（単位：100万ドル，%）

順位	輸　出			輸　入		
	品目名	金額	シェア	品目名	金額	シェア
1	自動車	14,651	21.4	半導体製造装置	5,987	11.8
2	無線通信機器	6,192	9.0	半導体	3,955	7.8
3	自動車部品	5,665	8.3	航空機・部品	2,750	5.4
4	半導体	3,377	4.9	液化石油ガス（LPG）	1,903	3.7
5	石油製品	3,114	4.5	肉類	1,764	3.5
6	コンピュータ	2,381	3.5	自動車	1,685	3.3
7	鋼管・鋼線	1,918	2.8	計測制御分析器	1,655	3.3
8	ゴム製品	1,555	2.3	植物性物質	1,581	3.1
9	電力用機器	1,528	2.2	穀物類	1,537	3.0
10	原動機・ポンプ	1,343	2.0	農薬・医薬品	1,177	2.3
	小計	41,726	60.8	小計	23,992	47.3
	合計（その他を含む）	68,610	100.0	合計（その他を含む）	50,749	100.0

出所：韓国貿易協会データベース

である。例えば，1990年に3位の皮革は2017年には42位になり，2017年に最も多かった半導体製造装置は1990年には74位であった。韓国の製造業が高度化するに従って，米国から輸入する部材や装置の顔ぶれが一部，変わっている。また，一次産品では，従来から穀物類の輸入が多く，さらに，市場開放を受けて肉類の順位が上昇している。

　2017年の対米貿易黒字額は，自動車，自動車部品，無線通信機器（携帯電話など），石油製品，コンピュータの順で多かった。特に，自動車・自動車部品といった自動車関連2品目の貿易黒字（182億ドル）のみで対米貿易黒字全体（179億ドル）を上回っており，対米貿易黒字は主に自動車関連の輸出に起因しているといえる。他方，対米貿易赤字額は，半導体製造装置，LPG，肉類，航空機・部品，植物性物質の順で多かった。

（2）米韓FTA発効後の韓国の対米自動車輸出増

　米韓FTA発効後6年間における品目別輸出入の変化をみるべく，発効直前の2011年と2017年の6年間で輸出入が増加した品目を増加額の多い順に並べると，表7-2のとおりである。

　輸出が最も増加したのは自動車で，増加額が突出している。一方，輸入が増加した品目は半導体製造装置，LPGなどで，米国が比較優位を有する品目の輸

第1節　米韓FTA発効後の貿易動向と米韓FTA改定　*155*

表7-2　2011年から2017年にかけて対米輸出入が増加した品目

(単位：100万ドル，%)

順位	輸出が増加した品目		輸入が増加した品目	
	品目名	増加額	品目名	増加額
1	自動車	5,895	半導体製造装置	3,225
2	電力用機器	1,071	液化石油ガス（LPG）	1,902
3	コンピュータ	899	自動車	1,309
4	半導体	651	天然ガス	742
5	石油製品	526	原油	725
6	合成樹脂	507	農薬・医薬品	487
7	乾電池および蓄電池	493	無線通信機器	480
8	プラスチック製品	486	肉類	442
9	自動車部品	461	畜産加工品	433
10	石鹸・歯磨き・化粧品	384	計測制御分析器	396
合計（その他を含む）		12,402	合計（その他を含む）	6,180

注：輸出が増加したのは137品目，減少したのは54品目，不変（輸出実績なし）だったのは12品目。輸出が減少したのは，減少額の多い順に，無線通信機器（30億4,600万ドル減），基礎留分（6億5,500万ドル減），家庭用回転機器（4億5,000万ドル減）で，無線通信機器の輸出減が際立っている。他方，輸入が増加したのは96品目，減少したのは106品目，不変（輸入実績なし）だったのは1品目。輸入が減少したのは，減少額の多い順位に，合金鉄・銑鉄・古鉄（12億5,000万ドル減），基礎留分（6億5,700万ドル減）の順。

出所：韓国貿易協会データベース

入増が目立った。

(3) 外資メーカーを中心に増加した対米自動車輸出

　米韓FTA発効後，対米輸出増加額が最も多かった自動車について，まず，2000年代半ば以降の動向を概観する。

　この間の大きな変化は現代・起亜自動車の米国生産の開始である。現代自動車は10億ドルを投じてアラバマ州に工場を建設，2005年に生産開始，起亜自動車も10億ドルを投じてジョージア州に工場を建設，2009年から稼働中である（さらに2016年に年産40万台規模のメキシコ工場が完成）。その結果，韓国車の米国生産が立ち上がり，2013年に76万9,000台に達した。ただし，2014年以降，米国生産台数は頭打ちである。

　現代・起亜自動車は対米輸出台数も頭打ちである。その背景には米国市場での販売の伸び悩みがある。2012年に発覚した燃費の誇大表示問題で現代・起亜自動車のブランドイメージが棄損したことや，近年，米国自動車市場の小型

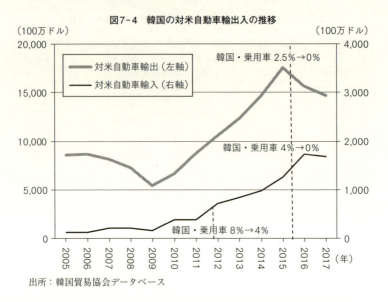

図7-4 韓国の対米自動車輸出入の推移

出所：韓国貿易協会データベース

商用車シフトが続く中で，モデル構成が市場の変化に追いついていないことなどが販売の伸び悩みの原因とみられている。米国市場での販売が伸びない一方，労働組合との取り決めなどにより韓国国内の生産も削減できないため，対米輸出の米国現地生産への代替は進まず，結果的に対米輸出も米国現地生産も伸び悩む構造になっている。

韓国の対米自動車輸出額は2010年から2015年まで毎年2桁で増加した後，2016年，2017年は減少しているが，自動車の大部分を占める乗用車の米国側関税（2.5％）が撤廃されたのは2016年1月1日であり（それまでは2.5％の関税率がそのまま維持された），関税撤廃により対米自動車輸出が増加したとは言い難い（図7-4）。

また，韓国から米国への自動車輸出増加の主体に関しては，韓国資本の現代・起亜自動車を想起しがちであるが，実態は異なる。2011年から2017年の対米輸出増加台数全体に占める各社の輸出増加台数の割合をみると，現代・起亜自動車のシェアは約8％に過ぎず，韓国GM，ルノーサムスンのシェアがはるかに高い。つまり，米韓FTA発効後の対米自動車輸出増加の主体は韓国GM，

ルノーサムスンの外資系メーカー 2 社である。韓国GMはGMグループの中で小型乗用車拠点と位置づけられており，その戦略の一環として小型乗用車の対米輸出を拡大した。他方，ルノーサムスンの対米輸出の大部分は，2014年に開始した日産のクロスオーバー SUV「ローグ」（日本名：エクストレイル）の委託生産である。

（4）米韓FTAを契機に活発化した対米自動車輸入

韓国の対米輸入が最も増加した品目も自動車で，2012年以降，急増している（図 7-4）。韓国はFTA発効と同時に 8 ％の乗用車関税率を 4 ％に引き下げ，4 年間維持した後に 2016 年 1 月 1 日に撤廃されたが，米韓FTA発効を契機に対韓輸出強化を公式表明した自動車メーカーもあることからも，実際に，FTA発効が輸入増に大きく寄与したものと考えられる。韓国輸入自動車協会の統計によると，米国ビッグ 3 の乗用車の輸入台数は 2011 年 8,252 台から 2017 年 20,019 台に 2.4 倍に増加した。最も輸入台数が増加したのは，韓国に生産拠点を有していないフォードであった。また，一般に公開されている統計では把握できないが，米国産ドイツブランド車・日本ブランド車の輸入も増加したようである。

4．米韓FTAの影響が明確でないサービス貿易

サービス収支は，韓国側統計によると米韓FTA発効前後ではあまり変化はなく，2015年に赤字が拡大した。2011年と2015年について詳細に比較すると，サービス収支の赤字拡大は韓国側のサービス支払いの増加とサービス受取りの減少によるもので，前者は知的財産権使用料と旅行，後者は知的財産権使用料でその傾向が特に顕著であった。ただし，サービス貿易を巡る関心はこれら項目より，韓国の法務サービス市場の自由化に集中した感がある。

韓国の法務サービス市場自由化は，①第 1 段階（米韓FTA発効時）に，米国の法律事務所は韓国内に駐在員事務所を開設する条件で米国法，一部の国際公法に対する顧問サービスを提供できる，②第 2 段階（発効後 2 年以内）に，韓国内の駐在員事務所は韓国の法律事務所と業務提携を結び，国内・国外事案を取り扱える，③第 3 段階（発効後 5 年以内）に，米国の法律事務所は韓国の法律事

務所と合弁事業体を設立し，同事業体が韓国の弁護士を雇用できる，といったことが定められていた。これに従い，韓国では国内法改正が進められ，すでに第3段階まで終了している。しかし，韓国の法務サービスの開放は不十分との見方が強いようである。例えば，マーク・リッパード駐米韓国大使（当時）は2016年6月にソウル市内で開かれた講演会で「米韓FTAの完全な履行のため，残された課題を解決しなければならない。例えば，法務サービス市場を開放しなければならない。特に，弁護士の業務可能領域に制限があるという側面でそうである」と述べていた。

5. 米韓FTA改定を巡る両国の動き

ついで，2017年1月のトランプ政権発足以降の米韓FTAに関する両国の動向について時系列で順を追って整理する。

(1) USTR「2017年通商政策の課題および2016年次報告」議会提出（2017年3月1日）

トランプ政権発足後初の米国政府の公式見解となったのが，米国通商代表部（USTR）が2017年3月1日に議会に提出した標記の報告書である。その中で，米韓FTAについて「オバマ政権で実現された最大の貿易協定である韓国とのFTAは，対韓貿易赤字の劇的な増加を伴った。2011年から2016年に米国の対韓輸出額は12億ドル減少した。一方，米国の対韓輸入額は130億ドル以上増加した。その結果，対韓貿易赤字は2倍以上になった。いうまでもなく，これは米国国民が協定に期待した結果ではない」と総括した（USTR, 2017a）。

(2) 米韓FTA発効5周年に際しての韓国政府の発表（2017年3月14日）

米韓FTA発効5周年を前に，韓国政府は発効5年間の成果をまとめた資料を発表した（産業通商資源部，2017）。その大きな特徴は，米韓FTAによる韓国の利益のみならず，米国の利益について数多く言及したことである。タイトルも「米韓FTA，相互ウィン・ウィン効果示顕」としており，本文でも全体にわたって米国側の利益に言及した。

(3) USTR「2017年外国貿易障壁報告書」公表 (2017年3月31日)

　USTRは2017年3月31日，外国貿易障壁に関する年次報告書を公表した (USTR, 2017b)。そこでは米韓FTAに対して一転して肯定的な評価を与えた。例えば，「米国と韓国は6回の関税削減・撤廃を行い，米国の輸出業者にかなりの新しい市場アクセス機会を創造した」「協定は韓国の規制システムの透明性の改善，知的財産権保護の強化，自動車や他の主要な米国輸出業者に対して非関税障壁を取り除く助けになった」「米韓FTAは通信，金融サービスを含め，事実上すべての主要なサービス・セクターにわたって意味のある市場アクセスの保証を提供している」などと記述した。とはいえ，韓国では，米国側のスタンスが変わったとみる向きはなく，米国の出方を窺う状況が続いた。

(4) 文在寅大統領の訪米と米韓首脳会談 (2017年6月30日)

　トランプ政権の米韓FTAに対する不満はくすぶり続けた。トランプ大統領は4月27日配信のロイター通信とのインタビューで米韓FTAを「ひどい取引」と表現し，FTAの見直し，または破棄を匂わせた。

　このような中で2017年5月10日に就任した文在寅大統領は，当初，通商機能を産業通商資源部から外交部に移管する意向といわれていたが，結局，移管を見送った。米韓FTA改定交渉に備え，移管による混乱を回避するためであった。

　次の節目として注目されたのが2017年6月末の文在寅大統領の訪米であった。6月30日に初の米韓首脳会談が行われ，首脳会談後に共同声明が発表された。共同声明には経済分野関連では「産業協力対話とハイレベル経済協議会を軸にした経済協力の推進」と書かれたが，米韓FTAに関しては言及がなかった。しかし，トランプ大統領は会談前に「米韓FTAの再交渉を行っている」と述べ，FTAの見直しに強い意欲を示した。

　米韓首脳会談に先立つ6月29日，大韓商工会議所は文大統領の訪米に同行する経済人団（52社）が2017〜2021年の5年間で128億ドルを米国に投資する計画と発表した。同所のプレスリリース資料には，9財閥・企業の対米投資計画が表としてまとめられている。そこには，サムスン電子は「サウスカロライナ州に3.8億ドル規模の家電工場投資」「テキサス州の半導体工場に2020年までに15億ドル規模の投資」，現代自動車は「15社の系列企業を通じ，今後，5年間

に31億ドルを投資。環境対応車，自動運転車など，未来技術開発，新車・新エンジン開発，現地工場設備投資など」，SKグループは「シェールガス開発，LNG生産，化学，バイオなどに最大44億ドル投資」「GE，コンチネンタル・リソーシズとシェールガス開発分野の共同MOU締結」，LG電子は「テネシー州の洗濯機工場に2.5億ドル投資（2019年生産目標）」「ニュージャージー州の北米新社屋建設に3億ドル投資」などと紹介されている。これらは各社が発表済みの投資計画を集計した色彩が濃いが，一部は新規に発表されたものであった。

（5）米国のFTA見直し正式要請と共同委員会開催（2017年7〜10月）

　産業通商資源部は7月13日，米韓FTAの改定・修正に向けた交渉のための共同委員会特別会期の開催を要請するUSTRの書簡を受け取ったと発表した。これにより，米韓FTAの規定に基づき，共同委員会特別会期が開催されることとなった。

　その直後，韓国は米国との交渉に備えた体制を発表した。7月20日，産業通商資源部内に次官級の通商交渉本部長を置く政府組織法改正案が国会を通過，7月30日にはかつて米韓FTA締結交渉を指揮した金鉉宗氏が通商交渉本部長に任命された。

　共同委員会特別会期は2回開催された。10月4日の第2回共同委員会特別会期の結果，「両国は韓米FTAの互恵性をより強化するためFTA改定の必要性について認識を共にした」（産業通商資源部，2017年10月5日）とし，米韓FTA改定が決定した。韓国側が方針を転換したわけであるが，その背景について，米国が米韓FTA廃棄の手続きを進めていることを韓国側が確認したため，韓国が米国の主張に同意せざるをえなくなったと，韓国の各メディアは報じた。

（6）トランプ大統領の訪韓（2017年11月7〜8日）

　トランプ大統領は11月7〜8日，国賓として韓国を訪問した。7日に米韓首脳会談を開催，8日にトランプ大統領が韓国国会で演説を行った。北朝鮮問題への対応が主要なテーマになった中，米韓FTAに関しては青瓦台（韓国・大統領府）発表（2017年11月7日）によれば「両国間で自由で公正な，均衡の取れ

た貿易をさらに活発にするため，韓米FTAに関連した緊密な協議を進めることで合意した」とされた。米韓FTAに関連しトランプ大統領は，首脳会談後の共同記者会見で「文大統領が韓国の貿易交渉団と緊密に協力し，迅速によりよい協定に向けて踏み出したことに謝意を表する」と述べるにとどまった。

(7) 米韓FTA改定交渉の開始 (2018年1月5日)

2018年1月5日，ワシントンで第1回米韓FTA改定交渉が行われた。韓国の各種メディア報道によると，米国側は特に貿易赤字額が大きい自動車に関心を表明し，韓国自動車市場の非関税障壁（車両の座席幅規制，安全基準など）見直しなどを要求した一方，韓国側はISDS（投資家と国との間の紛争解決）条項の見直しや貿易救済措置の見直しを要求し，農畜産品分野についての自国の立場を説明した。

(8) 米韓FTA発効6周年に際しての韓国政府の発表 (2018年3月14日)

韓国政府は米韓FTA発効後の米韓間の物品・サービス・直接投資の動向をまとめた資料を発表した（産業通商資源部，2018b）。サブタイトルに「(2017年は) 両国貿易は前年比8.8％増加。ただし，輸出より輸入が大幅に増加し，貿易黒字は減少」と掲げ，対米貿易黒字減少を強調した。

(9) 米韓FTA改定交渉大筋合意発表 (2018年3月26日)

韓国政府は2018年3月26日，米韓FTA改定交渉が3回の改定交渉などを経て，大筋で合意したと発表した（産業通商資源部，2018c）（なお，USTRは3月28日付けで発表）。それによると，米国側の関心事について，最大の争点だった自動車に関連して，①米国は貨物自動車の関税撤廃時期を2021年から2041年に20年間延期する，②韓国は，メーカー当たり年間5万台（現行は2万5,000台）まで，米国の自動車安全基準を満たした車両を，韓国の安全基準を満たしたものとみなす，③韓国は，燃費・温室効果ガス関連の現行基準を2020年まで維持し，2021〜25年の次期基準設定時には米国基準などグローバル・トレンドを考慮する，といった点で合意した。自動車以外では，韓国の新薬の薬価制度，原産地検証について制度の改善・補完で合意した。他方，韓国側の関心事

項については，ISDS条項の改善，貿易救済措置の手続きの透明化，繊維の一部原料品目の原産地基準見直しを進めることにした。

さらに，米国の1962年通商拡大法232条に基づく鉄鋼への関税賦課に関して，韓国を適用除外にする一方，韓国産鉄鋼の対米輸出については2015～17年の平均輸出量（383万トン）の70％（268万トン）に該当する数量枠を設定することになった。

合意内容について韓国政府は次のように評価した。すなわち，①農畜産品市場の追加開放，米国産自動車部品の使用義務など，韓国側が譲歩できないと設定した分野で，自らの立場を貫徹した，②交渉を迅速に妥結させたことで，交渉長期化による不確実性を払しょくした，③米国側に名目上譲歩したが，韓国側は実利を確保した，④鉄鋼については，韓国企業の対米輸出の不確実性を払しょくした。

このうち，③については，特に，自動車に関して韓国国内の見方は割れているようである。米国の貨物自動車関税撤廃時期延期については，現状では対米輸出の実績がないため，実質的な影響はないとの見方がある一方で，米国の関税撤廃を見越してピックアップトラックの開発を進めていた企業にとっては打撃との見方もある。米国安全基準適合車の韓国への輸入枠拡大についても，現状では米国メーカー各社の対韓輸出台数が現行枠よりかなり少ないため，輸入枠を拡大しても米国車の輸入が大きく増えることはないとの見方がある一方で，米国産ドイツブランド車などの輸入増加を警戒する見方もある。

(10) USTR「2018年外国貿易障壁報告書」公表（2018年3月30日）

USTRは2018年3月30日，恒例の年次報告書を発表した（USTR，2018）。そこでは，米韓FTA改正交渉の結果，米国安全基準適合車の韓国への輸入枠が2倍になったこと，韓国が新薬の薬価制度の改善を約束したことなどを成果として挙げた。

また，USTRは果実市場へのアクセスを取り上げ，米韓FTAの改定内容に含まれていないとされるリンゴ，ナシの市場開放を求めた。

（11）韓国政府「韓米FTA履行状況評価報告書」公表（2018年4月9日）

　韓国政府は政府系シンクタンクが政府に提出した「韓米FTA履行状況評価報告書」を公表した（対外経済政策研究院・韓国農村経済研究院・韓国海洋水産開発院，2018）。同報告書は通商手続法第15条によりFTA発効後5年ごとの履行状況評価が義務化されていることに対応して作成されたもので，米韓FTAの経済効果や国内対策の成果などを幅広く分析，評価している。

6．その他の通商問題

　米韓FTA改定以外にも通商問題が存在するが，特に争点になったのが，家庭用大型洗濯機と太陽光発電製品の輸入に対する米国の緊急輸入制限（セーフガード）発動である。

　前者は，米国の白物家電大手メーカーのワールプールがサムスン電子，LG電子による家庭用大型洗濯機の不当廉売を訴えたことに端を発したもので，米国際貿易委員会（USITC）は2017年10月5日に被害を認定，その後，トランプ大統領にセーフガードを勧告した。後者については，USITCが2017年9月22日，国内産業の損害を認定，10月31日にセーフガードをトランプ大統領に勧告した。

表7-3　家庭用大型洗濯機・太陽光発電パネル輸入の輸入割当量とセーフガード関税率

家庭用大型洗濯機

		完成品			部品	
	割当枠	割当内関税率	割当超過分の関税率	割当枠	割当内関税率	割当超過分の関税率
1年目	120万台	20%	50%	5万台	0%	50%
2年目		18%	45%	7万台		45%
3年目		16%	40%	9万台		40%

太陽光発電パネル

		セル		モジュール
	割当枠	割当内関税率	割当超過分の関税率	
1年目	2.5GW	0%	30%	30%
2年目			25%	25%
3年目			20%	20%
4年目			15%	15%

出所：産業通商資源部［2018a］（原資料はUSTR資料，大統領布告）

これらについて，トランプ大統領は2018年1月23日，セーフガード措置を発動する大統領布告を発出，2月7日から適用されている（表7-3）。

韓国政府は4月6日，WTO物品理事会に米国のセーフガード発動に対する対応措置を通報した。韓国政府は，韓国製品の推計追加関税負担額（年間4億8,000万ドル）に相応する水準で米国製品に対する譲許を停止する方針である。

第2節　韓国企業の対米直接投資の推移と現状

最近，LG電子・サムスン電子の洗濯機工場建設のように，通商問題に対応すべく米国投資を行う事例もみられるが，そもそも，韓国企業の対米直接投資はどのように推移し，最近はどのような傾向にあるのであろうか。

1. 対米直接投資累計額でみた特徴

韓国にとって米国は最大の直接投資先で，2017年12月末の対米直接投資（実行ベース，以下同様）の累計額は対世界直接投資累計額の23.5％に当たる945億ドルとなっている。業種（大分類）別にシェアを取ると，卸売・小売22.8％，製造業18.2％，金融・保険14.6％，不動産・賃貸14.1％，鉱業11.0％の順となっている。韓国の対世界直接投資累計額では製造業が31.8％を占めているのに対し，対米直接投資累計額では製造業の比率が低いのが特徴の一つである。これは，韓国企業にとって米国は生産拠点の位置づけが相対的に低いことを示唆している。

2. 1990年代までの対米直接投資

ついで，韓国の対米直接投資を時系列でみると，1990年代までは比較的低い水準で推移した。直接投資額は1996年と1999年を除き毎年10億ドル未満で推移，新規法人件数も1993年までは毎年100社未満で推移していた。

この時期，特に目立ったのがエレクトロニクス・メーカーの米国進出であ

る。具体的には，家電生産拠点設立，半導体生産拠点設立，米国エレクトロニクス・メーカー買収の動きがみられた。

　まず顕在化したのが貿易摩擦対応の対米直接投資である。1970年代後半以降，韓国のカラーテレビの対米輸出が本格化し，貿易摩擦化した。そこで，米韓両国は1979年にカラーテレビについての市場秩序維持協定（OMA）を締結，その後，1982年に金星社（現・LG電子）が，1986年にサムスン電子がカラーテレビの米国生産を開始し，対米輸出を米国生産に代替していった。ただし，例えば前者が1988年に米国のテレビ生産法人を閉鎖し，メキシコに生産移管するなど，NAFTA発足を受けて，カラーテレビなどの家電生産拠点をメキシコに構築する流れになった。よって，米国が家電生産拠点として位置づけられたのは短期間に過ぎず，販売拠点，研究開発拠点としての位置づけが中心であった。

　ついで，米国企業の技術力，ブランド力，販売ネットワークを獲得すべく，米国企業を買収する動きがみられた。例えば，LG電子は1995年に家電メーカー・ゼニスを買収，サムスン電子は1996年にパソコン・メーカーのASTリサーチを買収した。前者はブランド力・販売ネットワーク活用はうまくいかなかったものの，デジタル技術獲得には奏功，後者は失敗に終わったと一般に評価されたようである。

　さらに，半導体については比較的大型の投資が行われた。サムスン電子は1995年に米国テキサス州オースチンでのDRAM工場建設計画を発表，1998年に稼働を開始した。現代電子（現・SKハイニックス）もオレゴン州でのDRAM工場建設計画を発表，1998年に竣工した。DRAM工場の建設は，家電とは異なり，大口顧客の近くで生産することが競争優位に結びつくと判断して行われたものである。

3．2000年代以降の対米直接投資

　2000年以降の対米直接投資は2002年を除き，毎年，10億ドル以上を記録し，1990年代以前と比べ，活発化した。特に，2000年代後半以降，対米直接投資が増加，2016～17年は100億ドルを大きく突破している（図7-5）。

　業種別にみると，2008年前後と2011～13年は鉱業の直接投資が活発で，対

166　第7章　米韓FTA発効後の米韓貿易と韓国企業の米国進出

図7-5　韓国の対米直接投資の推移（実行ベース）

注1：業種区分は原統計の業種分類（大分類）を筆者が再構成した。「ホテル・不動産業」は原統計の「宿泊・飲食店業」「不動産・賃貸業」の合計値。
注2：本統計は過去に遡及して値が修正される傾向がある点に留意が必要。
出所：韓国輸出入銀行データベース。

米直接投資を下支えした。原油・天然ガス開発関連の投資が集中したこと，特に，2011～13年はシェールガス関連の直接投資が急拡大したことによるものである。ついで，2013年以降は，それまであまりなかったホテル・不動産業の直接投資が急増し，対米直接投資を下支えした。

さらに，2016～17年は卸売・小売業の直接投資が急増したことが，対米直接投資拡大の大きな要因になっている。これは，後述するサムスン電子による電装部品大手・ハーマンインターナショナル買収（80億2,000万ドル。2017年3月に買収完了）によるところが大きい。サムスン電子米国法人のSamsung Electronics America（SEA）経由で買収が行われたため，製造業ではなく，SEAが分類される卸売・小売業に計上されている。

4. 最近の主要な対米直接投資事例

　対外直接投資統計を発表している企画財政部や韓国輸出入銀行では，投資した韓国企業名を公表していない。そこで，韓国の各種メディアや各社発表をベースに，2016年1月以降の主要事例について，製造業（グリーンフィールド投資，M&A），非製造業に分けてみることとする。

（1）製造業のグリーンフィールド投資——市場獲得目的が目立つ

　製造業におけるグリーンフィールド投資では，米国市場の獲得を狙った事例が幅広い分野でみられた。このうち，大型投資の事例としては，ハンコックタイヤのテネシー州でのタイヤ工場建設（投資額8億ドル），クムホタイヤのジョージア州のタイヤ工場建設（同4億5,000万ドル），サムスン電子のテキサス州オースチンの半導体工場の生産能力増強（同15億ドル）などが挙げられる。例えば，ハンコックタイヤはテネシー州にタイヤ工場を建設，2017年10月に竣工式を行った。生産能力は当初，年産550万本で，2020年までに1,100万本に拡大する。同社は，世界の自動車メーカーの生産拠点が集積する米国南部地域に工場を建設し，日系を含めた自動車メーカー各社へ拡販し，目標達成を目指す考えである。

　なお，トランプ政権の通商政策に呼応した対米投資案件に関しては，LG電子が2017年2月に発表したテネシー州の洗濯機工場建設（同2億5,000万ドル）が初の大型案件であった。ついで，2017年6月にサムスン電子がサウスカロナイナ州に洗濯機などの家電工場を建設することを発表した（同3億8,000万ドル）。両社とも米国のセーフガードの動きに対応し，完工時期を前倒ししたが，このうち，サムスン電子は一足早く2018年1月に工場を完工した。さらに，対米輸出依存度の高い鋼管メーカー・ネクスチールは，2018年2月，タイ工場の建設計画を保留し，テキサス州に工場建設する方針を固めた（同400億ウォン）。ただし，現在までのところ，このような動きは，通商摩擦問題の影響を直接，受けている企業が中心で，それ以外の企業に幅広く拡大しているわけではない。

（2）製造業のM&A──技術獲得目的などを狙う

　製造業におけるM&Aとしては，まず，米国企業が保有する技術を獲得する狙いのものが目に付いた。その象徴が2016年11月にサムスン電子が発表したハーマンインターナショナル買収で，投資金額（80億ドル強）は韓国企業の海外企業M&A案件として過去最高額であった。同社は，将来のコア事業の競争力強化のために新技術を有する海外企業の買収を矢継ぎ早に進めてきたが，その中心が米国企業の買収であった。過去，IoT（インターネット・オブ・シングス）プラットフォーム開発のスマートシングス買収（2014年8月），モバイル決裁のループペイ買収（2015年2月）などがあったが，その流れが続いたわけである。ただし，サムスン・グループの事実上のトップである李在鎔サムスン電子副会長が2017年2月に逮捕されて以降，大型M&Aはストップしている（その後，2018年2月，李在鎔副会長は二審判決で執行猶予付きの有罪判決を受け，釈放されている）。

　投資規模は小さいものの，バイオ分野でも技術力獲得を狙った米国企業への出資が散見された。例えば，製薬メーカーの柳韓洋行は2016年4月，米国の合弁会社のパートナーでもある抗体医薬品開発のソレントに1,000万ドルの出資を行っている。

　米国市場における流通網確保のために米国企業を買収した事例も散見された。例えば，サムスン電子は2016年8月，家電メーカーのデイコーの買収契約締結を発表した。これは，米国における新築住宅ビルトイン家電事業の強化を狙ったものである。同社は「（デイコーは）北米の住宅・不動産関連市場で高級家電ブランドとしての名声と競争力が認められている」「ラグジュアリー・パッケージのラインアップの拡大と専門流通網の確保などで事業基盤を強化する計画」（2016年8月11日）と発表している。

（3）非製造業──投資収益獲得目的が目立つ

　非製造業でもさまざまな分野・目的の直接投資事例がみられるが，まず目につくのは，未来アセット資産運用や現代インベストメント運用といった資産運用会社が投資収益獲得目的で米国の不動産・ホテルなどへ積極的に投資した事例である。例えば，未来アセット資産運用は2016年5〜6月にハワイのホテル

取得やアマゾン本社社屋の一部取得が報じられるなど，米国の不動産・ホテルに積極的に投資している。

ついで，米国の消費市場を狙った進出事例もみられた。例えば，ヘマロー・フードサービスは2018年1月，ハンバーガーチェーン「マムズタッチ」米国1号店をカリフォルニア州に開店した。同社は海外事業拡大に注力しており，米国は台湾，ベトナムに次ぐ3番目の海外進出先になる。ソースを米国風にアレンジするなど，現地化に努め，当初の直営店から，将来はフランチャイズ展開を計画している。また，韓国メディア報道によると，2018年3月，韓国大型スーパー業界最大手のイーマートは高級フードマーケット「PKマーケット」の2019年米国進出を目指す方針を発表している。

さらに，米国市場での販売ネットワークを確保するためのM&Aもみられた。例えば，斗山重工業は2017年7月，米国法人を通じ，ガスタービンサービス会社のACTインディペンデントターボサービスを買収した。ACTの専門人材，受注実績，ノウハウなどを確保し，米国のガスタービンサービス市場に参入するのが狙いであった。

おわりに

米韓FTA改定問題は2018年3月に大筋合意したものの，その後も，ウォン安を防止する「為替条項」や韓国の農産品市場開放問題など，韓国側の大筋合意発表に含まれていない内容もしばしば報道され，不透明感は完全には払しょくされていない。韓国の対米貿易収支が構造的に黒字である以上，米韓FTAを含めた通商問題が今後とも折に触れ噴出しよう。

他方，昨今の韓国の対米直接投資は，特に，製造業の場合，米国市場獲得を目指したグリーンフィールド投資や技術獲得を狙ったM&A投資が主流である。ただし，今後の米国の通商政策次第では，通商摩擦回避目的の対米直接投資が増加していく可能性もあろう。

参考資料
英語文献
USTR（2017a）"2017 Trade Policy Agenda and 2016 Annual Report of the President of the United

States on the Trade Agreements Program"
——— (2017b) "2017 National Trade Estimate Report on Foreign Trade Barriers"
——— (2018) "2018 National Trade Estimate Report on Foreign Trade Barriers"
韓国語文献
対外経済政策研究院ほか（2011）「韓米FTA経済的効果再分析」
対外経済政策研究院・韓国農村経済研究院・韓国海洋水産開発院（2018）「韓米FTA履行状況評価報告書」
産業通商資源部（2017）「韓米FTA，相互ウィン・ウィン効果示顕」
——— (2018a)「米国セーフガード措置に対しWTO提訴などを積極対応——政府・業界，米国洗濯機・太陽光セーフガード民官共同対策会議開催」
——— (2018b)「韓米FTA発効6年目（'17年）貿易動向」
——— (2018c)「韓米FTA改定交渉，大筋合意導出——交渉範囲最小化で迅速に妥結」
政府関係部署共同（2012）「韓米FTA主要内容」

第8章

在米日系企業の最新動向

日本貿易振興機構(ジェトロ)海外調査部米州課課長

秋山士郎

　最大の輸出相手国として，日本企業が米国市場を再評価している。海外進出
企業の北米地域での売上高比率は再び増加する傾向を示しており，対外直接投
資では米国向け投資が占める比率は3分の1を超える。グリーンフィールド投
資では自動車関連産業が最多で，地域別でも自動車メーカーの工場が所在する
中西部や南東部への投資が目立つ。

　日本企業による合併・買収（M&A）も，金融分野を筆頭に活発に推移してい
る。進出先としては，近年テキサス州をはじめとする南部地域が注目されてい
る。

　堅調に推移する米国経済を背景に，現地に進出している在米日系製造業の業
況は好調が続く。過去6年にわたり，半数以上の企業が事業拡大の方針を打ち
出しており，従業員の新規採用にも積極的な姿勢を示している。サプライ
チェーン戦略では，米国内で調達を増やし米国市場で販売する，いわば地産地
消の動きが鮮明化している。近年，非製造業の動きも注目される。ロサンゼル
スなどの西海岸や，ニューヨークなどの東海岸から他地域に横展開する企業の
動きがあるほか，新規進出の事例も目立つ。

　トランプ政権発足に伴う事業活動への影響は，これまでのところ限定的だ
が，北米自由貿易協定（NAFTA）再交渉や対中，対韓，対日通商政策の今後の
趨勢への関心は増している。

はじめに

　トランプ政権の発足に伴う通商政策の転換は，米国市場でビジネスを展開す
る日本企業に少なからぬ影響を及ぼすことが懸念される。2009年第3四半期
以降，景気の拡大が続く米国は，業種を問わず多数の企業にとって重要な市場
を占めているのがその理由だ。本章では，日本企業の米国市場でのビジネス動
向について，同国への直接投資と在米企業の事業トレンドを中心に概観する。

第1節　米国市場の魅力を再評価する動き

1. 再び最大の輸出相手国に

　近年,日本企業が米国市場を再評価する動きが目立つ。
　2000年代に入り,中国やアジア諸国への関心が高まるとともに,米国に対する注目度は低下が続いた。とりわけ2008年のリーマンショックを契機に,日本の輸出に占める米国のシェアは15％台まで大きく減少し,最大輸出相手国の座を中国に奪われた（図8-1）。しかし,その後見事に反転し,2013年以降は再び最大の輸出先として20％前後のシェアを維持している。
　中国やASEANなど新興国・地域の経済成長が減速する一方,米国経済が堅調な成長を維持したことが,反転をもたらした最大の要因となった。米国経済は,3億人を超える人口規模,高い所得水準,8年以上続く景気拡大など経済環境そのものに魅力があることに加えて,白人,ヒスパニック系,黒人,アジア系など様々な人種によって構成される市場が幅広いビジネス機会を提供する。内外無差別が徹底され,外国企業がビジネスしやすいビジネス環境を有するのも特徴だ。今後も中国と並び,日本企業にとって重要な市場を提供することが見

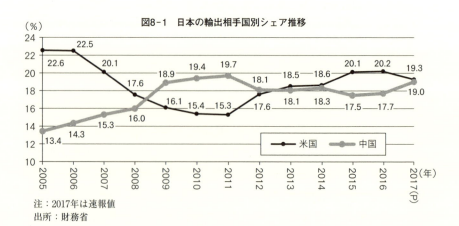

図8-1　日本の輸出相手国別シェア推移

注：2017年は速報値
出所：財務省

込まれる。

ジェトロが実施した「2016年度日本企業の海外事業展開に関するアンケート調査」（2017年3月）をみると，今後の輸出ターゲット国・地域の中で最も重視する輸出先として米国を挙げた回答企業は15.5％に上り，2012年度調査時の8.8％から大きく伸びた。特に，繊維・織物／アパレルなどの産業で米国向け輸出を再び重視する傾向が強いようだ。

また，ジェトロへ寄せられる貿易相談件数でも，米国に関する相談が増加している。2014年度以降，米国との貿易や投資に関する相談が増加する傾向が続いており，2017年上半期には前年同期比で5.3％増え，構成比でも10.0％を記録した。ここ数年，国別相談件数では中国，日本に次ぐ3番手だったが，同年ついに日本を抜いた。

2. 進出企業の北米事業比率も増加

米国市場を注目する動きは現地に進出している日系企業の動きからも読み取れる。経済産業省の海外事業活動基本調査で，製造業の海外子会社の売上高の地域構成比をみると，直近2015年の米国を中心とした北米地域の占める比率は34.3％で地域別で最大を占めた（図8-2）。他地域に比べ，北米地域は企業あたりの売上規模が大きいのが特徴となっている。これは，上述した米国の市場規模の裏返しであり，多くの企業が同市場での事業規模拡大を模索している姿を投影している。製造業子会社の経常利益の地域構成比でも，リーマンショックのあった2008年には一桁まで落ち込んだものの，28.4％まで上昇するなど回復ぶりが目立つ（図8-3）。売上高経常利益率では中国やアジアに劣るものの，安定的な利益を得られる市場として，北米市場の重要度が再び注目される要因になっている。

上場企業の決算情報をもとにジェトロが独自に調査したところ，上場企業でも米州における売上高の比率は増加傾向を示している。例えば，2005年度時点では米州での売上高比率平均約14％だったが，直近2016年度では26％を超える水準まで増加している。例えば，同地域での売上高比率が高い企業として，自動車部品大手のエフテックの北米売上高比率（2016年度）の60.8％，飲料サー

174 第8章 在米日系企業の最新動向

図8-2 売上高の地域別構成比

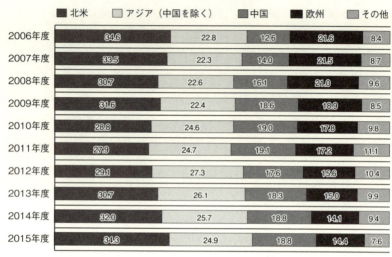

出所:経済産業省「海外事業活動基本調査」をもとに作成

図8-3 経常利益の地域別構成比

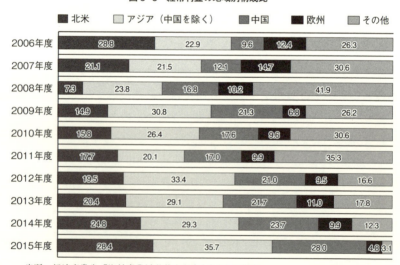

出所:経済産業省「海外事業活動基本調査」をもとに作成

ビス大手のダイオーズの米国売上比率（同年度）の57.7％などを挙げることができる。売上額ベースでは，トヨタ自動車（トヨタ）の10.2兆円（2016年度），本田技研工業（ホンダ）の9.0兆円などの規模が大きい。

第2節　日本企業の投資の動き

1. 米国向け投資は全体の3分の1超

　日本企業の米国向け直接投資残高（2017年末時点）をみると54.3兆円で，全世界向け直接投資額（168.7兆円）の32.2％を占める。直近2017年の直接投資額（フロー，ネット）でも5.6兆円で，全世界向け投資（18.0兆円）の31.0％を占めるなど，依然として高い水準を維持している。

　米国商務省によると，1990年以降，日本の対米直接投資は堅調に増加し，2016年末の対米直接投資残高[1]は4,243億ドルとなった。金額ベースでは英国，カナダに次ぐ3番手を占めた。リーマンショックのあった2008年の2,378億ドルの水準からその後も堅調に残高を積み増したのが日本の特徴で，同期間の増額分は1,866億ドル，伸び率にして78.5％に達した（図8-4）。

　投資残高を業種別にみると，製造業（32.7％），卸売・貿易（26.6％），金融・保険（預金機関を除く）（17.1％）が上位に並ぶ。製造業の内訳をみると，コンピュータ・電子製品への投資額が90年代後半をピークに減少しているのに比べて，輸送機器，化学品，金属加工品などで投資残額の伸びが目立った。

　ここ数年の直接投資額をみると，データ入手可能な直近2016年の最大投資国はカナダで585億ドル，これに英国（545億ドル），アイルランド（354億ドル），スイス（349億ドル）と欧州勢が続いた（表8-1）。5位は中国で，前年の約3.5倍の276億ドルと急増した。日本は182億ドルと2015年の269億ドルから3割以上減少し，前年の4位から8位に下がった。ただし，全投資額からM&A投資分を除きグリーンフィールド投資に限定すると，2015年には国・地域別で最大を記録し，翌2016年もカナダに次ぐ2位だった。

176　第8章　在米日系企業の最新動向

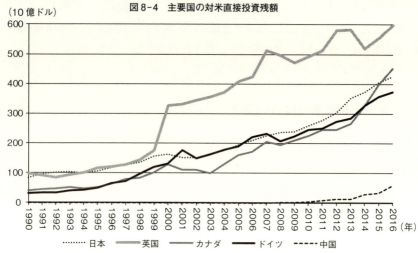

図 8-4　主要国の対米直接投資残額

出所：財務省をもとに作成

表 8-1　米国への国・地域別直接投資額の推移

(単位：100万ドル)

	グリーンフィールド投資			M&A			合　計		
	2014年	2015年	2016年	2014年	2015年	2016年	2014年	2015年	2016年
カナダ	3,911	1,741	1,592	30,187	86,994	56,910	34,098	88,735	58,502
日本	n.a.	2,675	1,083	26,769	24,180	17,123	29,201	26,855	18,206
中国	n.a.	1,198	800	1,895	6,583	26,819	3,934	7,781	27,619
ドイツ	573	659	627	29,342	45,759	12,756	29,914	46,418	13,382
フランス	1,699	639	397	5,204	13,276	18,848	6,903	13,916	19,246
英国	624	404	145	22,201	20,354	54,352	22,825	20,758	54,496
アイルランド	78	n.a.	99	43,291	175,885	35,299	43,369	175,978	35,397
スイス	499	169	82	15,980	5,511	34,798	16,480	5,679	34,880
オランダ	408	n.a.	17	8,254	n.a.	23,242	8,662	13,784	23,260
英領諸島	630	n.a.	n.a.	10,262	2,147	n.a	10,891	2,351	3,800
合計（その他含む）	17,907	13,776	7,740	242,580	425,788	365,700	260,487	439,563	373,440

注：グリーンフィールド投資は新規及び拡張投資の合計
出所：New Foreign Direct Investment in the United States in 2016, 商務省経済分析局 (BEA)

2．グリーンフィールド投資は自動車分野が最多

　英 Financial Times のデータベースに基づき日本からのグリーンフィールド投資件数を業種別にみると，2015～2017年の3年間に最も多いのは自動車部品（70件）で，次に産業機械・設備機器（67件），金属（30件）と続いた（表

第2節　日本企業の投資の動き　*177*

表8-2　日本からの業種別投資（グリーンフィールド投資）件数

業　種	2015年	2016年	2017年	合　計
自動車部品	26	22	22	70
産業機械・機器	22	26	19	67
金属	6	14	10	30
ソフトウェア・ITサービス	4	10	10	24
プラスチック	12	8	3	23
自動車	7	8	8	23
化学	8	8	5	21
通信	7	7	3	17
電子部品	5	6	5	16
食料品・たばこ	8	3	5	16
金融サービス	5	5	3	13
ゴム	2	7	4	13
医療機器	3	5	2	10
消費財	3	2	3	8
不動産	4	0	4	8
オフィス機器	3	4	1	8
その他	24	21	26	71
合　計	149	156	133	438

出所：ファイナンシャル・タイムズ

8-2）。4位以降は，ソフトウェア・ITサービス（24件），プラスチック（23件），自動車（23件），化学（21件），通信（17件），電子部品（16件），食料品・たばこ（16件）などが並び，幅広い分野で投資が行われていることがわかる。

　各社の投資計画をみると，堅調に推移する米国市場での事業規模の拡大を目指すものが最も多い。

　なかでも，ここ5年程度は販売台数の回復が顕著であった自動車関連産業の追加投資が目立つ。リーマンショック以降，在米自動車部品産業では工場における稼働率を高めて自動車メーカーからの増産要求に応じてきたが，人口増加に伴い今後も米国の市場規模が緩やかに増加することを見越して，追加投資を決める企業が相次いだ。

　また，投資規模では目立たないものの，投資の動きが活発なのが新技術の開発やイノベーション関連分野だ。インダストリー4.0，モノのインターネット（IoT），人工知能（AI）などの分野で生まれる新たな技術を自社に取り込もうとする動きが盛んに見受けられる。自社の研究開発担当や，新規事業担当者をカリフォルニア州のサンフランシスコやシリコンバレー周辺やマサチューセッ

178 第8章 在米日系企業の最新動向

ツ州のボストン，ケンブリッジ周辺などに常駐させ，地域の有識者や技術者な
どとの情報交換や出資などを通じて自社の将来の競争力強化に繋げようとする
企業の例が増えている。

3. 州別ではカリフォルニア州への投資件数が最多

州別では，カリフォルニア州への投資が 56 件で最多であった（表 8-3）。製
造拠点への投資は 3 件にとどまったものの，販売拠点や研究・開発など幅広い
分野で投資が行われた。業種別では，産業機械・機器，化学，ソフトウェア・
IT サービスなど幅が広いことも同州への投資の特徴といえる。ロサンゼルス
周辺には，ロングビーチ港とロサンゼルス港と全米最大規模のコンテナターミ

表8-3　日本からの州別投資（グリーンフィールド投資）件数

（単位：件数）

州名	2015年		2016年		2017年		合　計	
	全拠点	製造拠点	全拠点	製造拠点	全拠点	製造拠点	全拠点	製造拠点
カリフォルニア	25	1	16	2	15	0	56	3
テキサス	9	3	17	5	19	5	45	13
インディアナ	8	6	15	10	8	7	31	23
ケンタッキー	11	10	9	6	6	5	26	21
テネシー	10	8	9	6	6	5	25	19
オハイオ	10	8	6	3	9	3	25	14
ミシガン	1	0	11	4	8	2	20	6
ジョージア	5	3	7	1	4	0	16	4
ニューヨーク	6	1	5	1	5	2	16	4
ノースカロライナ	5	1	5	2	4	4	14	7
イリノイ	5	2	5	0	3	0	13	2
サウスカロライナ	5	4	4	2	3	1	12	7
バージニア	3	3	6	3	2	2	11	8
マサチューセッツ	4	0	3	1	4	1	11	2
ペンシルバニア	2	1	8	2	1	0	11	3
オレゴン	3	1	2	0	3	2	8	3
ワシントン	1	1	3	0	2	1	8	2
ニュージャージー	2	1	3	0	2	0	7	1
カンザス	2	0	1	0	3	2	6	2
フロリダ	2	0	2	1	2	0	6	1
アラバマ	3	3	1	0	2	2	6	5
その他	25	10	18	9	22	9	65	28
合　計	149	67	156	58	133	53	438	178

出所：ファイナンシャル・タイムズ

ナルがあり，周辺には物流倉庫が多い。日本あるいは中国を含むアジア地域で生産した製品を米国市場に持ち込む際のゲートウェイとして，日本企業には高い人気を誇る。日本人・日系人を含むアジア系人材の採用も比較的容易のため，米国進出の足掛かりとして同地域を選択する企業は依然として多い。

　最近では，上述したように，米国の最新技術やイノベーション動向を自社の成長に取り込むことを目的に，最大の集積地であるサンフランシスコやシリコンバレーなどのベイエリアに新たに拠点を設ける動きも散見される。例えば，パナソニックは 2017 年 3 月にシリコンバレーにベンチャー企業投資を担う新会社を新たに設立。岡谷鋼機も同月にベンチャー企業投資を目的とした新規拠点を同地に設立することを発表した。

　カリフォルニア州に次ぐ投資先としては，45 件の投資案件を記録したテキサス州の名前が挙がった。2014 年にトヨタが北米本社をダラス近郊のプレイノに移転することを発表し，日本企業の同州への関心が一気に高まった。2015 年には農業機器大手のクボタが米販売会社を同州ダラス近郊に移転することを発表した。2017 年の主な投資案件だけ見ても，空調大手ダイキンによる新規雇用 3,000 名超の新工場のほか，電気機器大手 TDK のセンサ製造子会社，セキュリティソフト大手トレンドマイクロの製造拠点，電動工具大手マキタの新たな製造拠点などの投資計画が含まれる。精密機器大手の村田製作所は，同州に半導体子会社の研究開発拠点の新設を決めた。2016 年の同州の人口増加率は，全米平均の 4.5 ％（2010 年比）に対し，10.8 ％と大きく上回る。人口増加による消費市場の拡大に伴い，サービス企業の投資も今後増加しそうだ。

　3 番手以降は，インディアナ州（31 件），ケンタッキー州（26 件），テネシー州とオハイオ州（各 25 件）が続いた。インディアナ州にはトヨタ，ホンダ，スバル，ケンタッキー州にはトヨタ，テネシー州には日産自動車，オハイオ州にはホンダの主要工場がそれぞれあり，関連の部品製造拠点が集積している。これらの地域では，各自動車メーカーの増産計画に合わせて生産設備の拡張を目的とした追加投資が数多く行われている。2017 年だけみても，インディアナ州では，トヨタによる 400 名の追加雇用のほか，軸受大手 NTN の子会社による新規工場設立，深井製作所と豊田鉄工による合弁会社の拡張などが進み，ケンタッキー州でもトヨタが 13 億ドル投資して工場拡張を行うほか，神戸製鋼子会社

180　第8章　在米日系企業の最新動向

やトヨタ合成子会社による拡張投資などが発表された。オハイオ州では，ホンダが自ら300名規模の追加雇用を発表，テネシー州では自動車部品大手のデンソーが1,000名規模の新規採用を進めている。

　この他，ユニークな投資として，日本酒「獺祭（だっさい）」で知られる旭酒造（山口県）は，ニューヨーク州内に大規模な酒蔵を設立すること発表した。米国産の食用米を使って純米大吟醸酒などを製造し，米国人が日常的に飲むワインに近い価格で販売する。

4. 金融とハイテク分野でのM&Aが目立つ

　日本企業による米国企業の合併・買収（M&A）も相変わらず旺盛だ。2017年には件数，金額ベースで前年を上回るM&Aが行われた（表8-4）。自社で独自に事業展開をする時間が十分にない場合に，既存企業を入手することによって迅速な市場獲得と事業拡大が可能になる。

　ここ数年のM&A案件をみると，件数，金額とも最大を記録している金融分野とともにハイテク分野における案件が多い。何れも米国が他国に先駆けて最新の技術やビジネスモデルを導入している分野である。人口減少を迎える日本の国内市場から海外市場に活路を見出すのみならず，米国企業が有する新しい競争力をM&Aを通じて内部化しようとする買収企業の狙いが見て取れる。例えば，2017年12月にスマートキーに関する特許技術を有するベンチャー企業を買収した自動車部品大手のデンソー，医療用ITベンチャー企業を買収した日立製作所，東海岸の半導体ベンチャー企業を買収した村田製作所，肌色を測定する技術を持つ化粧品ベンチャー企業を買収した資生堂などが代表的な事例と言える（表8-5）。金融分野では，特殊（スペシャルティ）保険を得意とする企業の買収が目立つ。損害保険ジャパン日本興亜を中核とするSOMPOホールディングは2017年以降，エンデュランス，レクソン・シュアティ・グループ系の中核子会社などを立て続けに買収した。

　また，国土が広く，産業が地域単位で組成されやすい米国では，地域市場に強い事業基盤を有する企業がもともと多い。こうした良好な顧客基盤を有する企業を取得しようという動きも近年の買収では目立つ。例えば，近年テキサス

第2節　日本企業の投資の動き　*181*

表8-4　日本からの業種別投資（M&A投資）件数および金額

（単位：件数・100万ドル）

業　種	2015年		2016年		2017年		合　計	
金融	24	21,979	17	204	27	3,800	68	25,983
ハイテク	18	2,918	15	7,736	17	2,255	50	12,909
素材	8	2,051	12	2,532	11	1,254	31	5,838
卸売，サービス	8	884	13	618	9	762	30	2,264
工業	11	703	11	242	7	833	29	1,778
ヘルスケア	5	365	9	2,449	6	1,475	20	4,288
食品，生活雑貨	5	5,085	8	135	7	325	20	5,546
通信	2	59	2	1,250	13	6,491	17	7,800
エネルギー電力	4	0	2	0	4	0	10	0
小売	2	0	3	91	3	38	8	129
メディア，エンターテイメント	1	0	5	0	1	0	7	0
不動産	1	0	1	658	3	351	5	1,009
政府，政府系機関	0	0	0	0	1	0	1	0
合計	89	34,045	98	15,915	109	17,585	296	67,545

出所：トムソン・ワン

表8-5　日本企業によるベンチャー企業への出資事例

時　期	企業名	出資先企業と狙い
2017年1月	資生堂	肌の色を測定する技術を有するマッチコー（カリフォルニア州）を買収。
2017年3月	オムロンヘルスケア	医療ベンチャーのアライブコア（カリフォルニア州）に約28億円を出資する。同社はウエアブル型の心電計を扱う。
2017年3月	パナソニック	自動車の音声案内や視認が容易な画面，利用者が必要な機能を予測するといった技術を活用した自動車用アプリを提供するドライブモード（カリフォルニア州）に出資を決定。
2017年3月	村田製作所	半導体ベンチャーのアークティックサンドテクノロジー（マサチューセッツ州）を買収。
2017年10月	パナソニック	人口知能（AI）ベンチャーのアリモ（カリフォルニア州）の買収を発表。
2017年12月	デンソー	スマートフォンを車の鍵として使う「スマートキー」の技術を持つインフィニットキー（ミシガン州）を買収。
2018年1月	日立製作所	米国の医療ITベンチャー，ビジスター（サウスカロライナ州）を買収。

出所：各社発表，報道資料より作成

州，メリーランド州，ユタ州の不動産会社を次々に取得した住友林業は，買収先企業の顧客を効率的に取り込むことに成功した例だ。不動産分野では，ジョージア州に顧客基盤を有する同業を買収した鹿島やバージニア州の企業を取得したダイワハウスなど，同様の狙いで地元企業を買収する動きが続いている。この他，ミシガン州のITサービス企業を買収したNTTコミュニケーションズ，ミネソタ州の水処理薬品会社を買収した栗田工業の事例も当てはまる。

　セブン＆アイ・ホールディングス（本社：東京都千代田区）は2017年4月，

182　第8章　在米日系企業の最新動向

子会社を通じてスノコ（Sunoco LP）から同州を中心としたガソリンスタンド併設型のコンビニエンスストア 1,108 店舗を約 33 億ドルで取得した。日本の小売業のM&Aの中では 2005 年のイトーヨーカ堂，セブン−イレブン・ジャパン，デニーズジャパンの経営統合（セブン＆アイ・ホールディングスの発足）に次ぐ 2 番目の規模，また，小売業の海外での事業買収では過去最大となった。小売業では，ドンキホーテHDもハワイ州で 24 店舗を展開するQSIを取得することを決めた。同社は，長年にわたり地域市民や観光客に親しまれてきたスーパーマーケットを経営するQSIの買収を，今後のグローバル事業戦略の中核に位置づけた。

5. 日本企業の南部への関心

近年，テキサス州をはじめとする米国南部地域が関心を集めている。最近では，トヨタとマツダの新工場が，南部のアラバマ州に設立されることが正式に発表されたばかりだ。

南部が注目される理由の一つが，安価なビジネスコストである。特に労働コストが他地域に比べて低いのが特徴で，製造業で比較すると，ノースカロライナ，テネシー，アーカンソー，ジョージア，フロリダ，アラバマ，ミシシッピの各州で平均賃金が低い。低い賃金の背景には，労働権法の存在がある。同法は 1943 年にフロリダ州で制定された後，徐々に他州に広がりを見せ，合計 28 州にまで拡大している。センサス局による地域分類に基づくとデラウェアとメリーランドの 2 州を除く南部 14 州で既に同法が施行されている。労働権法を制定している州では，労働者の労働組合加入が強制されないため，労使交渉に必要なコストや労働コストの上昇が抑制されやすい。

また，米国経済の好調さによって，米国内の労働市場は，失業率が実質完全雇用を下回る水準で推移するなど，労働力が不足する状況が続く。優良人材の採用難は，生産拠点を保有する日系企業においても共通する主な悩みの一つになっている。アラバマ，ジョージア，ケンタッキー，ルイジアナ，ミシシッピなど南部の州では，失業率が全国平均を上回っており，人員の維持・獲得の面でも比較的恵まれている。

州GDP比で地方税比率が低いのも南部の特徴である。50州の中央値（2014年）が10.42％であるのに対して，ジョージア州（8.6％），テキサス州（8.4％），テネシー州（8.0％）など相対的に低い。

南部では，ビジネスフレンドリーと考えられる共和党の勢力も強い。デラウェア，ノースカロライナ，バージニア，ルイジアナの4州を除き，共和党出身の知事が就任している。2016年の大統領選挙でもデラウェア，メリーランド，バージニアの3州を除き，すべて共和党のトランプ氏が勝利した。

その他の魅力として，交通やロジスティクスなどの「地の利」を指摘する声も多い。地理的にも東西の主要都市へのアプローチがしやすいことに加えて，地域には主張な海港，空港が多く存在する。海港では，南ルイジアナ港（ルイジアナ州），ヒューストン港（テキサス州），一般空港ではアトランタ空港（ジョージア州），ダラス・フォートワース空港（テキサス州），航空貨物分野ではメンフィス空港（テネシー州），ルイビル空港（ケンタッキー州）などの重要港が存在する。

「地の利」には，中南米市場へのゲートウェイとしての役割も含まれる。ジェトロが実施した「2015年度米国進出日系企業実態調査」では，回答企業の8割以上が中南米市場への関心を示すなど在米日系製造業の中南米市場への事業拡大意欲は強い。メキシコ，ブラジルに関心を示す企業が多いが，いずれの国への移動に際しても南部の主要空港からは直行便が発着している。

第3節　在米日系製造業の動き

1. 過去6年にわたり半数以上の企業が事業拡大を検討

ジェトロが2017年10月から11月中旬にかけて実施した「2017年度米国進出日系企業実態調査」(以降，日系企業調査)[2) によると，進出日系製造業の事業拡大に積極的な様子がうかがえる。

米国に拠点を有する日系製造業のうち，今後1～2年に事業拡大を視野に入れる企業は全体の57.1％で，前年調査から3.7ポイント増加した（図8-5）。5

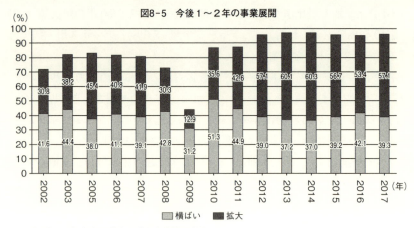

出所:「2017年度米国進出日系企業実態調査」

割超となるのは,2012年度調査から6年連続となる。拡大する機能としては,販売機能(62.5％),高付加価値品の生産(49.9％),汎用品の生産(30.6％)などが上位に並んだ。業種別では,食品・農水産加工(75.8％),業務用機器(74.1％)で「拡大」を計画する企業が多かった。米国では今後も安定した人口増加が見込まれている。人口増加に伴い市場拡大が確実に見込める業種ほど,積極的な追加投資が確認される。

従業員の採用戦略についてはどうか。現地従業員を過去1年間に増やした企業は全体の41.0％に達した。事業の拡大同様,4割超となるのは今回の調査で6年連続となる。今後も44.6％の企業が従業員の増加を計画している。事業の拡大に伴い,半数近い企業が雇用も増やすことがうかがえる。米国商務省統計(2015年)によると,外資系企業が米国内で創出している雇用総数は740.3万人おり,そのうち製造業分野が255.9万人を占める。日系企業の雇用者数は全体の12.4％の91.8万人で,製造業に限ると41.3万人(16.1％)で国別では最大となっている。日系製造業の採用戦略を考慮すると,米国の外資系企業における日系製造業のプレゼンスは,今後もより一層強まることが予想される。

日本企業は現地従業員数の増加に積極的な動きを見せる一方,日本人駐在員の増員には慎重だ。日本人の駐在員数については過去1年間で横這いとした企

業が71.8％，今後の予定でも77.0％を占めており，増減のない企業の比率が高くなっている。背景には，経営の現地化が進んでいることに加えて，駐在員派遣に伴うコストの問題や，駐在員ビザの取得要件の厳格化などがある。

　米国の好景気の下，進出日系製造業の業績も好調が続く。2017年の営業利益見込みについて，「黒字」を見込む企業は74.4％を占めた。7割超となるのは6年連続となる。業種別では，医薬品（88.2％），鉄鋼（87.1％），非鉄金属（86.7％），業務用機器（85.2％），はん用・生産用機器（82.2％），化学品・石油製品（80.0％）などで黒字比率が高かった。

　黒字比率は2014年をピークに減少傾向が続いた。例えば，前年好調だった輸送用機器部品（自動車・二輪車）では前年の82.5％から70.4％に大きく低下した。地域別でも，南部の黒字比率が5.9ポイント落ちて，69.7％に留まるなど低下が目立った。業績が悪化した回答企業の声を聞くと，販売の伸び悩みが主な要因として挙がった。

　ただし，回答企業の景況感をみると，2018年の見通しでは「改善」を見込む企業が8.4ポイント増加して46.2％を占めており，その8割近くが売り上げ増加を予想している。将来見通しについては，楽観視している企業が多いようだ。

2. 米国内での地産地消が進む

　進出日系製造業のビジネス動向をみると，米国市場向けビジネスの重要性が増している。上述した日系企業調査によると，米国進出日系製造業の販売先は米国内が平均80.9％を占める。カナダとメキシコ向けが8.5％，日本向けは4.0％にとどまった。今後，販売を拡大する先（複数回答）として米国を挙げる企業が154社で最も多く，メキシコ（80社），カナダ（43社）を合わせた数を上回った。業種別には食品・農水産加工（53.3％），化学品・石油製品（40.5％）などで多かった。米国に生産拠点を有する企業の多くが，国内市場を引き続き優先する姿がうかがえる。

　次に進出日系製造業の調達戦略を見てみたい。生産活動を行う企業の原材料・部品の調達割合（平均）は米国内が前年比2.1％増の59.3％で最大で，日本（25.3％），中国（4.7％），ASEAN（2.8％）からの調達が続いた。NAFTA域内

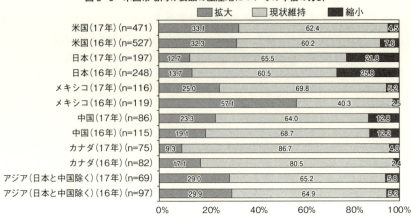

図8-6 米国市場向け製品の生産地についての今後の方針

出所：米国進出日系企業実態調査（2016年度および2017年度）

については，メキシコが2.2％，カナダが1.6％にとどまった。米国内からの調達のうち，地場企業からの調達比率が38.6％を占め，現地日系企業（18.8％）を大きく上回った。今後についても，米国の地場企業からの調達拡大を検討する企業は131社おり，日系企業（67社）より多い。業種別では，食品・農水産加工（80.4％）やプラスチック製品（73.7％）で，米国内からの調達比率の高さが目立った。他地域に比べて，米国内の日系製造業は進出時期が早いことに加えて，米国内に競争力のあるサプライヤーが多く存在することを理由に，米国内での調達比率は以前から高い。こうした米国における現地調達は今後より一層進展することがアンケート結果から読み取れる。

同調査では，米国市場向け生産戦略についても質問した。米国市場向けの生産地としては現状，米国内が占める割合が平均すると76.3％と圧倒的で，日本（12.4％），メキシコ（3.7％），アジア（日本と中国を除く）（2.4％），中国（2.2％）となった。業種別では，鉄鋼や食品・農水産加工などで，米国内での生産比率を増やした企業が多い。今後，米国での生産戦略について回答のあった471社のうち，拡大を検討している企業は156社（33.1％）で，比率としては最大であった（図8-6）。他では，アジア（日本と中国を除く）（20社，29.0％），メキシコ（29社，25.0％），中国（20社，23.3％）で生産拡大を企図している企業の比率が高

かった。米国市場向け製品は同国内で生産する企業が今後も主流になりそうだ。

第4節 非製造業の動き

1. 米国内で横展開の動き

　非製造業では，金額ベースでは金融分野における投資額が圧倒的に多いものの，新規の投資案件数では飲食店の米国進出が目立つ。中でも，既進出企業が他都市に横展開する事例が多い。例えば，ニューヨーク市内で一風堂を展開している力の源ホールディングスは7月，西海岸1号店をカリフォルニア州のバークレーに開店した。カリフォルニア大学や先進的なライフスタイルで知られる同地域の物件にこだわった。

　くら寿司を展開するくらコーポレーションは，新たな展開先としてテキサス州のヒューストンを選んだ。日本人のみならずアジア人も比較的多く在住する地域を狙った。同社に限らず，飲食店をはじめとする非製造業でもテキサス州をはじめとする南部へ進出する動きがある。在留邦人は西海岸のロサンゼルスとベイエリアの周辺や東海岸のニューヨーク近郊に比べて少ないものの，アジア系，白人などによる日本産品への旺盛な需要があることが注目されている。小売業でも，2016年9月にヒューストンにセイワ・マーケティング，2017年4月にはダラスにミツワ・マーケットプレイスが開店した。こうした動きに合わせて，飲食，書籍・文具，美容などで新規の出店が続いている。

2. 新規の米国進出も増える傾向

　2017年に入り，新規進出案件も再び増える傾向にある。例えば，「いきなりステーキ」を展開するペッパーフードサービスは2月に海外初出店となる店舗をニューヨーク市で開店した。マンハッタン地区で日本レストランが集積するイーストビレッジに店舗を開き，ステーキの本場であるニューヨークに立ち食いスタイルの店舗を持ち込んだ。現地で「J-STEAK（ジェイ・ステーキ）」と

名付けて，地元市民に紹介している。

「塚田農場ファーマーズキッチン」を展開しているエービーカンパニーは，3月にハワイ州のホノルル市で「塚田農場ファーマーズキッチン・ホノルル市」を開店した。契約農場から仕入れた野菜を使用し，日本の店舗と同様に，新鮮さと栄養価を保った製品提供を目指している。和食人気を背景に，付加価値の高い食材を提供する動きもみられる。例えば，「とらふぐ亭」などを運営する東京一番フーズは，ニューヨーク市内中心部にマグロやブリなどの鮮魚を提供する和食レストランを出店した。

小売業では，既述したセブン＆アイホールディングスやドンキホーテホールディングス以外に，リサイクルショップを展開するハードオフが米国第1号店をハワイに設立した。同社は地域のリサイクルをビジネスとしてきたが，もともと再利用（Reuse）の考え方が根付いているハワイ州でこれまで培ってきたノウハウを生かす。将来的には，米国内で300店舗の展開を目指す。

その他のサービス業では，理容大手のキュービーネット・ホールディングが，ニューヨーク市で米国1号店を開設した。マンハッタン地区のグランドセントラル駅近くに「ミッドタウン・イースト店」を設け，日本の店舗と同様の整髪サービスを展開する。忙しいニューヨーク市民に対して，短い時間で整髪するサービスはニーズがあると睨んだ。今回の1号店を皮切りに，年内にマンハッタン内で3店舗の出店，今後4〜5年で全米に30店舗以上の出展を目標に掲げていく。ニューヨークでのブランディングに成功すれば，米国の他の都市，欧州への展開の足掛かりにもなると考えている。

不動産業による買収事例が増えていることについては既述の通りであるが，安定的な賃貸収入を見込んだ大型不動産への投資の動きもある。三井不動産のニューヨーク・マンハッタン地区におけるオフィスビル「50ハドソンヤード（仮称）」の開発事業（総事業費35億ドル，同社の事業シェアは9割）を手掛ける。同社はマンハッタン地区に別の商業ビルも保有しており，事業規模拡大を目論む。

第5節　トランプ政権による事業活動への影響

1. 新政権の発足によるビジネスへの影響は限定的

　トランプ政権が発足した2017年1月以降，進出日系企業の米国でのビジネス展開に特段の変化は見られていない。先に触れたジェトロの進出日系企業調査の結果も前年度調査から変化は限定的だ。その一番の理由は，米国経済が好調さを保っていることがある。既に見たように，大半の日系企業が好調な経営を維持している。就任早々，環太平洋パートナーシップ協定（TPP）からの離脱を公表するなど，通商政策の分野では前政権の方針から大きな転換を進めているトランプ政権も，国内政策では税制の見直しと規制緩和などを通じたビジネスフレンドリーな政策を進めており，国内経済界から一定の評価を得ている。進出日系企業の間でも，トランプ大統領が進める経済政策を評価する声が多く聞かれる。

　ただし，米国の好景気は，労働コストの上昇として日系企業に課題を招きつつある。進出日系企業調査では，コストを上昇させる要因として，「労働者（一般社員・技術者）の確保」を挙げる企業が70.6％で最大だった。次いで，賃金（給与・賞与）の上昇（68.7％），労働者の定着率（48.1％）が多くなっており，人材関係で頭を悩ます企業の多さが浮き彫りとなっている。米国内で拠点の新設や移転を考える際にも，雇用コスト（現地人材の質・採用可能性など）を重視する企業は65.9％に上り，顧客との近接性（70.1％）と並び，主要な判断基準となっている。

2. NAFTA再交渉の進展等に留意

　一方，トランプ大統領の保護主義的な通商政策により，法的安定性と予見可能性は低下している。例えば，隣国のカナダ，メキシコとの間で進められているNAFTAの再交渉については，その行方を案じる日本企業が少なくない。特

に自動車の域内輸出入時に適用される原産地規則の見直しは，自動車メーカーのみならず，多くの関係部品メーカーの調達，生産戦略に大きな影響を与えうる。米国政府の見直し案（2018年5月時点）では原産品と認める閾（しきい）値を現行の62.5％から引き上げ，米国産品の割合を新たに盛り込むことを求めている。また，従来はトレーシングリストと呼ばれる，自動車の基幹部品リストに計上されている部品のみが原産比率を算出する上で対象となっていたが，米国は他の構成部品を算出対象に含めることを求めている。同案についてはカナダ，メキシコ両政府に加えて，米国の産業界からも異論や反論が多く挙げられており，見直し内容の行方は予断を許さない。仮に見直しが一部に留まるにせよ，現行ルールに比べ，厳格化される可能性は高い。内容によっては生産地域等の見直しを余儀なくされる日系企業は相当数に上ることが予想される。

　実際に，部品メーカーに話を聞くと，供給先メーカーの今後の戦略に応じていくほかないとする回答が多い。自動車メーカーも4〜5年に一度行うモデルチェンジに合わせて，生産ネットワークを構築する。今後，モデルチェンジを迎える車種について調達方針をどう決めるか，難しい判断が求められることになろう。

　日系企業調査結果では，米国向け生産地として今後メキシコでの生産拡大を企図している企業が回答数の25.0％（29社）だったことを紹介したが，前回2016年の調査では57.1％（68社）が拡大を検討すると回答していた（図8-6）。同企業数の減少はNAFTAの再交渉の行方が不透明な中，メキシコでの生産拡大について様子を見極めようとする日系企業の慎重な姿勢が現れたと考えられる。

　もう一つ在米進出日系企業が心配しているのが，トランプ政権の対東アジア通商政策だ。中でも，米中通商関係の悪化が最大の懸念材料だ。在米進出日系製造業のうち，中国から調達をしている企業の比率は3割弱いると推定される。トランプ政権は中国企業が不正に安価な製品を米国に輸出している可能性を問題視しており，就任後には，「貿易赤字の要因調査」，「鉄鋼製品およびアルミ製品の輸入による安全保障への影響調査（1962年通商拡大法232条調査）」，「中国の技術移転策などに関する1974年通商法301条調査」など，実態を明らかにすることを目的とした調査指示を次々に施してきた。2018年に入り，1月

に中国からの輸入品を念頭に，太陽光パネルと大型洗濯機の輸入に対してセーフガード措置を決定したのを皮切りに，3月には鉄鋼製品とアルミ製品の輸入時にそれぞれ25％，10％の関税を賦課する決定を下した。さらには，301条調査結果に基づき総額1,500億ドル相当の輸入品に課税する可能性も明らかにした。その後も両国政府は事態打開に向けて交渉を続けているものの，問題の根底にある米国政府の対中貿易赤字や中国内のビジネス環境に対する不満が改善されない限り，本質的な解決には至らない可能性が高い。

　トランプ政権は5月末，「自動車・同部品の輸入による安全保障への影響調査（1962年通商拡大法232条調査）」を指示した。鉄鋼・アルミ製品に比べて，関係する日系企業数は多く，今後の展開次第では，在米日系製造業のビジネス戦略にも大きな影響を与えうる。

おわりに

　ここ数年，世界最大の市場規模，好調な景気，イノベーション発信力など米国が有する魅力を背景に，日本企業は米国でのビジネス拡大を続けてきた。新規進出案件をみるとサービス産業を含めた幅広い産業にわたっており，地域的には南部地域が新たに注目を集めるなど，新たなダイナミズムが確認される。

　トランプ政権が進める通商政策の見直しによる日本企業への影響は，これまでのところ限られているものの，今後の展開次第では，ビジネス環境に大きな変化を与えうる。企業各社の既存の事業計画にも影響を及ぼすものとして，引き続き注視することが求められよう。

注
1）最終受益株主（UBO）出資比率が50％以上の企業が対象。
2）米国に進出している日系製造業の生産会社と販売会社を対象にしている。調査実施期間は2017年10月から11月中旬で，アンケートを送付した1,200社中793社が回答，有効回答率は66.1％。

第9章

米国の国境税調整問題と税制度改革

青山学院大学地球社会共生学部教授・(一財) 国際貿易投資研究所客員研究員

岩田伸人

　トランプ政権が発足する前年，2016年6月に発表された共和党のポール・ライアン下院議長等による税制度改革案は，米国の税制度を大幅に改革しようとするものであったが，その中の国境調整税に関わる部分が，GATT/WTOの自由貿易体制の根本理念に反するのではないかとの懸念が，内外の識者から出されていた。

　その後，「米国第一主義」を掲げて2017年1月に就任したトランプ大統領は，共和党・トランプ政権の基本方針として，（1）連邦法人所得税を現行の約35％から15％へ大幅引き下げ，（2）連邦個人所得税を累進の最高税率を35％へ引き下げ，（3）相続税を撤廃，そして（4）グローバル企業による海外（タックス・ヘイブン）留保利益の本国還流を促す措置の導入，などからなる大規模な減税策を掲げた。

　2017年12月の米国議会（上下院）の統一改正案では，連邦法人所得税については21％へ修正された。

　共和党トランプ政権下で発効した減税改革の内容は，極めて多岐にわたっており，今後，様々な分野での議論が予想される。それらの中で，米国の連邦法人所得税の大幅引き下げと，全世界課税方式に代わるテリトリアル課税方式の導入は，大国アメリカの一面を象徴している。

はじめに

　トランプ政権が発足する前年，2016年6月に発表された共和党のポール・ライアン（Paul Ryan）下院議長らによる税制度改革案，いわゆるブルー・プリント（タイトル *"A Better way, our vision for a confident America"*）は，米国の税制度を大幅に改革しようとするものであったが，その中の国境調整税（Border Adjustment Tax: BAT）に関わる部分が，GATT/WTOの自由貿易体制の根本理念に反するのではないかとの懸念が，内外の識者から出されていた。

194 第9章 米国の国境税調整問題と税制度改革

　その後,「米国第一主義」を掲げて2017年1月に就任したトランプ大統領は,前年に共和党が掲げた税制改革案（上記）を背景に,共和党・トランプ政権の基本方針として,（1）連邦法人所得税を現行の約35％から15％へ大幅引き下げ,（2）連邦個人所得税を累進の最高税率を35％へ引き下げ,（3）相続税を撤廃,そして（4）グローバル企業による海外（タックス・ヘイブン）留保利益の本国還流を促す措置の導入,などからなる大規模な減税策を掲げた。

　2017年12月の米国議会（上下院）での統一改正案（最終案）が作成される中で,連邦法人所得税については21％へ修正された。本章の趣旨に関わるのは,これらの中で特に（1）と（4）である。

　筆者の印象では,共和党首脳グループの目指していた大幅な税制改革の方針が,トランプ政権の下で具体化されたという感がある。

　共和党トランプ政権の国際貿易への取り組み姿勢を早くから支持表明していたロバート・ライトハイザー米国通商代表部（USTR）代表は,USTRの公式ウェブサイトで「今回の減税策は,米国の労働者とビジネス界にとって記念すべき勝利だ。今までの制度よりシンプルかつ公正な税制度であり雇用の創出と米国経済の成長に寄与し,米国ビジネスの国内外の競争力を増し,かつ貿易赤字の削減,輸出拡大および米国の労働者,農業者の所得を増大させる」と,全面的な賛成の意を示した[1]。

　本章ではまず,今回の大幅減税措置が打ち出された背景を簡単に述べ,GATT/WTOでの国境調整の議論と経緯,米国の国際課税体系の基盤をなす「全世界所得課税方式」とその代替措置,さらにグローバル企業による海外留保利益の本国還流を促す措置,つまりタックス・ヘイブン対策措置の中身について述べ,最後に今回のトランプ政権による大型減税措置が今後の国際貿易およびWTO体制へ及ぼす影響と課題について述べる。

第1節　大型減税法案の可決

　12月下旬,トランプ大統領は,1986年のレーガン政権以来と云われる連邦法人所得税（以下「法人税」）の大幅な削減を含む,幅広い分野の改正項目からな

第1節 大型減税法案の可決 *195*

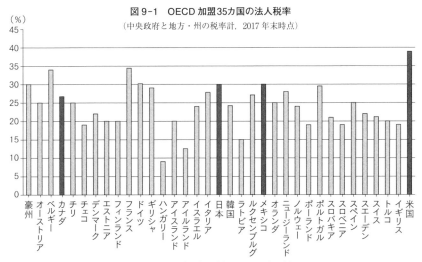

図9-1 OECD加盟35カ国の法人税率
（中央政府と地方・州の税率計，2017年末時点）

注：カナダの26.7%，その内訳は15%（中央政府）+11.7%（地方）。
　　ドイツの30.18%は15.83%（中央）+14.35%（地方）。
　　日本の29.97%は22.59%（中央）+7.38%（地方）。
　　スイスの21.5%は8.5%（中央）+6.7%（地方）。
　　米国の38.91%は32.9%（連邦）+6.01%（州）。
出所：いずれもOECD資料（2018年1月）から筆者作成

る大型減税法案（Tax Cuts and Jobs Act）を，米国の両院議会（12月19日に上院，同20日に下院）で可決させた後，同22日に大統領署名を済ませた。同法案は，2018年1月1日より発効した。

米国の法人税は，これまでOECD諸国の中で最も高い約40%（図9-1）であったのが，法人の所得規模に関係なく，2018年1月1日をもって一律21%に引き下げられたのである（米国憲法の第1条には，下掲のように間接税としての消費税の賦課が謳われているにもかかわらず，米国の連邦・州・自治体を合わせた税収全体の直接・間接比率は9対1であり，米国では消費税を含む間接税の比率が極端に小さいという特徴がある）。また個人所得税は従来の平均39.6%から，改正後は上限を37%とする（10%, 12%, 22%, 24%, 32%, 35%, 37%の7段階からなる）累進式に簡素化された。なお上院での可決直前の案では最高税率を38.5%としていた。

今後 10 年間の減税予想額は，前者（法人税）が約 1 兆 5,000 億ドル（約 170 兆円），後者（個人所得税）が約 1 兆ドルと予想されている（在外企業も対象となる法人税の大幅減税は，恒久的な措置だが，米国内の個人所得税の引き下げは期間限定の措置とされた）。

米国憲法

第 1 条　第 8 節　連邦議会は次の権限を有する。合衆国の国債を支払い，共同の防衛および一般の福祉に備えるために，租税，関税，付加金，消費税を賦課徴収すること。ただし，すべての関税，付加金，消費税は，合衆国全土で同一でなければならない。

第 2 節　減税改革の背景

従来から米国の連邦法人所得税制度は複雑で，図 9-1 のように連邦税と州（地方）税を合わせた課税率が約 40% という OECD 全加盟 35 カ国の中でも最高の税率であるうえ，日本を含む多くの先進国がすでに廃止した「全世界所得課税方式」をいまだに適用しているという問題を抱えていた。同方式は，米国のグローバル企業が国内および国外の両方で稼いだ利益（所得）へ，米国が定める税率を一律的かつ無差別に適用するというものである（後述）。

この全世界所得課税方式のもとでは，世界で最も高い米国の法人税（約 40%）が課されてしまうために，米国のグローバル企業は海外現地で稼いだ利益を本国（米国）へ還流させずに，法人税率が米国よりも低い海外の国や地域（タックス・ヘイブン）に設けた関連会社（海外子会社）に留保し，これを米国以外の海外市場で投資・運用するという状況を生み出していた。こうした米国グローバル企業の海外留保益は，2017 年現在で 2.5 兆ドル（約 280 兆円）にのぼると云われる。

今回の国際課税の大幅減税措置には，2016 年 6 月に「共和党案」として「国境調整税」（BAT）を主導した同党ポール・ライアン下院議長等が関わってい

ると推察されるが，2018年12月22日の大統領署名に至るまでの米国議会（上・下院）の審議過程で，国境調整税の仕組みそのものは最終的に導入されなかった。というのも共和党による国境調整税の仕組みは，1960年代にGATTで検討された国境税調整（Border Tax Adjustment: BTA）の合意に整合しないとして，ジェニファー・ヒルマン（Jennifer Hillman）元WTO上級委員会議長などの識者からも批判があったためである[2]。特に，共和党案の国境調整税は，輸入については実質的に輸入関税を引き上げた場合と同じ効果があり，輸出については輸出補助金と同じ効果があるために，保護貿易的な措置だとして批判が多かった。

第3節　GATT時代の国境税調整

1. GATTの国境税調整とトランプ政権の国境調整税

　1960年代のGATT下における国境税調整（BTA）合意では，消費税のような間接税タイプに「国境調整」（輸入時には賦課して，輸出時には免除すること）を適用するのはGATT整合的であるが，法人税のような直接税タイプに国境調整を適用することはGATT整合的と言えない，としながらも今後において検討の余地があるとしていた（後述）。

　他方，2016年6月に米国の共和党が税制改革案（ブルー・プリント）として打ち出した国境調整税（BAT）は，直接税タイプの法人税（キャッシュフロー税，後述）に国境調整を導入する案であり，上記のGATT合意の国境税調整とは明らかに異なるものであった。ヒルマンが指摘したのは，正にこの点であった。

2. GATTでの経緯（1960年代）

　1960年代後半，当時のGATTでは，産品を輸出する際に（直接税タイプに該当する）社会保障費などの企業コストを，輸出時に国境調整として免除できる

198　第9章　米国の国境税調整問題と税制度改革

か否かの問題が議論された。これについて，当時のGATT作業部会報告書
（L/3464）は，OECDの定義を引用して，「国境税調整（BTA）とは，産品が輸
出される場合に輸出国内で同じ産品（同種産品）に課されるのと同じ税の一部
またはすべてを免除し，輸入される産品には同じ国内産品に課されるとの同じ
税の一部またはすべてが課される財政上の措置であり，仕向地主義（当該産品
の最終消費地で課税すること）に基づく措置」とした。同報告書はまた，国境
税調整による措置は，それが「輸入」に関わる場合はGATT第2条（関税譲許
表）と同第3条（内国民待遇），逆に「輸出」に関わる場合はGATT第16条（補
助金）にそれぞれ整合すべきとした。なお後者の第16条は，後にGATTを引
き継いだWTO（世界貿易機関，1995年発足）の下で新たにSCM（補助金および
相殺措置に関する）協定として拡充・精緻化された。

　このようにGATT/WTOでは，産品を輸出する際に，間接税タイプの消費税
や付加価値税（VAT）などは免除できるが，その際の措置は輸出補助金の禁止
を定めたSCM協定に整合すべきこと，逆に輸入時には，当該産品へ消費税や付
加価値税（VAT）などを課すことができるが，その際にはGATT第3条（内国
民待遇）に整合的すべきことが合意されていた。

　なお，GATTの同報告書（L/3464）では，「国境調整によって，間接税は免除
できるが，直接税は免除できないとの想定は，経済の現実を反映したものとは
言えない」（L/3464，p.3），「GATTルールは間接税が主流の国には有利だが，
直接税が主流の国には不利である」（同，p.3），としながらも「（社会保障費も含
めて）産品に直接に課されない法人税などは，国境税調整には適さない」（同，
p.19）などが付記されていた。

　2016年に打ち出された米国共和党の税改革案（ブルー・プリント）の問題点
や解決すべき課題が，すでに1970年当時にGATTで国境税調整の中で議論さ
れていたことが分かる。つまり1960年当時のGATTでは，将来における様々
な進歩の過程で，法人税のような直接税の国境調整も，GATT/WTOルール上
は整合的となる可能性が示唆されている。

第4節　共和党トランプ政権下における国境調整税

　共和党が2016年に打ち出した国境調整税案は，消費税のように輸入された産品に課税するのではなく，産品が米国内で販売された結果として生じる利益（キャッシュフロー）の部分に対し20％のキャッシュフロー税を課すもので，例えば，米国のアパレルメーカーが米国内で生産した1着100ドルの服を国内で販売した場合，これに米国産の生地40ドルとボタンなどの付属部品10ドル，米国での労働コスト20ドル，合計70ドルの国内経費（コスト）が掛かったとして，これを100ドルから控除した（輸入額に相当する）30ドルに対してのみ20％相当のキャッシュフロー税つまり6ドルが課されるという仕組みである。

　この仕組みによれば，完成した製品を輸入した場合は，控除の対象がゼロであるから，100ドル全額の20％つまり20ドル相当の税が課されることになる。米国の大手小売業界（ウォルマートやホームデポなど）のように，完成輸入品の割合が圧倒的に大きい小売業界が同法案に反対したのはこの理由による。

　逆に，海外へ輸出する場合には，海外で得られる販売利益の部分に課される20％相当分の税が免除（払い戻し）されることになる。

　もし，このような仕組みの国境調整税が米国議会で可決・承認されることになれば，GATT伝来の「輸出時に免除して，輸入時に課す国境調整の仕組みがGATT整合的なのは，消費税や付加価値税のような"間接税タイプ"についてであって，法人税のような"直接税タイプ"には認められない」とするGATT由来の国際合意を，米国自らが覆すことになった。

　そうなると，同じWTO加盟国の中で，輸出時に間接税（消費税）だけを免除する国，逆に直接税（法人税）だけを免除する国，さらには，間接税と直接税の両方を免除する国など，まさに百花繚乱の状態に至る危険もありえた。そうなると，国際貿易における税の中立性が損なわれるどころか，貿易の無秩序性が顕在化する可能性すらあった。

第5節　全世界所得課税に代わるテリトリアル課税

　共和党トランプ政権下で 2018 年 1 月 1 日に発効した大型減税措置には，法人税の大幅引き下げに加え，米グローバル企業の海外留保所得，およびそこからの配当益を米国（本国）へ還流させるための工夫が組み込まれた。その一つが「全世界所得課税方式」の撤廃，およびそれに代わる「海外配当益金不算入制度」（以下，本章では「テリトリアル課税」と呼称）の導入である。

　従来，米国政府は「全世界所得課税方式」の下で，米国企業の事業活動が米国内で行われようと，米国外で行われようと米国へ送金される利益（所得）に対して，米国の法人税を一律に課す方式を維持していた。同方式は，第二次世界大戦後に超大国として多くのグローバル企業（いわゆる多国籍企業）を抱えていた米国政府にとって，当時は大きな問題とならなかった。

　他方，日本を含む大半の OECD 諸国は，この制度をすでに廃止して，代わりに「海外配当益不算入制度」と呼ばれる仕組みを導入している（日本は 2009 年に導入済み）。これは，一定の条件を満たした海外子会社から，本国に還流される配当益に対しては，本国政府が課税を免除する制度である。この制度は，近年グローバル企業の海外子会社で得られた事業利益が本国へ還流せずに，逆に海外の留保所得が増加している現状を改善するために，海外所得については本国の課税制度の適用から除外することで，海外の留保所得が本国へ還流し易くする効果がある。

　今回の大型減税制度は，米国法人が 10％以上の株式を保有する外国法人（いわゆる「海外子会社」）から米国の株主へ送付される受取配当金については，テリトリアル課税制度の下で課税分を全額免除するものであり（内国歳入法 245条 A），2018 年 1 月 1 日以降に海外子会社から米国へ還流する配当益へ適用される。

第6節　タックス・ヘイブン対策措置

1. タックス・ヘイブン対策の背景

　そもそもタックス・ヘイブンへの対策が必要になった背景には，1961年のケネディ政権時に，米国のグローバル企業（いわゆる多国籍企業）が海外現地に設けた子会社の利益を米国の親会社へ「配当益」などの形で帰属させるべきなのに，課税逃れ（租税回避）の目的で意図的に海外子会社の利益を現地に留保させる結果，米国政府が本来なら得られたはずの税収が得られない事態が生じていたことがある[3]。

2. 共和党トランプ政権によるタックス・ヘイブン対策

　上述のように共和党トランプ政権は，米国のグローバル企業が海外に持つ留保益および株主配当益を米国内へ還流させるための措置として，第一に，法人税の大幅削減措置（従前の約35％から改正後は21％に引き下げ），第二に，テリトリアル課税，の二つを導入した。

　租税回避を行うグローバル企業は，米国の法人税率がOECD諸国の中で最も低い21％に設定されても，依然として法人税が米国よりも遥かに低いタックス・ヘイブン（法人税などの税率が著しく低い国や地域）に利益を留保し続ける。よって海外現地で米国子会社が稼いだ収益そのものを，米国へ還流させるには，できる限り多くの在外米国企業の収益（所得）に対して「適度な税率」の課税の仕組みが必要になる。

　これは一般に，海外子会社合算税制，またはCFC税制と呼ばれ，租税負担の軽い国や地域に設立された子会社などで事業を行うことによって租税回避を行うのを規制（制限）するために，海外子会社が現地に留保した利益を，「親会社に配当がなされた」とみなして，これを親会社の利益に合算して課税する制度である。

202 第9章 米国の国境税調整問題と税制度改革

その際の海外子会社は一般に，被支配海外子会社（Controlled Foreign Corporation: CFC）と呼ばれ，その留保所得が米国の株主へ配当を行うか否かに関係なく，米国の親会社（＝株主）の持分割合に応じて，親会社の所得に合算して米国連邦政府が課税する方式である。今回の税制改正では，そのCFCの適用を受ける海外子会社の定義を広くして，従前より米国の連邦税収額が拡大する仕組みになった点にも特徴がある[4]。

おわりに：今後の国際貿易およびWTO体制へ及ぼす影響

今回の共和党トランプ政権下で発効した減税改革の内容は，極めて多岐にわたっており，今後，様々な分野での議論が予想される。それらの中で，本章で取り上げた2点，すなわち米国の連邦法人所得税の大幅引き下げと，全世界所得課税方式に代わるテリトリアル課税方式の導入は，大国アメリカの一面を象徴している。

というのも，内国法人税を従前の約40%から半分の約21%に引き下げる案は，明らかにそれによる米国グローバル企業の海外留保益が米国へ大きく還流するという前提の上に成り立っているからだ。つまり，米国企業の海外留保益が期待通りに米国へ還流しないならば，今後，米国の財政赤字が大きく拡大する可能性がある。まさにギャンブルである。

国家財政を左右する重要な改革に際し，ギャンブル的な決断を下せる先進国は，今の（トランプ政権下の）米国以外にはないのではないか。米国民は，リスクを恐れない果敢な現政権に国家財政の将来を委ねたと言える。

他方，すでに米国以外の先進国は，従来の全世界所得課税制度を廃止し，代わりにこのテリトリアル課税制度を導入して，海外子会社からの配当益には課税しない仕組みをとっているが，今回，米国もやっと全世界所得課税制度を廃止して，他の先進国と同様にテリトリアル課税制度を導入することになった。このことはグローバル市場経済の中で，米国だけが唯一特別の存在であるという時代では無くなった，という別の一面を象徴しているように見える。

GATT/WTO的な考え方によれば，関税（tariff）に代表される間接税タイプの税をめぐる国境措置の緩和・撤廃は，自由貿易の拡大と世界経済の発展に

とって不可欠とされる。だが，途上国と先進国が同一の商品を同一の技術で生産できるようになった今の時代，先進国の国際競争力を低めている要因の一つに，直接税タイプの社会保障費や法人税がある。そのことを踏まえれば，先進国は競争力を高めるために，法人税を下げるという第１のオプションと，法人税を含む直接税タイプの諸税を，国境調整する（輸入時に賦課して輸出時に免除する）という第２のオプションの二つがあることになる。先進国は，これら二つのオプションがいずれも導入が困難ならば，新たな第３のオプションを模索することになる。それは，グローバルな自由競争を是とするWTO体制の管轄外にあるオプションかもしれない。

注

1) USTR Robert Lighthizer Statement on Final Passage of the Tax Reform Bill "This tax cut is a monumental win for American workers and businesses. I applaud President Trump and Congressional Republicans for their leadership in delivering a simpler and fairer tax code that will create jobs and grow our economy. This tax plan is a cornerstone of President Trump's broader economic strategy to promote prosperity. It will help make American businesses more competitive at home and abroad. It will contribute to reducing the trade deficit, increasing exports and raising the income of our workers, farmers and ranchers." <ustr.gov/2017/december/ustr-robert-lighthizer-statement>

2) ヒルマンは，国境調整税をベースとする共和党案をWTOルールに整合しないと主張する。参考：Hillman（2017）"Why the Ryan－Brady tax proposal will be found to be inconsistent with WTO law" IIEL issue brief <iielaw.org/>

3) これへの対策として，1962年に米国で初めて導入されたのがサブパートF条項（Subpart F provision）であった。米国の同条項は，米国の株主（＝親会社）が保有している外国法人（＝子会社）の特定の留保所得がまだ実際には株主へ配当されていなくとも，その親会社の持分割合に応じて米国の株主の総所得に「合算」してこれに米国政府が課税する仕組み（＝合算課税方式）である。例えば，親会社が海外子会社の全株式の40％を所有していれば，実際に（子会社から親会社へ）配当がされていなくても，子会社の所得の40％は親会社の利益として「合算」され，これに課税される。なお，日本もこれに似た仕組みを1978年に導入しているが，海外子会社の認定基準や適用除外などについて日米間で若干異なる。

4) 米国の従前のCFC定義は，議決権を有する株式（発行総数または発行総価額）の50％超が米国の親会社によって（直接または間接に）保有されている外国法人としていた。他方，日本のCFC定義は，議決権の有無と無関係にすべての発行株式総数の50％超または出資総額の50％超が日本の親会社または個人によって（直接または間接に）所有されている外国法人であり，租税負担割合が20％未満の国や地域に所在する外国法人としている。なお，日本の制度も米国と同じく（CFCの所得を親会社にそれに合算して課税する）合算課税方式をとっている。

索　引

［英数］

201条　4, 53, 58, 84
2017年版不公正貿易報告書　64
301条　8, 53, 55, 68, 84
ACTPN　→大統領貿易政策交渉諮問委員会
AD　→アンチ・ダンピング
ATIGA　41
BAT　→国境調整税
CFC定義　203
CFIUS　130-146
CVD　7
――法　63
Death by China　57
FINSA　127-130
GATT　58
――11条違反　72
ISDS　37, 40, 41, 48
ITC　58
LG電子　160, 163, 165, 167
M&A　171, 180
NAFTA　1, 27, 28, 30, 31, 32, 33, 34,
　36, 37, 38, 39, 41, 42, 44, 45, 48, 50,
　54, 171, 189, 190
――2.0　15
――再交渉　53
――離脱　4, 5
――連合　16
NEC　57
NSC　→国家安全保障会議
OTMP　→通商製造政策局
TPP　12, 28, 32, 45, 54, 189
――撤退　53
TPP11　41
TZE　→中興通訊
USTR　31, 32, 34, 37, 40, 54, 85

VER　→輸出自主規制
WTO　55, 58
――体制　76

［あ行］

アルミ　53
アンチ・ダンピング　7
――関税　7
――法　53, 55, 63, 72
一方主義　55, 73
ウルグアイ・ラウンド　72, 86
――協定法　73
エアバス社　66
エスケープ・クローズ　58, 82-84
エンブラエル　66
オバマ政権　55

［か行］

合併・買収　→M&A
家庭用大型洗濯機　53, 60
関税分類変更基準　43
間接税タイプ　199
環太平洋パートナーシップ協定　→TPP
管理貿易　26
起亜自動車　155, 156
キャッシュフロー税　197, 199
競争的自由　25
緊急輸入制限措置　58
クドロー, ラリー　11
グリーンフィールド投資　176, 177
グローバル・セーフガード　58
ケネディ・ラウンド　86
ケリー　57
原産地規則　27, 31, 35, 39, 41, 44, 45,
　48, 49
現代自動車　155-156, 160

206 索　引

工作機械　69
コーン, ゲーリー　11, 57
国際貿易委員会　58
国際貿易会議　57
国際貿易局　56
国防条項　53, 55, 68
互恵通商協定法　80
国家安全保障会議　69
国家資本主義政策　1
国家主権の防御　55
国境調整税　193, 197

[さ行]

サプライチェーン　171
サムスン電子　160, 163, 165-168
産業調整支援策　61
サンセット条項　27, 39, 54
自主調査　7, 67
実質的な原因　58
仕向地主義　198
自由化義務　58
自由貿易協定　54
新通商政策　74
スーパー301条　73, 85
数量規制　72
スタンダード・コード　86
スペシャル301条　85
スムート・ホーリー法　80
税制改革　53
税制度改革　193
税の中立性　199
政府調達　48
セーフガード　55, 82
　──協定　75
　──措置　75
ゼロイング方式　55
ゼロサム思想　1, 5, 7
全世界所得課税方式　194, 196
相殺関税　7, 82
　──法　53, 63
租税回避　201, 202

[た行]

大統領覚書　53, 67

大統領貿易政策交渉諮問委員会　74
大統領令　67
対米外国投資委員会　→CFIUS
対米輸出自主規制　69
太陽光パネル　53, 60
たすき掛け　73
タックス・ヘイブン対策　201
知財権侵害　53
知的財産権　31, 40, 48, 49
中間選挙　1, 2, 54
中興通訊　124, 145
中国製造2025　13, 116
直接税タイプ　199
通商拡大法232条　53, 55, 68
通商政策スタッフ委員会　60
通商製造政策局　57
通商法201条　→201条
通商法301条　→301条
通商法の厳格な適用　63
ティラーソン, レックス　57
鉄鋼　53
テリトリアル課税　200, 201
電子商取引　31
東京ラウンド　86
毒薬条項　1
トランプ政権　53, 55

[な行]

ナバロ, ピーター　11, 53, 57
日米FTA　14
日米半導体協定　74

[は行]

バード修正条項　55
バイ・アメリカ　32
反ダンピング関税　82
ピックアップトラック　72
付加価値基準　42, 43
付加価値比率　27, 32
紛争解決　27, 32, 39, 73
　──機関　73
　──制度　27, 39
　──手続き　32
米加自由貿易協定　30, 36

米韓FTA　　54, 149-155, 157-163, 169
米国コンテンツ　　39, 40, 41, 42
米国第一主義　　58, 193
米国通商代表部　　→USTR
米国のFTA締結国　　93
米国の対中貿易　　96
米国の対中輸出依存　　101, 105
米国の貿易収支　　99
米知財侵害問題　　74
米中貿易摩擦　　1
米鉄鋼労組　　59
ベルトウェイの外　　18
ペンス, マイク　　19
貿易交渉チーム　　55
貿易戦争　　76
包括的通商競争力法　　69
貿易交渉チーム　　54
報復関税　　75
報復措置　　73
ボーイング社　　65

北米自由貿易協定　　→NAFTA
保護主義的措置　　53
保護貿易措置　　54
ボンバルディア社　　65

[ま行]

マクマスター, ハバート　　57

[や行]

輸出自主規制　　25, 56, 72
輸入救済措置　　62
輸入割当　　72

[ら行]

ライトハイザー, ロバート　　6, 14, 53, 56
レーガン政権　　56
連邦法人所得税　　194
ロス, ウィルバー　　4, 6, 53
ロビー活動　　18

編著者

滝井光夫　桜美林大学名誉教授，国際貿易投資研究所客員研究員（第3章）
大木博巳　国際貿易投資研究所研究主幹（第5章）

執筆者

渡辺亮司　米州住友商事ワシントン事務所シニアアナリスト（第1章）
高橋俊樹　国際貿易投資研究所研究主幹（第2章）
小山久美子　長崎大学経済学部准教授（第4章）
増田耕太郎　国際貿易投資研究所客員研究員（第6章）
百本和弘　日本貿易振興機構海外調査部主査，国際貿易投資研究所客員研究員（第7章）
秋山士郎　日本貿易振興機構海外調査部米州課長（第8章）
岩田伸人　青山学院大学地球社会共生学部教授，国際貿易投資研究所客員研究員（第9章）

米国通商政策リスクと対米貿易・投資

2018年8月10日　第1版第1刷発行　　　　　　検印省略

編著者　　大　木　博　巳
　　　　　滝　井　光　夫
　　　　　国際貿易投資研究所

発行者　　前　野　　　隆

発行所　株式会社 文　眞　堂
　　　　東京都新宿区早稲田鶴巻町533
　　　　電　話　03（3202）8480
　　　　ＦＡＸ　03（3203）2638
　　　　http://www.bunshin-do.co.jp/
　　　　〒162-0041 振替00120-2-96437

印刷・モリモト印刷／製本・イマヰ製本所
©2018
定価はカバー裏に表示してあります
ISBN978-4-8309-5007-0　C3033